# 테크 스타트업 챔피언

# 테크 스타트업 챔피언

## 한 번뿐인 인생이라서
## 나는 창업을 결심했다

서울대학교 공과대학 지음

ROAD TO CHAMPION

STAY HUNGRY
STAY FOOLISH

창업을 꿈꾸는 모두가 이 책과 함께 도전과 혁신의 길로 거침없이 나아가길,
그리고 그들의 여정이 또다시 수많은 성공의 기록으로 이어지길 응원한다.

_ 카카오 창업가 김범수

nomad
지식노마드

# 한 번뿐인 인생이라서 나는 창업을 결심했다

서울대학교 공과대학의 졸업생들은 지난 역사를 통해 수많은 산업 현장과 국가 기관에서 핵심 인재로 활동하며 대한민국의 산업 발전에 크게 이바지해왔습니다. 특히 1980년대 이후 본격적인 벤처 창업이 시작되고, 서울공대 졸업생들의 성공 신화는 누구나 인정하는 사실입니다.

그러나 이러한 내용을 집대성한 정확한 기록은 미처 남겨지지 않아 그 가치가 충분히 조명받지 못했습니다. 이러한 아쉬움을 달래는 첫걸음으로 이 책을 준비했습니다.

"한 번뿐인 인생이라서 나는 창업을 결심했다." 이 말은 여기에 소개된 21명의 창업자들뿐만 아니라, 모든 창업자들의 불굴의 의지와 창업에 대한 열정을 대변합니다. 이 책에서 우리는 서울대학교 공과대학 출신 창업자들이 개인적인 열정을 어떻게 국가의 다양한 산업 분야에 지속적인 기여로 전환시켰는지를 기록하려 합니다. 또한 이러한 기여가 현재도 계속되고 있다는 사실을 보여주고자 합니다. 전 세계적으로 혁신적인 기술 스타트업이 새로운 성장동력으로 떠오르는 가운데, 실리콘밸리가 중심이 되어 미국의 끝없는 성장을 선도하는 모습을 목격하고 있으며, 중국의 눈부신 추격도 현실화되고 있습니다.

이와 같은 전 세계적인 흐름 속에서 대한민국도 과거의 1세대 벤처를 넘어서는 네이버, 카카오와 같은 새로운 기업 거인들을 탄생시키며 스타트업 생태계가 성장하고 있지만, 아직 더 나아갈 여정이 남아 있음을 알 수 있습니다.

지금까지 서울대학교에서 탄생한 수많은 성공적인 스타트업들은 대부분 창업자들의 개인적인 능력과 노력이 주된 성공 요인이었던 것이 사실입니다. 부끄럽게도 이는 학교의 체계적인 교육이나 지원 체계가 아직은 충분히 자리 잡지 못했음을 의미합니다. 이러한 현실을 직시하여, 우리 공과대학은 2017년부터 기술창업 인재 육성을 핵심 목표로 삼고, 다양한 지원 시스템과 프로그램을 기획, 추진해왔습니다.

이 과정에서 공과대학의 새로운 비전을 뒷받침해주신 여러 동문들의 발전기금 기부는 우리에게 든든한 기반을 제공했습니다. 특히 동서식품의 김석수 회장님과 해동과학문화재단의 김영재 이사장님의 지원은 이러한 변화의 초석이 되었습니다. 이 자리를 빌려 두 분께 깊은 감사의 뜻을 전합니다.

또한 이 글을 통해 이건우 대구경북과학기술원장(전 공대학장)님, 차국헌 전 공대학장님, 그리고 안타깝게도 우리 곁을 떠나신 이병호 전 공대학장님의 헌신에도 깊은 존경과 감사를 표합니다. 그분들의 노고와 지혜는 이 책의 페이지를 넘길 때마다 느낄 수 있는 우리 대학의 영원한 유산입니다.

창업의 역사는 그 자체로 한 시대의 거울이자, 그 시대의 도전과 혁신의 기록입니다. 기업의 진정한 가치는 순간의 성공에 있지 않고, 시간을 거쳐 쌓아 올린 성과에 있습니다. 기술의 축적이 그러하듯, 창업 역시 지속적인 노력과 진화의 결과물입니다.

이 책이 서울대학교 공과대학의 창업 역사를 짚어보고, 미래 창업가들에게 영감을 주는 데 그치지 않고, 대한민국의 기술창업 생태계 발전에 이바지하는 중요한 초석이 되기를 바랍니다. 우리의 이야기는 여기서 시작되며, 끝없는 발전을 위한 여정은 계속될 것입니다.

서울대학교 공과대학 학장 홍유석

| 차례 |

## 1장
# 창업하기 좋은 시대

## 2장
# 그들은 왜 창업가가 되었는가?

**3장**

# 우리는 어떻게 창업가가 될 수 있는가?

## 이종수 산학협력중점교수가 들려주는 스타트업 이야기

# ROAD TO CHAMPION

1장

# 창업하기 좋은 시대

# 1.
## 부의 규모가 달라졌다

시대는 미친 듯이 혁신을 추구하고 있다. 세상의 모든 사업은 완전히
새로운 방식으로 진행되고 있으며 사람들은 너도나도 새로운 방식에
매달린다. 타이번조차 이 열광적인 혁신에서 벗어날 수 없다.

- 새뮤얼 존슨

《포브스》는 매년 세계 부자 순위를 매긴다. 2019년 기준으로
1위부터 10위는 다음과 같다. 제프 베조스, 빌 게이츠, 워런 버핏,
베르나르 아르노(루이비통 모에 헤네시), 카를로스 슬림 엘루(텔맥스 텔
레콤), 아만시오 오르테가ZARA, 래리 앨리슨(오라클), 마크 저커버그,
마크 블룸버그(블룸버그 통신), 래리 페이지(구글) 순이다. 이 중에서
사치품을 생산하는 베르나르 아르노와 멕시코 정부와 결탁한 카를

로스 슬림 엘루를 제외하면 모두 창업가들이다. 여기에 또 워런 버핏과 패션업체 CEO 아만시오 오르테가를 제외하면 모두 ICT와 관련된 창업이다.

최근 자료를 갖고 오지 않은 것은 마크 저커버그를 언급하기 위해서다. 2004년에 창업한 그는 서른다섯의 나이로 세계 10대 부자 8위에 올랐다. 한화로 74조 원, 창업 15년 만이었다. 자산 증식의 속도가 얼마나 빨랐는가를 알기 위해 비교를 하자. 1938년에 창업해 2019년 81년의 역사를 가진 삼성그룹의 이건희는 19조 원의 재산으로 65위였다.

예로부터 창업에 성공하면 부를 획득할 수 있었다. 하지만 21세기의 창업은 과거와 다른 양상이다. 자산의 규모도 다르고 속도도 빠르다. 촘촘하게 연결된 세계화와 IT의 영향력으로 인해 행사할 수 있는 자본과 커버할 수 있는 시장의 크기가 달라졌기 때문이다. 예컨대 2015년 카일리 코스메틱이라는 화장품 회사를 세운 카일리 제너는 2019년 불과 4년 만에 자산 1조 원 이상을 가진 억만장자에 이름을 올렸다. 재계 순위 2057위였고 스물한 살의 나이였다.

자본력의 크기가 얼마나 달라졌는가는 과거 몇 가지 예만 봐도 짐작할 수 있다. 과거 가장 많은 자본을 동원할 수 있는 곳은 국가였다. 삼성이 메모리반도체 분야의 일인자로 등극할 수 있었던 뒷배가 국가였다. 1983년 삼성이 반도체 개발을 선언했을 당시 정부는 수도권에 공장 설립을 허가하고 토지·용수·전력을 지원했으며, 수입 장비와 재료에 대해 관세 감면을 내리고 저리 자금 대출과 세제 우대까지 전폭적으로 지원했다. 특히 차세대 반도체라고 불렸던 256메가D램 기반 기술 사업에는 1000억 원에 가까운 정부 예산이 집행되었는데, 당시 국가 R&D 예산의 절반에 해당하는 금액이었다. 절반의 예산이 반도체 한 분야에만 집중된 것이다.

1983년 D램 개발을 처음 선언했을 당시에도 삼성은 우리나라 굴지의 대기업이었다. 그럼에도 삼성에는 R&D를 독자적으로 집행할 자본이 없었다. 삼성이 정부 지원에 의존하지 않고 독자적인 반도체 왕국을 건설하기 시작한 것은 16메가D램에서 본격적인 수익이 나기 시작한 1990년 이후의 일이다.

그때는 우리가 개발도상국이었으니 당연한 이야기 아니겠냐고 하겠지만 미국도 다르지 않았다. 1957년 구소련이 스푸트니크호를 우주로 쏘아 올렸을 때 충격을 받은 미국은 국가 역량을 총동원하여 미 항공우주국NASA을 지원했다. 소련이 붕괴할 때까지 해마다 항공우주산업에 가장 많은 국가 예산이 투입되었는데 이 규모는 미국의 어떤 대기업도 감당할 수 있는 수준이 아니었다. 세상 어디에도 가장 많은 예산을 집행할 수 있는 곳은 국가였지, 민간이 아니었던 것이다.

IT 시대가 도래하면서 기업의 자본력에 변화가 생겼다. 국가가 뒷배인 미 항공우주국만이 감당할 수 있을 것 같던 우주산업에 2002년 일개 스타트업 스페이스X가 뛰어든다. 화성에 식민지를 개척하겠다는 일론 머스크의 구상에서 사업 가치를 본 민간 자본이 모여들었다. 자본 조달에 실패할 것만 같던 이 스타트업은 현재 기업가치 1500억 달러(약 200조 원)로 성장해 있다. 여전히 정부는 큰손 역할을 한다. 예컨대 미 정부는 2002년부터 2018년까지 1억 3500만 달러의 공적 자금을 우주 스타트업 35곳에 투자했다. 하지만 같은 기간 35곳의 스타트업이 민간으로부터 투자받은 금액은 미 정부가 지출한 금액의 6배이다.

역사상 처음으로 기업이 국가 수준 이상의 자본을 집행할 수 있는 시대가 왔다. 1차 산업혁명 이후 자본의 크기가 끊임없이 커져왔기 때문이다. 물이 높은 곳에서 낮은 곳으로 흐르듯 자본은 수익성을 찾아 흐르는 속성이 있다. 자신의 몸집을 불려줄 수 있는 곳이라고 판단되면 어김이 없다. 자본이 찾아드는 곳은 하나다. 몸집을 불려줄 창업가들이다.

# 2.
# 산업혁명, 경제 질서가 변한다

1차 산업혁명(1760~1840)은 인류사에 주요한 전환점이 된 사건이다. 1차 산업혁명으로 인해 인류는 철학자 토머스 홉스가 묘사했던 위험하고 야만적이고 궁핍한 삶에서 처음으로 벗어날 수 있었다. 그러나 단기적으로 봤을 땐 1차 산업혁명기에 살았던 많은 사람들은 더 위험하고 더 야만적이며 더 궁핍한 삶을 살다 갔다. 공장이 가내수공업을 대체하면서 장인들은 일자리를 잃었다. 초기의 기계는 여성과 아이들이 작동해도 무리가 없었기에 남자들의 자리가 없었다. 아이들과 여성은 남성이 받던 임금의 극히 일부만을 받고 하루 12~14시간 일을 했다.

산업혁명의 혜택이 대다수에게 돌아간 것은 기술혁신의 상호연관성이 강화되면서다. 방적산업에 사용되던 증기기관의 효율이 좋아지자 광산 채굴에 투입되었고 곧 철도와 증기선의 발명으로 이어졌다. 새로운 일자리가 나타나고 1인당 실질소득도 증가했다. 이 시기의 풍요를 말해주는 표현이 있다. "누구나 자기 손안에 행운을 쥐고 있다." 유통업으로 부를 일군 윌리엄 허튼의 말이다. 땅을 가진 왕과 귀족들만이 소유할 수 있었던 부의 시대가 저물고 전혀 다른 부의 시대가 왔음을 뜻했다. 하지만 완전한 사실은 아니다. 행운을 쥔 사람은 소수였다. 생산성 높은 기계를 발명하거나 이를 창업으로 연결시킨 사람들이 그들이다. 부르주아라고 불린 그들은 귀족계급을 몰아내고 새로운 지배계급으로 올라섰다.

2차 산업혁명기(1870~1920)에도 혁신적인 변화가 몰아쳤다. 전기의 시대였다. 에디슨은 백열등을 개발했을 뿐만 아니라 가정에서 백열등을 사용하는 데 필요한 거의 모든 시스템을 만들었다. 전기는 저렴하고 전달하기 쉬우며 깨끗하고 응용 범위가 넓다는 점에서 증기력을 대체하며 산업 전반으로 확산되었다. 대량생산이 용이한 강철 제련법이 등장했고 인공염료, 인공비료, 약품을 생산하는 화학산업이 생겨났다. 자전거, 라디오, 전화, 축음기, 소형카메라와 영사기가 만들어지면서 새로운 산업으로 이어졌다. 열효율이 뛰어난 디젤, 가솔린과 같은 내연기관이 발명되면서 자동차와 비행기도 나왔다. 이동성이 높아지면서 본격적인 관광산업이 출현한 것도 이 시기다.

오늘날의 전력 시스템, 통신 시스템, 대량생산, 고층빌딩, 대도시화는 모두 2차 산업혁명의 연장선에서 만들어진 것이다. 대중에게 익숙한 오늘날의 대기업이 출현한 시기도 이때였다. 당시 혁신을 주도하던 산업은 철강, 전기, 화학, 기계 등 중화학공업을 기반으로 하였기에 처음부터 대규모 자본이 투입되거나, 그렇지 않으면 수많은 중소기업이 합종연횡을 했다. 록펠러의 스탠더드 오일, 철강왕 카네기의 US스틸, 대량생산 체계를 처음으로 도입한 포드, 에디슨의 제너럴 일렉트릭, 그리고 독일의 지멘스와 아에게AEG, 일본의 미쓰이, 미쓰비시, 스미토모 등이 이때 등장한 대기업이다.

자본이 많이 드는 중화학공업의 출현은 소수의 자본가들이 기업을 운영하는 가족경영의 시대(1차 산업혁명)가 끝이 났음을 알리는 시그널이었다. 미국은 은행이나 증권회사가 대중으로부터 자금을 모아 그것으로 기업에 투자하는 형태로 발전했고 독일과 일본은 국가 주도였다. 이미 완성된 산업 시스템과 경제, 공장 설비를 갖고 있던 '3세 경영체제'의 영국은 이런 변화에 대처가 느렸다. 영국의 몰락은 이때 시작되었다.

1차 산업혁명과 2차 산업혁명을 '산업화'라고 한다면, 3차 산업혁명은 '정보화'이다. 최초의 컴퓨터 애니악의 탄생을 시발로 삼으면 1946년이 기점이고, IBM 호환용 PC가 컴퓨터 산업계의 표준으로 자리 잡은 해를 기점으로 삼으면 1987년이 시작이다. 인터넷을 고려하면 아르파넷이 개발된 1969년, 혹은 인터넷이 일반인의 필수품으로 정착한 1994년을 기점으로 삼을 수 있다.

무엇으로 기준을 삼든 3차 산업혁명은 다른 분야의 기술이 결합 혹은 융합되는 현상이 가시화된 시기이며 이 시기 혁신의 주체는 벤처기업이다. 참신한 아이디어와 기술을 바탕으로 새로운 사업에 도전하는 조그만 기업이 속속 등장했다. 벤처기업들은 조그만 작업장이나 실험실에서 시작했지만 곧 세계 경제를 이끄는 기업으로 성장한다. 전통 대기업에 비해 업력이 한참 못 미치면서도 빠른 시간에 시가총액에서 이들을 능가했다. 예컨대 현재 19년밖에 안 된 페이스북(메타)의 시총은 '제너럴 모터스GM의 이익은 곧 미국의 이익'이라고 불리며 1930년대부터 70년간 부동의 1위였던 GM의 약 23배이다.

프랑스 인류학자 브뤼노 라투르는 현대 산업사회의 특징을 이렇게 지적한다. "세상을 바꾸었던 전략적 장소가 중세시대에는 성당이었고 근대사회는 공장이었다면, 현대사회는 컴퓨터를 손에 쥔 조그만 작업실, 혹은 대학의 연구실이다." 지금의 변화가 3차 산업혁명의 연장선이든, 아니면 4차 산업혁명이든 혁신의 주체는 달라지지 않았다. 조그만 작업장이나 연구실에서 시작할 벤처기업인이다.

# 3.
# 창업하기 좋은 시대, 기업가정신을 필요로 한다

　　서두에 나온 새뮤얼 존슨의 말이 4차 산업혁명을 가리키고 있다고 생각했다면 성급한 판단이다. 시인이자 평론가였으며 최초로 영어사전을 집필한 그는 1709년 영국에서 태어나 1784년에 사망한 사람이다. 그러니까 그는 1차 산업혁명을 목격하며 그 변화의 양상을 격정적인 언어로 남겼다. '타이번'은 런던 인근에 있던 사형장을 말한다. 사형장조차 혁신의 바람에서 비켜날 수 없을 만큼 1차 산업혁명이 불러일으킨 사회 변화는 충격적이었다. 그가 받은 충격을 4차 산업혁명에 대입해도 무리가 없는 것은 혁신의 본질이 바로 그것이기 때문이다.

　　기술혁신 시대의 창업은 과거에 비해 이윤을 내는 것도 상대적으로 쉬워졌다. 예전에는 영업이익이 날 때까지 사업을 이끌어가는 것밖에 달리 방법이 없었다. 비유하자면 IPO 외에는 엑시트가 불가능했다. 창업자 역시 '내가 만든 기업'이라는 인식이 강해 기업을 팔려 하지 않았고 기업의 가치를 알아보고 사줄 기업도 드물었다. 이제는 인수와 합병, 장외시장처럼 다양한 창구가 존재한다. 기업가치를 높여놓으면 반드시 그 기업의 기술력을 필요로 하는 대기업이 등장한다. 창업자들의 인식도 달라졌고 기술을 필요로 하는 기업도 많아졌다.

창업이 쉽다는 것을 말하려는 게 아니다. 여전히 창업은 굉장히 지난하고 어려운 과정이다. 예컨대 일론 머스크는 테슬라 모델S 출시 기념식에서 스타트업을 시작하려는 사람들에게 한마디 해달라는 기자의 부탁을 받았다. 잠시 생각에 잠겼던 그는 이렇게 말한다. "Don't do that!" 테슬라 CEO가 되기 이전 이미 세 번의 창업에 성공한 그의 입에서 나온 말이다. 연쇄창업가에게도 스타트업은 어려운 일이다. 그럼에도 창업은 도전해볼 만한 가치가 있다.

불황이 길어지고 있다는 점에서 우리는 2차 산업혁명이 일어나던 때와 비슷한 시대를 살고 있다. 기술혁신이 쏟아지고 있다는 점에서도 비슷하다. 지금이 3차 산업혁명의 연장인지, 아니면 4차 산업혁명의 여명기에 있는지는 논외로 하자. 두 차례의 산업혁명에서 보았듯 기술혁신이 성숙기에 들어가면 사회가 근본적으로 바뀔 것이다. 여기에 더해 고령화와 저출산 문제도 사회구조를 바꿀 것이다 (고령화와 저출산에 따라 세수가 부족해지면 공무원 연금제도가 개혁될 가능성이 높다). 위기를 극복하고 풍요로운 사회를 만드는 것은 새로운 미래를 모색하려는 경제주체들의 의지에 달렸다.

변화의 속도가 빠를수록 기업 경영의 불확실성은 커진다. 변화무쌍한 환경에서 살아남는 가장 좋은 방법은 이 변화를 주도하는 것이다. 대기업보다 조그마한 스타트업이 차세대 주인공이 될 가능성이 높은 것은 여기에 있다. 대기업이 혁신기업들의 기술을 사들이는 것도 이 변화에서 살아남기 위해서다. 그동안 우리나라의 경제 발전을 이끌었던 대기업들이 어느덧 3세, 4세 경영체제에 접어들었음을 상기하자. 지금 우리에게 필요한 것은 창의적인 아이디어와 이를 가능케 한 지적 자산, 실패를 두려워하지 않고 창업에 나서는 기업가정신이다.

혁신과 변화의 핵심에 ICT 융합이 자리하고 있는 만큼 앞으로 나오게 될 수많은 기업과 산업, 그리고 일자리는 공대생들의 주도하에 탄생할 것이다. 당장 창업에 뛰어들라는 말은 아니다. 모두 다른 길을 걸어왔고 다른 관점에서 세상을 보고 있으며 각자 다른 공부를 하고 있다. 자기만의 방식을 찾으면 된다. 곧 만나게 될 서울공대 출신의 스타트업 주인공들도 그러하다. 창업 동기도 다르고 창업 시기도 다르다. 또 대부분의 성공이 현재진행형이다. 아직 완료되지 않았음에도 이들의 스토리를 따라가는 것은 그곳에서 또 다른 가능성을 엿보기 위해서다. 남다른 아이디어와 열정만 있으면 미래의 부를 열어젖힐 수 있는 세상이 왔다. 창업하기 정말 좋은 시대다.

# 4.
## 자본이 똑똑해졌다 _____

1980년대까지 사회생활이라고 하면 취직이 보편적이었다. 우리
나라는 1963년부터 1991년까지 평균 9.1퍼센트의 고도성장을 유지
하던 경제발전기에 있었다. 졸업하면 취직하는 것을 당연시 여겼다.
일자리도 많았고 기업도 인력을 많이 필요로 했다. 창업하는 사람
들은 가업을 물려받은 사람이거나 부자 아버지를 두었거나 사업가
성향이 강한, 아주 예외적인 사람으로 생각했다. 취직이라는 대안이
분명했고 사업에 실패했을 때 치러야 하는 대가가 너무 혹독해 선
불리 창업에 나서는 사람은 드물었다.

성장동력이 떨어지기 시작한 것은 1997년 외환위기 이후이다.
서울대 경제학부 김세직 교수에 의하면 한국은 외환위기 이후 매
5년마다 평균 1퍼센트씩 규칙적이고 지속적으로 성장률이 하락했

다. 김영삼 정부 시절 6퍼센트의 성장률은 김대중 정부에서 5퍼센트대로, 노무현 정부에서는 4퍼센트대로, 이명박 정부 때는 3퍼센트로 주저앉으면서 이 추세가 지금까지 계속되고 있다. 장기 저성장 국면에 접어든 것이다. 장기 저성장 국면에 접어들면서 취업시장도 변화가 생겼다. 좋은 대학을 진학하는 것보다 좋은 기업에 취업하는 것이 더 어렵다. 취업했다고 안심할 수도 없다. 한 번 취업하면 정년 혹은 그 언저리까지 보장되던 과거와 달리 이제는 서른 혹은 마흔이면 구조조정의 칼날이 들어온다. 스물일곱에 입사, 근속연수 17년과 같은 이야기는 고도성장기에나 들을 수 있는 유물이다.

여전히 대다수의 목표는 좋은 직장에 취업하는 것이 현실이지만 2020년 들어 창업이 하나의 대안으로 떠오르고 있다. 활력이 떨어진 한국 경제에 이보다 더 좋은 약은 없다. 생계형 창업이 아니라 기술혁신형 창업이기 때문이다.

창업에 대한 태도가 달라진 것은 여러 이유가 있을 것이다. 평생직장의 개념이 사라지면서 평생직업으로서의 창업이 청년들에게 대안으로 떠오른 것도 있고 대기업에서 은퇴한 50~60대가 재직 당시습득한 기술과 경영 노하우를 사업화해보려는 시도가 많아진 탓도 있다. 여기에 실험실에서 얻은 연구 결과물을 사업화하려는 연구원과 교수진들의 참여도 더해지고 있다.

창업에 대한 인식이 이렇게 바뀐 것은 창업 리스크가 옛날만큼 높지 않기 때문이다. 예전에는 창업을 하려면 자기 돈을 가져다 쓰거나, 지인이나 가족 혹은 친지의 돈을 빌렸다. 금융권의 돈을 빌리려면 담보가 반드시 있어야 했다. 외부 투자는 꿈도 꿀 수가 없었으니 실패하면 창업자금은 고스란히 빚으로 남았다.

창업하기 어려웠던 이런 환경은 1990년대 말부터 서서히 변하기 시작했다. 은행이 이공계에서 적극적으로 인재를 등용하게 된 것이 이 무렵이다. 예전 은행은 핵심 인력을 법대와 상경대 중심으로 꾸렸다. 담보물을 평가해서 기업에 융자를 하는 것이 주 업무였기에 계약서를 어떻게 작성할 것인가, 담보물은 어떻게 평가하고 채무불이행이 일어날 때 어떻게 자금을 회수할 것인가에 인력을 집중했기 때문이다. 이공계에서 인력을 뽑는다는 것은 은행 업무가 융자 중심에서 투자 중심으로 바뀌었다는 것이고 담보물이 아니라 기업의 기술력을 보겠다는 것이다. 융자에서 투자로 옮겨가면서 사업하다 망했다고 법적 책임을 지는 일은 사라졌다.

우리나라의 창업 생태계가 얼마나 좋아졌는지는 보다 구체적인 자료로 확인하도록 하자. 미국의 스타트업 정책자문회사인 스타트업지놈Startup Genome은 2012년부터 매년 글로벌 스타트업 생태계 보고서를 발표한다. 세계 280개 도시 기준으로 순위를 매기기에 땅덩어리가 작은 도시국가의 경쟁력도 알 수 있다. 서울의 경우 2019년에는 30위 밖의 순위였으나 2020년에 20위, 2021년에는 16위, 2022년에는 6계단 상승해 10위가 되고, 2023년에는 2계단 내려앉아 12위로 평가되었다. 다소 아쉬운 결과이지만 우리나라 스타트업 생태계의 활력이 빠르게 상승했음을 알 수 있다.

2023년 순위를 보면 다음과 같다. 전통적 강자 실리콘밸리가

1위이고 뉴욕과 런던이 공동 2위다. LA가 4위, 텔아비브 5위, 보스턴 6위, 베이징 7위, 10계단 상승한 싱가포르가 8위, 상하이 9위, 시애틀 10위, 워싱턴 11위, 서울에 이어 베를린이 13위를 기록했다. 도시 순으로 등급이 매겨졌지만 사실상 미국, 영국, 이스라엘, 중국, 싱가포르, 독일, 그리고 한국의 놀이터라고 보면 된다.

우리나라의 요소별 평가항목을 보면 다음과 같다. 기업가치 부문에서 7점, 자금 및 투자 환경에서 9점, 시장 확장성 1점, 글로벌 연결성(해외투자자 비율, 해외지사를 둔 스타트업 수 등등)에서 7점, 기술 인재 및 경험 7점, 특허 및 연구생산량 등에서 8점으로 평가되었다. 각 요소별로도 유니콘 기업의 수, 초기 투자 건수, 투자 유치 증가율, 시장의 품질, 시장의 크기 등의 세부 평가항목이 있다. 따라서 약간의 변수에도 점수가 출렁일 수 있다. 1점을 기록한 시장 확장성의 경우 2022년 점수는 5점이었다. 여기서 주목할 부문은 자금 및 투자 환경이다.

스타트업에게 있어 투자금은 생명줄이다. 기술이 있어도 투자를 받지 못해 기업이 쓰러지는 일이 다반사다. 죽음의 계곡을 넘는 것도, 다원의 바다에서 살아남는 것도 여기에 달렸다. 2021년 자금 및 투자 환경 부문은 5점이었는데 2022년 9점으로 상승한 후 이 수준을 두 해째 유지했다. 꾸준히 실리콘밸리의 투자 노하우가 접목되기도 했지만 벤처 성공 신화가 쌓이면서 우리나라 벤처 생태계에 흐르는 자본이 똑똑해졌다는 증거이다. 예전에는 투자금을 서둘러 회수하려는 성급한 면모가 많았다면, 지금은 창업가와 함께 기업가치를 상승시키는 파트너십을 발휘한다.

　투자은행이, 벤처캐피털이 혁신기업에 투자하는 이유는 간단하다. 일반 투자에 비해 적게는 2~3배, 많게는 5~6배의 수익을 거둘 수 있다. 극적인 사례이지만 영국의 자산운용사 베일리기포드는 2013년부터 11년 동안 테슬라에 투자해 8151퍼센트의 투자이익을 보기도 했다. 대략 81배가 넘는 투자수익이다. 투자 시점도 묘했다. 테슬라는 2011년부터 2016년까지의 누적 적자액만 20억 달러였다. 영업이익이 전혀 없어 돈 먹는 하마처럼 보였는데도 투자가 이뤄졌다. 자본이 기술력과 기업의 미래가치를 내다본 것이다. 자본은 똑똑해졌다.

# 5.
# 자본은 창업가를 찾는다 _____

 

 

돈은 교환의 매개체이다. 가치 저장의 수단이면서 가치 척도의 도구이기도 하다. 이런 돈의 속성으로 인해 우리는 시장에서 물건을 거래하고 상품의 가치를 매기며 한 나라의 화폐와 다른 나라 화폐의 교환비율을 결정할 수 있다. 그런데 돈은 이보다 더 많은 일을 할 수 있다. 돈이 많은 일을 하기 위해선 자본이 되면 된다. 스스로 증식하려는 가치를 지닌 돈을 자본이라고 부른다. 자본이 무엇을 할 수 있는지를 보기 위해 11세기 베네치아로 가자.

1050년 무렵 베네치아의 인구는 4만 5000명이었다. 그런데 1200년이면 7만 명으로 증가하고 1300년에는 11만 명으로 불어났다. 대략 100년을 주기로 50퍼센트 이상 증가한 것이다. 당시 어디에서도 볼 수 없는 인구증가율이었다. 베네치아는 제1의 도시 파리와 비등했고 런던보다 3배는 더 큰 도시였다.

이 증가율의 뒷면엔 자본이 숨어 있다. 유럽의 돈이 베네치아로 몰려들었다. 코멘다라는 초기 형태의 합자회사가 출현했기 때문이다. 코멘다는 단 한 번의 무역을 위한 위탁계약이다. 누군가 자본을 대면 다른 누군가는 그 자본을 바탕으로 해외무역에 나섰다. 이익이나 손실이 생기면 계약한 비율로 나눴다. 예컨대 누군가 100퍼센트 출자하면 이윤의 75퍼센트를 가져가지만 손실은 100퍼센트 책임졌다. 쌍방 투자일 경우 한쪽 출자자가 67퍼센트의 자본을 대면 50퍼센트의 이윤을 가져갔다. 가난하지만 야심이 가득한 젊은이들이 베네치아로 몰려들었다. 자고 나면 새로운 부자가 등장했다. 남겨진 공식 문서엔 기성 엘리트층에선 보이지 않던 이름이 수두룩하다.

베네치아의 역동성이 떨어진 것은 코멘다를 금지하면서부터다. 이윤을 독점하고 싶었던 귀족들이 1314년 무역을 국유화해버렸다. 정부 소유 선박만 무역을 할 수 있었다. 무역이 소수 독점으로 자리 잡자 자본이 빠져나갔고 일자리와 함께 인구 역시 줄어들고 만다. 사업가가 가져야 할 이윤을 정부가 독점하면서 인적자원에 투자할 유인이 사라진 탓이었다. 유럽 인구가 급격히 증가하던 17~18세기에도 베네치아의 인구는 줄었다. 한때 해상제국이었던 베네치아는 그 시절이 남긴 유산으로 이제는 관광업과 어업으로만 먹고사는 곳이다.

베네치아에 나타난 자본을 상업자본이라고 한다면, 18세기 영국엔 인류가 만나지 못했던 새로운 자본이 등장한다. 바로 산업자본이다. 생산수단을 소유하고 생산활동을 수행하는 자본으로 19세기 중반까지 산업혁명을 주도했다. 1840년대 철도 건설 붐을 주도한 것이 산업자본이다. 철도 건설은 섬유산업의 기계화와 달리 엄청난 금액이 필요했다. 철도뿐만 아니라 기계를 제작하는 공장도 세우고 더 많은 탄갱도 개발하고 증기기관차도 조립하고 기차가 지나갈 대도시도 건설해야 했기 때문이다. 이로 인해 발달하기 시작한 것이 금융자본이다. 가장 오래된 은행 중 하나인 JP 모건이 철도회사에 투자하면서 성장했다.

금융자본은 항공산업을 중심으로 미국에서 특히 발전했다. 라이트 형제가 카보츠, 밴더빌트, 어거스트 버몬트, 프레드릭 알제와 같은 금융자본과 기업가의 투자를 받은 것으로 알려져 있다. 제2차 세계대전과 함께 항공산업에 대한 수요가 늘자 항공기 특수 부품을 만드는 기술기업은 금융자본의 주요 투자처가 되었다. 이들의 투자 성공이 누적되면서 조금씩 새로운 형태의 자본이 논의되기 시작했다. 1938년 듀폰그룹의 회장이 정부 부처와 실업 문제를 논의하는 자리에서 "미국을 다시 움직이도록 하는 것은 벤처캐피털"이라고 하면서 처음으로 공식화하기에 이른다. 자금조달이 어려운 신생기업을 위한 새로운 금융이었다.

벤처자본은 기존 금융자본과는 목적이 달랐다. 고위험-고수익(30퍼센트 이상)을 목표로 초기 단계의 신생 기술기업에 투자했다. 2차 대전이 끝난 직후 몇몇 기업가들의 주도로 선구적인 벤처캐피털들이 생겨났는데 폭발적으로 성장한 기점은 구소련이 스푸트니

크호를 발사한 1957년이다. 미 국방부가 항공우주산업과 전기전자
공학, 방위산업의 든든한 자금줄이 되면서 첨단 전자제품 시장이
크게 성장하고 스타트업에 도전하는 사례가 늘어난 덕이었다.

산업의 발달과 함께 자본도 발달해왔다. 이들은 성격도 다르고
하는 일도 조금씩 다르다. 예를 들면 워런 버핏의 버크셔 헤서웨이
는 산업자본과 금융자본의 특징을 모두 갖고 있다. 버크셔 헤서웨
이는 다른 회사들의 지분을 보유하고 운영하는데 이는 산업자본
의 특징이다. 동시에 코카콜라와 애플 같은 곳에 직접 투자도 한다.
주식, 채권 등의 금융상품을 통해 자본 증식을 꾀하는 금융자본의
특성이다. 벤처자본은 확실히 다르다. 혁신적인 기술과 산업에 투자
한다. 2014년에 설립된 아크 인베스트ARK Invest는 미래 성장이 기대
되는 테슬라와 팔란티어 등의 신생 기술기업에 투자했다. 벤처자본
은 신산업 발굴과 일자리 창출에 있어 중요한 역할을 하는 새로운
형태의 자본세력으로 인정받고 있다.

자본은 똑똑한 기업가를 찾고 있다. 이제는 벤처자본만 스타트
업에 투자하지 않는다. 산업자본도 전략적 투자자SI로서 스타트업
에 투자하는 사례가 늘고 있다. 금융자본도 신용 혹은 기술 담보로
스타트업에 투자한다. 투자 시기만 다를 뿐이다. 이외에 정부의 정책
자금도 스타트업을 찾아다닌다. 창업자 자신의 종잣돈, 친인척에게
빌린 돈, 부동산 담보로 사업을 시작하는 시대는 끝이 났다. 돈이
없어 사업을 할 수 없는 시대도 지났다. 이 시대에 필요한 것은 기업
가정신으로 뭉친 창업가들뿐이다.

# 2장

# 그들은 왜
# 창업가가 되었는가?

# 1.
# 기술이 평등을 부른다,
## 매스프레소의 이용재

주말에 수서역을 가면 셔틀버스들이 즐비하다. SRT를 타고 지방에서 올라온 중고등학생들을 태우고 사교육 1번지 대치동으로 향하기 위해서다. 목포, 광주, 대구, 부산 등에서 이렇게들 올라온다고 한다. SRT가 개통되기 전의 풍경은 조금 달랐다. 그때는 주말마다 부모의 승용차 지원이 가능한 수도권과 충청권에서 올라왔다. 거리가 멀어 효율이 떨어졌던 경상, 전라권역은 방학에 단기 월세를 얻어 집중과외를 받았다. 대한민국 교육은 '부모 열의＋학생의 의지＋자본 싸움'이라는 말이 나온 단적인 이유이다. SRT는 학생의 의지만 있으면 그것을 가능케 했다. 기술이 학습권의 민주화를 불렀다고 할까?

그럼에도 불평등은 남는다. 대치동은 여전히 서울 한 곳뿐이다.

서울에 가까울수록, 강남에 사는 학생일수록 유리하다. 비싼 사교육비도 감당할 수 있어야 한다. 여기에 공대생들의 상상력이 개입했다. "비싼 교육비를 지출하지 않아도 되고 주말마다 올라올 필요도 없이 좋은 과외 선생님을 내가 원할 때 부를 수 있다면?" 이 기술은 학습의 평등권을 가져왔다. 기술의 역사에서 알 수 있듯 평등을 불러오는 기술은 항상 사회에 변화를 가져온다. 어쩌면 우리 교육 시스템에 균열이 일어날지도 모른다. MZ세대라면 모르는 사람이 없는 앱 '콴다QANDA'다.

인공지능AI 앱 '콴다'를 출시한 스타트업 매스프레소의 창업자는 모두 네 명이다. 공교롭게도 세 사람은 인천 출신이고 나머지 한 명은 제주도 사람이다. 창업 아이디어는 이종흔 공동대표의 경험에서 나왔다. 당시 한양대를 휴학하고 대치동에서 수학 과외를 하고 있는 그에게 학생들이 끊임없이 모바일 메신저로 문제풀이를 물어왔다고 한다. 이때 강남 족집게 선생이 하는 역할은 단순하다. 문제가 몇 학년의 난이도이고, 이런 질문을 했다면 무엇을 모르고 있고, 어떤 다른 문제를 틀릴 것인지를 예상하고 그 부분을 해결해주면 된다.

하지만 그는 그 역할에서 그치지 않았다. 조금 더 쉽게 할 방법을 궁리했다. 여기서 뜻을 같이한 공대생들이 모였다. 그들은 공대생답게 잘 만들어진 인공지능으로 과외 선생을 대체하겠다는 생각을 했다. 양방향 문제풀이 플랫폼 콴다의 시작이다.

다들 지방에서 올라왔기에 창업 초기엔 월세랑 사무실 임대료를 따로 낼 여력이 되지 않았다. 그들은 실리콘밸리 스타트업의 성공 신화를 흉내 내듯 사무실에서 숙식을 해결했다. 겨울에는 난방기를 켜기가 부담스러워 추위에 떨면서 코딩을 했고, 여름에는 코딩하는 손 위로 개미가 지나다녔다고 한다. 사내 네 명이 모였으니 자연스레 거지꼴로 지내기 일쑤였다.

창업하고 2년 정도 되었을 때 비즈니스의 가능성을 알아본 한 기업으로부터 인수 제안이 들어왔다. 이용재(전기·정보공학부) 공동대표에 따르면 이때 회사를 매각했다면 각자 30억 정도 손에 쥘 수가 있었다고 한다. 모두 학생 신분이었기에 쉽게 거절하기 힘든 거액이었지만 이들은 뿌리쳤다. 조금 더 비싼 가격에 팔고 싶었던 것은 아니었다. 자신들이 생각했던 서비스를 구현해냄으로써 세상을 한번 바꾸어보고 싶다는 의지가 앞섰다고 한다.

세상의 무엇을 바꾸고 싶었던 것일까? 매스프레소가 지향하는 가치가 무엇이기에 2023년 기준 어느덧 업력 9년 차에 접어들면서도 힘든 스타트업의 과정을 차근차근 밟고 있는 것일까? 이용재 대표는 이렇게 말한다.

"교육기회의 평등이라는 사회적 가치를 확장시키기 위해 끊임없이 비즈니스 모델을 다각화하고 싶습니다."

비즈니스 모델의 다각화는 기업가라면 당연히 모색해야 하는 일이다. 그런데 그는 이를 '교육기회의 평등'이라는 사회적 가치를 확장하고 싶어서라고 한다. 교육열이 대단한 한국인이라면 '교육기회의 평등'이 왜 중요한지 직관적으로 이해한다. 1998년 아시아 최초로 노벨 경제학상을 받은 아마르티아 센은 '교육기회의 평등'을 이렇게 역설했다. "사회가 어린이에게 양질의 교육을 평등하게 제공하지 못하면 그 아이의 잠재성을 사장시키는 데 그치지 않는다. 그 아이가 창출할 미래의 경제적 가치마저 말살시킨다." 이어 센은 평등한 교육이 되기 위해선 교육 현장엔 개인의 선택, 의지, 노력 이외에 스스로 통제할 수 없는 외적 요인이 작용하지 않아야 한다고 했다.

모두가 지방 출신이었던 만큼 어쩌면 그들은 아이디어 단계에서부터 콴다의 사회적 가치를 이해하고 있었는지도 모른다. 지방에서 태어나는 것과 서울에서 태어나는 것은 서울 사람들이 생각하는 것보다 그 격차가 무척 크다. 개인의 선택, 의지, 노력 이외에 스스로 통제할 수 없는 외적 요인을 제거한 콴다의 매력은 여기에서 나온다.


● **스타트업을 이끌어가는 힘은 어디에서 나오는가?**

스타트업을 시작하려는 사람들은 다음 열 가지 질문에 스스럼없이 답할 수 있어야 한다. ① 진심인가? ② 비웃음이나 망신당할 각오가 되어 있는가? ③ 그럼에도 정말로 하고 싶은가? 그렇다면 그 이유는 무엇인가? ④ 그것이 무엇을 해결해주는가? ⑤ 당신이 하려는 것이 현재 존재하는 것보다 더 나은 것인가? ⑥ 15년이 지난 후에도 당신이 만든 것이 우위에 있을 것 같은가? ⑦ 정치인과 언론의 공격, 동종 업계 기득권자들의 약탈적 횡포에 대응할 각오는 되어 있는가? ⑧ 그만하면 충분하다는 주위의 권고를 무시할 뚝심이 있는가? ⑨ 파산할 각오는 되어 있는가? ⑩ 실패했을지라도 다시 시작할 수 있는가?

몇몇 질문은 창업가로서의 마음가짐을 묻는 것이라면, 대다수는 스타트업을 키워나가면서 일어날 수 있는 어려움과 연관된 질문이다. 사실 창업 과정에서의 어려움과 관련된 질문이라면 끝도 없이 만들어낼 수 있다. 스타트업을 성공시키기란 매우 어렵다. 혁신적인 기술로 시장에 안착했을지라도 생각지 못한 변수에 맞닥뜨리는 일이 다반사이다.

음원공유 서비스 냅스터가 그 예이다. 지금은 스트리밍 서비스에 가입해 음악을 즐기지만 21세기 초만 해도 풍경이 달랐다. 디지털 음원 MP3를 다운로드했다. 당시 대학 1학년이었던 숀 패닝은 간단한 검색장치와 인터넷 연결을 통해 사용자끼리P2P 음악을 주고받는 플랫폼을 1999년 출시했다. 시장의 반응은 폭발적이었다. 1년 만에 사용자가 8000만 명에 달했다. 문제는 산업의 지배자였던 음반협회와 음악가들이었다. 과거 MP3닷컴 등이 협상에 성공했던 사례와 달리 저작권과 관련된 소송이 끝도 없이 이어졌고 연일 언론의 공격에 시달렸다. 패닝은 2년 만에 한 음악 소프트웨어 기업에 자신의 기술을 팔아버리고 만다(이 기술은 스포티파이와 다른 P2P 파일 공유 플랫폼의 토대가 되었다).

이 점에서 매스프레소는 특별나다. 2015년 6월 처음 론칭한 후 이용자 수가 1만 명 가는 데 1.5년이 걸렸고 100만 명으로 늘어나는 데도 1.5년이 걸렸다. 2018년 100만 명에 달하던 가입자는 2년 후 폭발적으로 증가해 5000만 명이 되고 2023년 기준 8000만 명을 넘어서고 있다. 해외 진출 의지도 남달랐다. 대한민국 인구를 넘어선 거대한 규모의 가입자는 80퍼센트가 해외 유입이다. 한국어를 비롯해 7개의 언어(영어, 스페인어, 일본어, 베트남어, 태국어, 인도네시아어)로 20여 개 나라에 서비스를 제공하고 있다.

콴다의 위치를 조금 더 정확히 보려면 MAU를 확인하면 된다. MAU(월간 활성 사용자)는 매월 한 번 이상 서비스를 사용한 사람을 뜻하는 것으로, 플랫폼 서비스의 영향력을 가늠하는 잣대다. 콴다의 MAU는 평균 1500만 명이다. 현재 교육 플랫폼으로 세계 1위는 폴란드에서 만들어진 '브레인리Brainly'로 MAU가 평균 3000만 명이다. 콴다는 브레인리에 맞설 수 있을까? 나아가 2배 차이의 영향력을 넘어설 수 있을까? 현재 35개 나라에 서비스를 제공하고 있는 브레인리가 2009년에 설립되었다는 점을 감안한다면 2015년생 콴다의 성장세는 가파르다.

이 성장의 원동력엔 매스프레소가 가진 기술력이 있지만 세상을 바꾸고 싶은 창업자들의 의지도 한몫을 했을 것이다. 앞서 던진 여러 질문 가운데 3번을 다시 눈여겨보자. 누군가 "Don't do that!"이라고 함에도 불구하고 스타트업을 이끌어가는 추진력은 여기서 나온다.

## ● 매스프레소, 교육 플랫폼 업계의 구글을 꿈꾼다

이용재 대표는 한 언론과의 인터뷰에서 이렇게 말했다. "시장의
한계와 문제를 풀어낸 플랫폼 기업에게는 독과점이 용인되는 만큼
매스프레소 역시 교육시장에서 구글과 같은 지배적 기업으로 도약
해 사회적 가치를 추구할 생각입니다."

지배적 기업이 된다는 것은 이해가 가지만 독과점이 용인된다는
것은 무슨 의미일까? 독과점을 통해 사회적 가치를 추구한다는 것
은 또 무슨 뜻일까?

전통 경제학에서 독과점은 시장의 실패, 시장 기능의 마비를 뜻
한다. 예컨대 1990년대의 웹브라우저와 OS 시장의 절대적 지배자
였던 마이크로소프트는 반독점법 위반으로 2000년 미국 정부의
고소를 당해 회사가 강제로 분할될 뻔했다. 독점기업이 출현하면 시
장에서의 가격조정 기능이 상실되어 결국엔 소비자에게 피해가 돌
아가기 때문이다. 20세기 초 90퍼센트의 시장점유율을 갖고 있던
록펠러의 스탠더드 오일을 34개의 독립회사로 쪼개버린 사례가 대
표적이다.

하지만 최초의 전자결제 시스템 '페이팔'의 공동창업자 피터 틸
은 독점을 다르게 보았다. 전통 제조업 시대와 달리 IT 시대의 독점

은 창조적 독점기업이 한동안 독점적 위치를 누리다 보니 혁신적인 기업의 출현으로 그 지위를 내려놓는 순환을 지녔다고 한다. 영원할 것 같았던 마이크로소프트가 웹브라우저와 OS의 지배권을 각각 구글과 애플에게 내어준 것처럼 말이다. 그는 IT 시대의 독과점은 기술력의 차이에서 비롯되는 것이라고 지적하면서 IT 독점기업의 특징을 다음과 같이 꼽았다.

첫째, 뛰어난 독자 기술 지니고 있어 다른 기업이 복제하기가 거의 불가능하다. 둘째, 네트워크 효과를 지니고 있어 더 많은 사람이 사용할수록 해당 제품의 영향력이 커진다. 셋째, 네트워크 효과로 규모의 경제를 이룩하며 규모가 커질수록 기업의 힘이 강해진다. 판매량이 커질수록 제품을 만드는 데 들어가는 고정비(설계, 관리, 사무 공간 등)가 분산되기 때문이다. 특히 소프트웨어 산업은 제품을 추가로 생산하는 데 드는 비용이 제로에 가까워 그 효과가 극적이다.

교육 플랫폼 업계의 구글을 꿈꾸는 매스프레소에게는 독점기업으로 나아갈 특징이 갖춰져 있다. 콴다의 가입자 8000만 명과 MAU 평균 1500만 명을 통해 이미 상당한 수준의 네트워크 효과를 누리고 있다. 기술력도 마찬가지다. 콴다는 수학 분야 광학문자인식 OCR 기술에 있어 세계 최고 수준이다. 이용재 대표는 콴다의 OCR 기술력을 이렇게 말한다. "글자 OCR만 보면 네이버와 구글이 최고지만 수학기호는 잘 인식하지 못합니다. 수학기호를 인식하는 AI 기반 OCR을 자체 개발하고 서비스를 오래 하다 보니 수학기호와 텍스트를 함께 인식하는 기술은 우리가 세계 최고입니다."

OCR이란 하나의 이미지를 컴퓨터가 읽을 수 있게 텍스트 포맷으로 변환하는 것을 말한다. 예를 들어 영수증을 스캔하는 경우 컴퓨터는 스캔본을 이미지 파일로 저장한다. 이런 이미지 파일에서 컴퓨터는 단어를 편집하거나 검색할 수 없다. 전체가 분리되지 않는 하나의 덩어리이기 때문이다. 그러나 OCR을 사용하면 이미지를 텍스트 문서로 변환하여 내용을 데이터로 저장할 수 있다. 여기서 수학 문제를 컴퓨터가 읽어내려면 OCR 기술이 기본적으로 다루는 글자와 숫자뿐만 아니라 그림, 도형, 그래프 등의 비정형 이미지까지 인식하고 데이터화할 수 있어야 한다. 단순히 왼쪽에서 오른쪽으로 배열된 문자를 인식하는 수준과는 차원이 다른 기술이 필요하다. 콴다의 OCR은 현재 다양하고 개성 있는 손글씨로 적은 수학 수식까지 인식하는 수준까지 발전해 있다.

이 OCR 기술은 기업의 이미지 및 문서처리 업무에 적용하면 프로세스 효율 극대화와 비용절감 효과가 크게 나타난다. 요즘처럼 모바일 사용이 대중화되어 촬영된 이미지 파일로 첨부 서류를 대체하는 환경에선 더욱 유용한 기술이다. 매스프레소는 향후 B2B 솔루션을 제공함으로써 교육 플랫폼 이외의 분야로까지 사업 모델을 확장할 수 있을 것으로 내다본다. 하지만 당장은 교육 분야에 집중하며 수학 이외에 영어와 과학 분야, 국어와 사회, 경시 논술의 영역까지 서비스를 확장하고 있다.

피터 틸은 IT 시대 독점기업의 긍정적인 측면을 다음과 같이 꼽는다. 경쟁을 걱정하지 않기에 직원과 제품에 더욱 정성을 쏟을 수 있다. 세상에 미치는 자신의 영향력에 관심을 기울일 수 있으며 기업의 장기적 미래에 대한 계획을 세울 수 있다. 생존의 위협을 받지 않기에 이윤 추구활동 이외의 기업의 사회적 책무에 대해 고민할 수 있다.

교육 플랫폼 분야에서는 대략 서른 개의 스타트업이 경쟁을 벌이고 있다. 혁신가로 기억되려면 두 가지 길이 있다. 최초이거나 유일한 것이 되어야 한다. 매스프레소는 교육시장에서 지배적 위치에 올라서는 것이 목표다. 교육기회의 평등을 구현하고 싶은 기업으로서는 당연한 귀결이다. 우리가 매스프레소의 성공을 바라는 또 다른 이유이기도 하다.

# 2.
# 창업이 꿈이다,

## 탄소중립연구원의 이민

"WHO의 최대 후원자가 누구인지 아니?"

2020년 코로나가 한창 기승을 부리며 WHO가 세간의 주목을 받던 당시 누군가 지나가듯 던진 말에 그는 큰 충격을 받는다. 미국 아니면 중국이겠거니 생각했다고 한다. 최대 후원자가 빌 게이츠 재단이라는 말을 듣는 순간 그는 소름이 돋았다고 말한다. '우리가 살아가는 시대가 개인이 국가보다 더 큰 영향력을 가질 수 있는 시대'라는 깨달음과 함께 '창업 1세대가 행사할 수 있는 자본력의 크기' 앞에 깊이 매료된다. 고등학생 때부터 사업가가 꿈이었던 이 청년은 2021년 5월 스타트업에 뛰어든다. 탄소중립연구원의 이민(기계공학과) 대표이다.

우리의 기억에서 사라졌지만 창업이 활발했던 시절이 과거에도 한 번 있었다. 고도성장을 구가하던 1960년대 중반에서 1970년대 후반 사이다. 창업 생태계가 좋았기 때문은 아니다. 그 시대는 아는 사람으로부터 돈을 빌리는 일이 사업의 첫걸음이었다. 운 좋게 은행 대출을 받는 사람들은 개인이 받은 대출에 대해 연대보증을 했다. 따라서 사업에 실패해 돈을 갚지 못하면 신용불량자가 되거나, 연대보증을 선 사람들끼리 줄줄이 파산할 수밖에 없었다. 그 위험을 감수하면서까지 창업을 했다.

실패했을 때의 리스크도 컸지만 성공이 가져다주는 보상이 강렬했기 때문이다. 회사원, 은행원, 공무원과 법원의 판사까지 창업에 뛰어들었다. 대우그룹, 대신증권, 법무법인 세종, 전두환 신군부에 의해 강제 해산된 국제그룹 등이 이때 시작했다. 그뿐만 아니다. 중소기업근대화촉진법이 만들어지고 법인세, 영업세 등을 감면해주면서 수많은 중소기업이 탄생한 것도 이 시기다. 중견기업들 사이의 삼성이라고 불리며 다층 인쇄회로기판PCB의 대명사인 대덕전자(고 김정식, 전자공학)가 이 시기에 설립된 대표적인 중소기업이다.

창업은 신분이동 수단이었고 가난에서 빨리 벗어나는 길이었다. 1960년대는 섬유를 중심으로, 1970년대는 중화학공업 위주로 창업 붐이 일었다. 이 시기 창업의 특징은 정부 시책과 방향을 함께했다는 점이다. 그리고 사회 경험이 있는 사람들이 창업을 주도했다.

창업에 흥미가 있다면 사회 경험을 쌓고 이후에 창업을 시도하는 것도 하나의 방안이다. 이때는 사회적 평판보다 앞으로 쌓게 될 자기 이력에 도움이 될 기업에서 시작하는 것이 좋다. 2012년 아시아계 최초로 프로풋볼리그NFL에서 가장 인기가 많은 샌프란시스코 포티나이너스의 구단주가 된 유기돈이 그 사례이다. 스탠퍼드대학과 하버드대 경영대학원을 나온 그는 야후, 유튜브, 페이스북 등에서 일했다. 오해하지 말자. 전부 스타트업 시절에 뛰어든 것이다. 성공한 스타트업에서 꽃길만 걸은 것도 아니다. 처음 선택한 전자상거래 스타트업 '더맨닷컴'은 2년을 채우지 못하고 파산했고 그 역시 5만 달러의 빚을 졌다고 한다.

대학을 졸업했을 당시 마이크로소프트가 이미 대기업으로 성장해 있었고 부모님은 그와 같은 평판 좋은 기업에 입사하기를 원했다고 한다. 하지만 그는 20년 가까이 부모가 들어보지도 못한 기업에서만 일했다. 그럼에도 그는 억만장자가 되었다. 스타트업의 동업자로서 창업을 경험한 그는 2014년 오디오 음향기술회사인 에바오토메이션EVA Automation을 창업하며 자신의 길을 열었다. 학생 창업에 성공했다고 알려진 저커버그 역시 고등학교 재학 시절 스타트업에서 인공지능을 이용한 시냅스 뮤직 플레이어를 제작한 경험이 있다. 스스로 준비가 덜 되었다고 생각하고 경험을 쌓고 싶다면 좋은 벤처에서 시작하는 것도 하나의 길이다.

이민 대표 역시 비슷한 길을 걸어왔다. 사업가가 꿈이었던 그는 차근차근 창업을 준비했다. 서울대학교 경영전략학회 MCSA라는 학술 동아리에서 활동한 이력도 그렇고 전략컨설팅업체인 맥킨지와 보스턴컨설팅그룹에서 훈련을 받은 것도 창업을 준비한 과정이다. 꾸준히 스타트업에서 인턴 활동을 하던 그는 에어스 메디컬이라는 MRI 가속화 솔루션 회사에 전략 리더로 입사해 6개월을 근무했다. 그리고 투자를 받을 때마다 기업가치가 2배씩, 3배씩 커지는 것을 보면서 창업에 대한 열망이 커졌다고 한다. 마침 기계공학과 송한호 교수의 연구실 프로젝트에서 사업화 아이템을 얻은 그는 송한호 교수와 연구원 이종호(현 CTO)와 함께 2021년 5월 창업한다. 탄소중립연구원의 시작이다.

창업 의지를 꺾으며 수많은 사업가를 파산으로 몰고 갔던 연대보증제도는 2008년부터 단계적으로 축소되면서 2018년 몇몇 예외조항을 남기고는 폐지되었다. 실패했을 때의 리스크라고는 약간의 좌절감 정도만 남았다고 할 수 있겠다. 성공했을 때의 보상은 어느 때보다 강렬하다. 창업과 재창업을 반복하며 경제성장을 견인하는 일은 이제 기업가들의 손에 달렸다.


### ● 탄소중립연구원CNRI은 무엇을 하는 곳일까?

탄소발자국을 이해하기 위해 아이스아메리카노 한 잔의 탄소 배출량은 얼마나 되는지 알아보자. 탄소 배출량을 구하기 위해선 아이스아메리카노의 공정 과정을 다음과 같이 나눠야 한다. ① 커피나무 키우기 ② 마일링 ③ 운송 ④ 프로세싱. 먼저 커피나무 키우기 단계에서는 비료, 화석연료, 살충제, 전기 등으로 인해

18.18gCO2eq(이하 g으로만 표기)만큼의 탄소가 배출된다. 마일링 단계는 커피 생두를 원두로 바꾸는 과정인데 여기서도 물, 전기, 화석연료 등이 사용되면서 1.8g만큼의 탄소가 나온다. 이렇게 생산된 원두를 브라질에서 우리나라로 운송하면 배출되는 탄소량은 362.27g이다. 프로세싱 단계는 아이스아메리카노 제조 단계로 로스팅, 그라인딩, 추출 과정에서 54.9g의 탄소가 발생된다. 여기에 마지막으로 얼음과 플라스틱 컵이 추가되면서 나오는 탄소량을 더하면 480.17g, 아이스아메리카노 한 잔이 우리 입으로 들어오기까지 만들어지는 탄소 배출량이 도출된다.

1년 동안 아이스아메리카노를 매일 한 잔씩 먹는다고 가정하면 잣나무 64그루가 흡수하는 탄소량과 동일한 양을 배출하게 된다. 여기서 빠진 것이 하나 더 있다. 먹고 남은 플라스틱 컵을 폐기하는 과정에서 나오는 탄소량이다. 이것까지 더하면 모든 탄소발자국을 추적한 것이 되며 이를 가리켜 전 과정 평가LCA, Life Cycle Assessment 라고 한다.

예전의 온실가스 관리 체계는 업체 하나를 대상으로 온실가스 감축 목표를 달성하도록 하거나 할당량을 감축하고 남은 양이 있으면 배출권으로 거래할 수 있도록 했다. 이를 장소Site 중심의 관리 체계라고 한다. 하지만 앞으로는 원료 채취에서부터 가공, 제조, 수송, 사용, 폐기에 이르기까지 모든 과정의 탄소발자국을 분석하고 평가하는 방법으로 온실가스 관리 체계가 바뀐다. 이는 기존 장소 중심의 관리 체계가 가진 허점을 보완하기 위해서다.

예컨대 차체 내부에서 화석연료를 태우지 않는 전기자동차의 경우, 기존 장소 중심의 평가를 하게 되면 탄소 배출량은 '0'이 된다. 하지만 LCA 관점에서 분석 평가하면 아주 다른 결과가 나온다. 송한호 교수가 2018년 분석한 자료에 따르면 석탄으로 발전한 전기로 구동하는 전기자동차가 휘발유 기반 하이브리드 자동차보다 더 많은 탄소발자국을 남겼다. 발전, 발전 원료 채굴 및 운송 과정에서 더 많은 탄소를 배출하기 때문이다.

전 과정 평가는 간단한 문제가 아니다. 원료 운송거리에 따라 탄소 배출량이 달라지고 운송 과정에서 무슨 연료를 사용했느냐에 따라서도 달라지며 발전 방식이 달라도 값이 다르게 나온다. 어느 국가에서 생산한 전기인지에 따라서도 다르며 풀 하이브리드 차량이냐 플러그인 하이브리드 혹은 마일드 하이브리드 차량이냐에 따라서도 결과값이 다르다. 따라서 탄소 배출량과 감축량을 재무제표 작성하듯 구체적이고 과학적으로 관리해야 하는 기업 입장에서 탄소 관리는 상당히 난감한 문제다. 이들 기업의 고민을 대신해주는 것이 탄소회계 프로그램이다. 탄소회계 프로그램은 탄소 전문가가 없는 기업들이 API(앱)를 통해 쉽게 탄소 데이터를 관리할 수 있게 하는 서비스를 뜻한다.

탄소중립연구원은 다수의 LCA 프로젝트 역량을 기반으로 쌓아온 경험을 통해 LCA뿐만 아니라 탄소회계 관리가 필요한 기업들을 대상으로 빠르고 효과적인 탄소회계 SaaS(서비스형 소프트웨어) 제품을 보급하는 스타트업이다. 이민 대표에 따르면 탄소회계 소프트웨어 시장은 초기 진입 및 선점이 중요하다고 한다. 현재 Pre-A 투자 유치를 진행 중인 이민 대표는 자신만만하다. 탄소회계 소프트웨어 시장은 미국과 유럽 시장을 기반으로 가장 빠르게 성장하고 있지만 아직 한국과 아시아 시장에서는 뚜렷한 리더가 없기 때문이다. 그러는 와중에 탄소중립연구원은 최근 유엔 유럽경제위원회UNECE와 한국도로교통안전공단, 일본 국토교통성과 협업해 아시아 자동차 LCA 표준안 작업을 진행하고 있다. 업계 리딩 업체로서 전문성을 인정받은 성과라고 할 것이다.

이민 대표는 탄소중립연구원이 분석 과정이 복잡한 자동차·에너지 산업에서 전문성을 쌓아 올린 것만큼 글로벌 제조공장이 많은 아시아 지역을 대상으로 제조업 특화 탄소회계 프로그램을 독점적으로 보급할 수 있을 것으로 전망한다. 이뿐만 아니다. 향후 패션, 플라스틱, 뷰티 산업으로까지 사업 모델을 쉽게 확장할 수 있을 것으로 내다보고 있다.


## ● 연쇄창업을 꿈꾼다

1997년은 창업가의 입장에서 매우 중요한 해이다. IMF 구제금융을 먼저 떠올리겠지만 벤처특별법이 이때 제정되었다. 이때부터 정책자금이 신용보증기금, 기술보증기금, 모태펀드 등을 통해 벤처기업에 공급되기 시작했다. 이후 2000년대 중반으로 가면 정부 주도에서 벗어나 민간 주도적이고 시장친화적인 벤처 생태계가 조성된다. 기업하기 좋은 환경이 만들어지면서 여러 번 창업을 반복하는 연쇄창업가들이 등장한 것도 이 무렵이다.

연쇄창업가는 벤처 생태계에서 중요한 역할을 한다. 사업의 성공과 실패를 경험한 창업가들이 다시 창업하거나 다른 창업기업에 투자를 할 수도 있고 창업 노하우를 전수하는 방식으로 창업 생태계에 활력을 불어넣기 때문이다. 이를 통해 창업에 필요한 자금과 지식이 선순환하는 사례도 만들어진다. 또한 연쇄창업가들은 이전의 창업 경험을 통해 인적·사회적 자본을 축적하여 자원을 효율적이고 효과적으로 사용함으로써 이후 재창업의 성과를 향상시키는 것으로도 알려져 있다.

우버의 창업자 트래비스 캘러닉의 사례가 대표적이다. 그는 대학 시절 음악 파일 다운로드 프로그램을 사업화하려고 했다. 하지만 경쟁자 숀 패닝에게 지고 만다. 숀 패닝의 프로그램 냅스터에는 캘러닉에게 없는 것이 있었다. 음악 파일 '공유' 시스템이었다. 이후 캘러닉은 두 번째 창업에 도전한다. 레드 스우시Red Swoosh라는 회사를 설립해 방송국과 영화사들에게 자료를 서로 '공유'하게 하는 서비스를 제공했다. 이 회사를 성공적으로 매각한 후 세 번째 도전한 창업이 바로 차량 '공유' 플랫폼 우버이다.

두 번째 창업에서 성공한 후 캘러닉은 잠시 잼 패드라는 엔젤투자자들의 모임에서 활동했었다. 그때 그 모임에는 숀 패닝도 함께 있었다. 그리고 캘러닉이 우버를 창업할 때 숀 패닝은 우버의 첫 엔젤투자자가 되었다. 그가 이 초기 투자로 거둔 수익은 2000퍼센트 이상으로 알려져 있다. 연쇄창업과 그로 맺어진 인적 네트워크가 벤처 생태계에 미치는 긍정적 영향이라고 할 것이다.

연쇄창업가들은 이전 창업 경험을 통해 기업 경영과 관련된 일반지식(법률, 회계)과 산업 분야에 특화된 지식(기술 트렌드, 산업구조 등)을 습득하고 조직관리 역량이 향상되는 특징이 있다. 또 이렇게 축적된 경험을 통해 창업 태도가 변화하고, 사업기회를 빠르게 포착하며, 사업의 위험을 능숙하게 관리하고, 자금 투자자들을 원활하게 모집하는 등 창업과 관련된 일련의 과정에서 처음 창업하는 사람들보다 더 우위에 있다. 또한 창업자 개인 겪는 극도의 스트레스도 잘 관리하는 것으로 알려져 있다.

이민 대표는 연쇄창업을 꿈꾼다. 그는 고생길로만 가득한 스타트업이 즐겁다고 스스럼없이 말한다. "사업을 하면서 느꼈던 설렘과 미친 듯이 즐거웠던 경험을 떠올려 봤을 때 저에게 이 길이 맞는다고 생각합니다. … 지금까지 잘해왔으니 앞으로도 잘할 거라는 말을 믿지는 않아요. … 나중에 시련이 왔을 때 자신감을 잃지는 않을 거라고 생각합니다." 그가 연쇄창업을 꿈꾸는 이유는 자본가가 되어 하고 싶은 일이 많기 때문이다.

"생명공학 분야에 지금까지 할 수 없었던 대규모 프로젝트를 진행해보고 싶습니다. 한국에서도 자본가가 천재들을 불러 모아서 스페이스X를 만들 수 있지 않을까요? 자본만 갖추면 항노화, 항공우주 등에서 인류가 경험하지 못한 엄청난 아웃풋을 만들 수 있을 겁니다. 거기에 제가 기여하면서 살 수 있다면, 생각만으로도 가슴이 뜁니다."

그의 스타트업 행보가 한 번으로 그치지 않을 이유이다.

# 3.
# 1위 업체의 COO에서 후발업체의
# 구원투수가 되다, ＿＿＿ 집꾸미기의 길경환

1990년대는 삼성전자가 2년 간격을 두고 세계 최초로 64메가D
램, 256메가D램 개발을 연속으로 발표하며 메모리반도체 분야에
새로운 강자로 등장한 시기다. 반도체 칩 개발은 수많은 시제품 중
에 하나만 성공해도 개발에 성공했다고 발표할 수 있다. 즉 설계한
회로도가 논리적으로 적합하고 제품화 단계까지 갈 수 있으면 성공
했다고 한다. 하지만 이것으로 당장 수익이 나지는 않는다. 웨이퍼라
고 부르는 원형판에 회로도를 화학적으로 프린팅하고 이를 절단하
는 방식으로 반도체 칩을 생산해야 하는데 이때 일정한 수의 합격
품이 나와야 한다. 이를 양산이라고 하며 양산이 가능해야 적정한
가격에 판매할 수 있는 수익성이 생긴다.

하지만 양산은 간단한 문제가 아니다. 개발 후 적정 수준의 양

산에 이르는 과정을 램프업Ramp-Up이라고 하는데 이 램프업 단계에선 개발 때와는 전혀 다른 차원의 문제가 생긴다. 이 문제를 해결하려면 전체 공정 라인을 통합적으로 볼 수 있는 안목과 자원 배분을 효율적으로 할 수 있는 능력이 있어야 한다. 여기에 시간과의 싸움까지 있다. 메모리 분야는 후발주자보다 더 빨리 양산 제품을 내놓고 점유율을 높여야 수익이 생기기 때문이다. 실제 삼성은 일본보다 양산이 늦었던 64KD램, 1메가D램, 4메가D램 등에서 재미를 보지 못했었다.

당시 황창규(전기공학) 삼성전자 사장은 1992년 세계 최초로 64메가D램을 개발했음에도 불구하고 양산 과정이 뜻대로 되지 않아 골머리를 앓았다. 포토 공정은 전자공학 박사에게, 에칭 공정은 화학공학 박사에게, 확산 공정은 물리학 박사에게 맡기는 등 모든 공정에 그 분야 최고들만 포진시켰는데도 제품이 나오질 않았다. 수십 번씩 반복해도 계속 불량이 나왔다.

도무지 해결책이 보이지 않던 그에게 해법을 제시한 사람은 한국립대 산업공학 교수였다. 황창규 사장과 고등학교 동창이었던 그는 이렇게 조언했다고 한다. "그거 해결하라고 산업공학이 있는 거야. 개별 공정이야 전자공학, 화학공학, 물리학이 전문이겠지만 그걸 합쳐놓는 일은 산업공학이야. 당장 거기서 사람을 찾아다 써." 바로 그다음 날 채용공고가 났고 1996년 양산에 성공한다. 이후 삼성에는 우리나라 대기업 최초로 산업공학팀이 만들어진다.

21세기 메모리반도체라고 불렸던 256메가D램이 개발된 해는

1994년이다. 처음 개발을 선언했을 때 2000년 이후에야 양산이 가능할 것이라고 전망되었는데 나중에는 모두 메모리 산업에서 삼성이 그만 탈락할 것이라고 내다봤다. 나라 전체가 IMF 관리하에 있었다. 업계는 전용 생산라인 하나 짓는 데 2조 원이나 투입되는 엄청난 비용을 삼성 혼자서 감당하지 못할 것이라고 판단했다. 하지만 삼성은 1998년 양산에 성공한다. 해법은 64메가D램 생산라인을 그대로 활용하고 반도체 회로의 폭을 30퍼센트 줄여 같은 면적에 4배나 많은 소자를 집어넣는 것에서 나왔다. 산업공학 덕이었다.

'산업'이라는 어휘가 지닌 포괄적인 의미 탓에 산업공학은 어떤 성격의 학문인지 선뜻 다가오지 않는다. 스마트폰을 예로 들자. 스마트폰 안의 칩과 회로를 만드는 것은 전기공학이다. 디스플레이는 화학공학 혹은 재료공학이 다루고 운영체제는 전산학이 맡는다. 음성 및 데이터 통신은 전자공학에서 담당한다. 하지만 이렇게 해서 상품을 만들었다고 그것이 바로 '비즈니스(산업)'가 되지는 않는다. 제품이 하나의 산업이 되기 위해서는 원자재로부터 부품을 만들고 이를 한곳에 이송시켜 조립하고 완제품을 만든 후 소비자가 사용할 수 있도록 다양한 유통 채널을 통해 배포하고 품질관리를 실시하는 등 다양한 영역이 원활하게 작동해야 한다. 나아가 경쟁력을 확보하려면 이 모든 것이 최대한의 효율로 돌아가야 한다. 이렇게 되도록 시스템을 설계하고 관리하는 것이 산업공학이 하는 일이다.

간단히 사람, 자원, 기계장비, 돈, 정보 등이 복잡하게 어우러진 산업 시스템이 현재보다 나은 방법으로 작업을 수행하도록 하고,

보다 효율적으로 운영될 수 있도록 개선하는 학문이 산업공학이다. 따라서 시스템을 구성하는 개별 요소에 대한 지식뿐만 아니라 각 구성요소들이 효율적으로 운용될 수 있도록 계획·설계·조정할 줄 아는 안목이 필요하다. 적용 분야는 제조업에서부터 시작해 IT 컨설팅, 정보통신, 금융, 의료산업, 우주방위산업, 도시계획, 유통업, 그리고 일반 도소매업 등 산업 전 분야를 망라한다. 최근에는 경영학 전공자들의 전유물이었던 마케팅, 재정, 인사 부문 등으로도 진출하고 있다.

인테리어 소품 플랫폼 '집꾸미기'는 2020년 길경환 CEO 체제로 탈바꿈했다. 그는 동종 업계 1위인 '오늘의 집' COO를 맡아 고속성장으로 이끈 산업공학도이다. 기업이 산업공학도를 수혈하는 데는 두 가지 이유가 있다. 첫째는 시스템을 개선해 비용을 절감하기 위해서다. 둘째는 소비자에게 보다 좋은 제품을 더 저렴하게 제공하기 위해서다. 이를 통해 그들이 추구하는 바는 한결같다. 1위를 수성하기 위해서, 혹은 1위가 되기 위해서다. 이미 코카콜라, UPS, IBM, 나이키, 인텔, 보잉사, P&G 등 글로벌 대기업들은 여러 부문에 산업공학 인재들을 전면에 배치하고 있다. '공대 안의 경영학과'로 불릴 만큼 주어진 상황에서 최적의 해법을 찾아내는 데 탁월하기 때문이다.

## ● 끊임없이 질문을 던지며 길을 찾아가다

힘들고 고생스러운 스타트업을 시작하는 동기는 크게 세 가지다. 첫째 유형은 생존 추구다. 가난에서 벗어나기 위해서, 가족이 보다 나은 삶을 살아가기를 바라는 마음에서 창업을 선택한다. 우리의 경우 1960년대와 1970년대 창업의 대다수가 이 부류였다. 둘째는 기회 포착이다. 빠르게 변하는 사회는 기업가에게는 천국이다. 끊임없이 늘어나는 고객 수요는 수많은 비즈니스 기회를 만들어낸다. 기회 포착은 다시 세 가지로 나눌 수 있다. 첫째는 순수한 우연에 의해 주어지는 기회, 두 번째는 인맥을 통해 주어지는 기회, 세 번째는 관찰과 경험을 통해 발견한 통찰이다.

스타트업을 시작하는 마지막 동기는 도덕적 사명감이다. 사회와 국가에 기여하겠다는 의지가 남다른 사람들로서 이들은 사회 개조에 대한 사명감이 강하다. 기업가로 불리기보다 활동가로 불리며 대개 NGO나 구호단체를 설립한다. 사회적 기업도 이 부류에 속하며 기부 활동과 의학논문 연구자 지원사업을 하는 빌 게이츠 재단도 여기에 속한다. 최근 성공한 기업가들 가운데 사회적 책무를 다하려는 사람들이 늘고 있는데 일반적인 스타트업과는 진행 방식이 다르니 여기서는 논외이겠다.

길경환 대표의 경우 두 번째와 세 번째 유형의 기회 포착에 해당한다. 그의 직업적 이력을 따라가면 언제나 분기점이 나오고 그는 그때마다 질문을 던지며 길을 찾아갔다.

"10년이 지난 뒤에는 무엇을 하고 싶은가?" "그 일을 하려면 어떤 경험을 순서대로 쌓는 것이 좋은가?" "지금까지 뭘 배웠고 무엇을 할 때 즐거웠는가?" "내가 흥미를 느끼는 비즈니스 모델은 무엇인가?"

이와 같은 질문에 답을 찾는 과정에서 다음 진로를 선택하고 인적 네트워크를 만들어갔다. 그리고 산업에 대한 이해와 경험도 축적했다.

인터넷 서비스 분야에서 사업을 기획하고 개발하는 일에 강한 흥미를 갖고 있었던 그는 첫 사회생활을 SK커뮤니케이션즈의 경영전략팀에서 시작한다. 5년이 지나고 조금 더 다양한 경험을 하고 싶었던 그는 대학을 졸업할 당시 고민했던 진로 중의 하나였던 경영컨설팅 펌으로 이직을 결심한다. 그의 다음 선택지는 베인앤컴퍼니Bain & Company였다. 거기서 2년을 근무하면서 논리적 사고, 문제 해결, 커뮤니케이션과 같은 소위 '일의 기본기'를 다졌다.

컨설팅 회사에서 2년을 근무한 그는 다시 컨설턴트로서의 경력을 이어가는 것과 다른 일을 찾는 것 사이에 고민을 한다. 고민 끝에 그가 도달한 결론은 IT 현장이었다. 현장에서 직접 뛸 때의 즐거움이 이직을 결심한 요인이었다. 이제 그에게 주어진 고민은 대기업으로 갈 것인가, 아니면 스타트업으로 방향을 틀 것인가였다. 앞으로 바뀌게 될 산업 지형과 10년 후의 미래, 그리고 자기에게 필요한 경험을 떠올렸을 때 그가 내린 결론은 스타트업이었다. 에듀테크 기업 에스티유니타스ST Unitas가 그의 다음 행선지였다.

시스템의 일부분으로 자기 분야의 일만 하면 되는 대기업과 달리 그는 에듀테크 스타트업에서 온갖 경험을 한다. 신사업 기획 및 운영, 강사 영입 및 매니지먼트, 전사 업무 체계 및 프로세스 기획, 전사 핵심 인재 관리 및 육성 등등 온갖 업무에 투입되면서 번아웃 상태가 되고 만다. 전자상거래 분야로 넘어오게 된 계기는 바로 번아웃이었다. 지친 몸과 마음을 회복하고자 휴직하고 있을 때 쿠팡과 티몬에서 일자리를 제안받은 것이다.

일자리 제안을 받기 전까지는 전자상거래 시장은 그의 관심사항이 아니었다고 한다. 제안을 받고 전자상거래 시장을 들여다본 그는 전자상거래가 사업적으로나 기술적으로 여전히 기회가 많은 분야라는 것을 발견한다. 흥미로운 비즈니스 모델을 찾은 그는 티몬에 합류한다. 거기서 그는 AI 기반 서비스 개발 프로젝트 리더, 영업 전략 리더, 경영 기획·분석 리더 등을 맡으며 전자상거래 전반에 걸쳐 다양한 경험을 쌓게 된다. 더불어 전자상거래 시장의 사업적·기술적 트렌드를 읽게 된다. 티몬에서 2년 하고 6개월을 근무하는 동안 그가 주목한 분야는 버티컬 커머스 분야였다.

## ● 절벽에서 뛰어내리며 비행기를 조립하다

인터넷은 인류 역사상 가장 빠른 시간에 보급된 미디어이다. 5000만 대 보급에 라디오가 38년이 걸렸고 텔레비전은 13년이 소요되었다. 개인용 컴퓨터는 16년이 걸렸지만 인터넷은 불과 4년 만에 이 수치에 도달했다. 인터넷 보급과 함께 가파르게 성장한 산업이 전자상거래 시장이다. 온라인 매출로 처음 10억 달러를 도달한 해가 1996년이었는데 3년 만에 200억 달러를 훌쩍 넘어서게 된다. 인터넷으로 거래되는 상품과 서비스가 2001년 세계 경제의 1퍼센트에 불과했던 점유율은 2022년이면 13.2퍼센트로 치솟는다. 세계적인 시장조사 기업인 유로모니터는 2024년이면 소매유통시장의 19.4퍼센트를 차지할 것으로 전망하고 있다.

전자상거래 시장은 태동과 함께 10년을 주기로 크게 세 번의 변화를 겪었다. 1990년대는 E-커머스 시대였다. 이베이, 아마존이라는 거대 기업이 이때 출현하면서 소비 형태와 생활양식이 변하고 페이팔의 등장으로 화폐에 대한 인식이 전자지불 방식으로 바뀐 시대다. 2000년대는 M-커머스 시대로 불린다. 스마트폰의 출현과 함께 전자상거래 산업이 개발도상국으로까지 확대된 시기다. 위치 기반 서비스와 무선 인터넷이 가능해지면서 상거래의 25퍼센트 이상이 모바일로 이뤄졌다. 1인 1휴대폰이라는 스마트폰의 특성으로 인해 사용자 개인을 특정할 수 있게 됨에 따라 사용자 맞춤 서비스가 등장한 것이 이 시기다.

2010년은 소셜 커머스 시대라고 할 수 있다. 소비자들이 상품에 별점을 매기거나 장바구니 및 관련 정보를 공유하는 방식이 이때 정착했다. 상품 및 서비스가 SNS와 결합하면서 그루폰이라는 공동구매 사이트가 등장하는 토대가 되었고 SNS와 결합해 각종 지역

쿠폰을 판매하는 새로운 형태의 상거래도 이 시기에 나타났다.

버티컬 커머스가 등장한 시기도 이때이다. 버티컬 커머스는 'vertical(수직)'과 'commerce(상업)'의 합성으로 여러 가지 제품을 종합적으로 판매하는 종합쇼핑몰이 아니라 패션, 식품, 인테리어 등 특정 제품을 전문적으로 취급하는 시장을 뜻한다. 우리말로 하면 전문몰이 되겠다. 버티컬 커머스 플랫폼의 등장은 물건을 단순히 소비하는 데 그치지 않고 사회적 가치나 특별한 메시지를 담은 물건을 구매함으로써 자신의 개성을 드러내는 MZ세대의 소비 특성에서 기인했다고 알려져 있다. 최근에는 50~60대로까지 시장이 확대되는 추세이다. 종합쇼핑몰과는 다르게 특정 카테고리 상품을 전문적으로 취급하기에 개개인의 취향을 반영한 상품군 확대, 상품 비교와 양질의 리뷰, 사용자들 간의 정보 교환이 유리하다는 장점이 있다.

집꾸미기는 인테리어 및 리빙과 관련된 상품을 전문적으로 취급하는 플랫폼이다. 길경환 대표로서는 첫 CEO 도전이다. 예상하지 못한 시점에 들어온 제안이었지만 그는 이 도전을 받아들였다. 어차피 가야 할 길이라면 지금이 적기라고 생각했다고 한다. 창업가로서든, 전문경영인으로서든 커리어의 목표를 CEO로 삼고 착실하게 자신의 이력을 쌓아 올라온 그이지만 최종 책임을 져야 하는 대표로서의 압박감은 매우 크다고 말한다. 그는 스타트업 경영의 어려움을 이렇게 표현했다.

"절벽에서 뛰어내리며 비행기를 조립하는 심정입니다."

자신의 라이프스타일과 취향에 맞게 집을 꾸미고 채우는 것이 인간에게 주는 가치를 알고 있는 그는 최근 집을 옮겼다. 대표이기 이전에 사용자로서의 경험을 쌓기 위해 에피소드 성수 101로 거처를 바꾼 것이다. 1인 가구가 많이 늘고 집꾸미기 고객 중 1인 가구의 비중이 많이 차지하는 만큼 2030세대를 중심으로 각광받고 있는 코리빙Co-Living을 경험하기 위해서다.

집꾸미기는 길경환 체제로 개편되면서 사업의 방향성을 강화하고 조직을 정비해나가고 있다. 2021년 시리즈B 단계의 신규 투자를 진행하면서 본격적인 성장 태세에 돌입한 상태이다. 현재 집꾸미기의 유튜브 회원수는 120만 명에 달한다. 후발주자답게 2평, 3평, 9평 등 가슴에 확 꽂히는 평수의 방을 꾸미는 것으로 콘셉트를 잡았다. 방을 꾸미는 콘셉트이니만큼 아직 독립하지 않은 10대들의 시선을 확실하게 끌어모았다. 이들이 독립한 후 인테리어를 한다면 집꾸미기를 참조할 것이다. 미래 성장이 기대되는 이유이다.

전자상거래 시장은 당분간 버티컬 커머스를 중심으로 성장할 것으로 보인다. 그리고 일반인이 모르는 사이 전자상거래 산업은 또 다른 변곡점을 맞고 있다. 어쩌면 2020년대는 4차 산업혁명 커머스 시대로 기록될지 모른다. ICBM 기술의 발전으로 초연결성, 초지능화, 융복합화 등이 일어나며 또 다른 시장이 창출할 것으로 전망하고 있기 때문이다. 애플의 시리, 구글의 어시스턴트, MS의 코타나

같은 인공지능 비서를 통한 구매대행 서비스가 지금 당장 상상 가능한 시나리오이다. 하지만 무엇이 가능한가는 언제나 길경환과 같은 기업가들의 손에 달렸다.

# 4.
# 데이터가 미래다,
## 올시데이터의 엄항섭

　　바야흐로 빅데이터의 시대다. 빅데이터는 이미 우리 일상생활 속에 깊숙이 스며들어 있다. 우리가 대형마트 혹은 온라인쇼핑몰에서 어떤 물품을 구입하는 순간에도, 어떤 상점을 들러 신용카드를 꺼내 들 때도, 교통카드를 사용해 어느 정류장에서 버스를 타서 다른 곳에서 내릴 때에도, 네이버나 구글과 같은 검색엔진에 어떤 주제의 검색어를 입력하고 페이스북이나 트위터에 일상을 올릴 때에도 개인의 위치, 취향, 소비 패턴, 습관 등을 알아낼 수 있는 엄청난 양의 정보가 쌓인다. 과거에는 불가능했던 엄청난 양의 정보가 실시간 단위로 쏟아지고 있으며 컴퓨팅 기술의 발달로 이들에 대한 분석도 가능해졌다.

　　웹디자인 및 개발 기업 고글로브go-Glove는 2016년 단 60초 사이에 생성되는 데이터 사이즈를 흥미로운 예시로 내놓은 적이 있다. 60초 사이에 유튜브에서는 600개의 동영상이 업로드되며 모두 합하면 25시간 이상의 분량이라고 한다. 페이스북은 695,000개의 업데이트가 일어나며 79,365개의 포스팅과 510,040개의 코멘트가 달린다. 이메일은 168,000,000개가 전송되며 트위터에서는 320개의 신규 개정이 개설되고 98,000개의 트윗이 만들어진다. 아이폰 앱은 13,000회 이상 다운로드된다. 여기에 사물인터넷IoT이 쏟아내는 데이터까지 포함하면 상상을 초월한 빅데이터가 매일 쏟아진다.

쏟아지는 데이터의 양이 이처럼 어마어마하기에 빅데이터는 빠르게 처리되어 분석 결과로 이어져야 한다. 빅데이터를 기반으로 의사결정을 하고자 할 때 위와 같은 입력 속도를 감당하지 못하면 비즈니스 의사결정은 무용지물이 된다. 따라서 머신러닝, 인공지능, 데이터 분석 기술이 빅데이터 기술과 결합하고 있다. 기업들은 매출, 물량, 유통, 경품, 신제품 개발, 소비자 선호에 대한 통찰을 여기서 얻는다. 이를 통해 미래 상황을 예측하고 운송이나 공급망 구성요소를 한층 효과적으로 관리한다. 분석 기능을 갖춘 빅데이터 솔루션은 기업들에게 더 정교한 정보를 제공해 더 나은 의사결정과 고객 경험을 지원할 수 있다. 인공지능 솔루션이 빅데이터 플랫폼과 결합하면 기업의 비즈니스 운영과 의사결정 속도, 소비자 경험의 최적화까지 지원할 수 있다.

한마디로 빅데이터를 잘 활용해야 비즈니스 경쟁에서 살아남기 때문에 빅데이터를 분석하고 활용하는 일은 기업에 있어 매우 중요한 이슈이다. 그뿐만 아니라 빅데이터는 IT, 금융, 유통 등 다양한 산업 분야의 새로운 패러다임이면서 신성장동력으로 꼽힌다. 시장조사기관 VMRVerified Market Research이 발표한 「글로벌 빅데이터 시장」 연구보고서에 따르면 글로벌 빅데이터 시장 규모는 2022년 1603억 달러에서 매년 13.9퍼센트씩 성장해 2030년이면 3993억 달러에 이를 것으로 전망하고 있다.

올시데이터는 해운 및 전 세계 물류 및 공급망 관련 빅데이터 플랫폼을 전문으로 구축하는 스타트업이다. 전 세계 선박의 성능 및 물류를 분석해 실시간으로 서비스를 제공하고 있으며 최근에는 탈탄소 등의 시대적 흐름에 맞추어 실시간으로 선박의 온실가스 배출 관련 데이터를 제공하는 빅데이터 서비스를 구축했다. 또 기업별 공급망 분석 및 인공지능 기반 용접 품질평가 솔루션 서비스도 제공한다.

올시데이터는 2020년에 설립되어 현재 약 350억 건의 데이터를 보유하고 있다. 업력이 짧지만 데이터 보유량만큼은 전 세계 데이터 정보제공 기업과 유사한 양이다. 엄항섭(조선해양공학과) 대표에 따르면 대략 50년 동안 경제 데이터를 모아온 블룸버그가 이 분야에서 상징적인 기업이라고 한다. 그의 목표는 다름이 아니다. 블룸버그처럼 데이터라고 하면 한국에서는 올시데이터를 떠올릴 만큼 상징적인 기업이 되는 것이다. 회사 영문 이름도 고쳤다. 해운 관련 정보를 수집한다는 의미였던 'All Sea Data'에서 다양한 정보를 수집한다는 의미의 'All See Data'로 말이다.

빅데이터의 중요성은 점점 갈수록 높아지고 있다. 국제마케팅 회사 던험비Dunnhumby의 공동창업주 클리브 험비는 데이터의 중요성을 "데이터는 새로운 석유다Data is the new oil"라고 하며 향후 산업 발전의 주요 원자재가 될 것이라고 설파했다. 엄항섭 대표 역시 중국이 '국가데이터국'을 신설해 자국에서 생산되는 중요 데이터가 해외로 유출되는 것을 통제하고 있음을 들며 빅데이터의 잠재력을 역설적으로 강조한다. 지금은 손쉽게 구할 수 있는 여러 데이터가 10년 뒤에는 각종 명목으로 위법이 될 수 있는 가능성도 내다보고 있다. 그는 지금도 부지런히 데이터를 모은다. 필요한 데이터이거나 전문적인 분야의 데이터는 구매를 해서라도 업데이트를 하고 있다. 데이터에 미래가 있기 때문이다.

## ● 좋아하는 일에 몰두하면 길이 나타난다

엄항섭 대표는 77학번이다. 정확한 나이를 계산하지 않아도 그림이 나올 것이다. 올시데이터는 은퇴 이후의 창업이다. 현재 여섯 명의 초기 멤버들로 구성되어 있는데 다들 연령대가 비슷하며 다섯 명은 동문이다. 엄 대표는 올시데이터를 우리나라 스타트업 가운데서 평균연령과 학력이 가장 높은 기업이라고 이야기한다. 엄 대표 자신도 서울대학교에서 석사를 마치고 영국 뉴캐슬대학교에서 박사학위를 받았다.

빌 게이츠, 스티브 잡스 그리고 마크 저커버그의 사례가 극적으로 조명된 탓에 스타트업 하면 청년 창업을 먼저 떠올리지만 실제 스타트업 시장은 그렇지가 않다. 산업연구원이 2022년 조사한 시니어 창업 자료에 따르면 미국의 경우 엑시트 등과 같이 투자 회수에 성공한 스타트업들은 창업자가 평균 마흔일곱에 기업을 시작했다.

늦깎이 창업일 경우 청년 창업에 비해 몇 가지 두드러진 장점이 있는 것으로 분석된다. 먼저 늦깎이 창업자들은 다양한 업무 경험을 갖고 있고 업종에 대한 이해도가 아주 높다. 또 인적·물적 네트워크가 견고하며 영업이나 인사관리 등에서 청년 창업자들에 비해 우월한 역량을 발휘한다. 업무 스트레스에서 벗어나는 회복탄력성도 뛰어난 편으로 알려져 있다.

늦깎이 창업은 창업자 자신이 업종에 대해 전문 지식을 갖고 있는 경우가 많아 기술기반 숙련 창업을 하기에 유리하다. 주목할 점은 숙련 창업기업의 경우 비숙련 창업기업에 비해 부실률이 낮고 고용도 더 많이 하는 경향이 있다는 점이다. 예컨대 미국의 경우 고용성장률이 상위 0.1퍼센트에 속하는 초우량 스타트업은 창업가의 평균연령이 마흔다섯이다. 하나 이상의 특허를 갖고 있어 안정적인 성장을 기대할 수 있는 스타트업은 창업가의 평균연령이 마흔아홉으로 조사되었다. 스타트업은 비교적 이른 나이에 뛰어드는 모험이라는 편견을 깨는 통계라고 하겠다.

엄항섭 대표는 박사 졸업과 함께 노르웨이선급에서 직장생활을 시작했다. 노르웨이선급은 해운산업에서 선두적인 자문기관으로 평가받는 곳이다. 모든 종류의 선박에서 해상구조물에 걸친 선급 및 기술 자문으로 세계 해운산업의 안전과 품질, 에너지 효율을 관리하는 기업에서 14년을 근무한 그는 대우조선해양으로 이직하면서 한국으로 돌아왔다. 그곳에서 중앙연구원장을 지내며 민간 해군 연구소를 설립해 잠수함 등과 관련된 방위산업을 맡았다. 두 차례의 직장생활을 거치며 그는 해운 데이터의 가치를 주목하게 되는데 결국 이것이 창업으로 이어졌다. 시니어 기술기반 숙련 창업의 전형적 사례이다. 40년이 넘는 긴 직장생활 끝에 창업한 그는 후배들에게 남기는 조언이 담백하다.

"좋아하는 일을 꼭 하는 것이 행복하게 사는 길입니다. 저는 전공과 연관된 원자재와 해운에 관심이 있었고 그래서 원자재 상품 흐름에 관해 공부를 많이 했습니다. 좋아하는 일을 해야 비전도 생기고 열정도 생기지요."

좋아하는 일에 몰두하다 보면 길이 나온다. 다윈이 박물학자 자격으로 측량선 비글호에 승선한 나이는 스물두 살이었다. 갈라파고스에서 13종의 핀치새를 관찰하며 진화론의 실마리를 잡은 나이는 스물여섯이었다. 그 후로도 그는 긴 세월 동안 증거를 수집하고 생각을 가다듬었다. 인류에게 충격을 안긴 『종의 기원』은 그의 나이 오십에 나왔다. 좋아하는 일을 하는 늦깎이에게 시간과 세월은 장애물이 아니다.

## ● 시니어는 강하다

엄항섭 대표는 '사업이란 무엇인가?'라는 질문에 이렇게 답했다.

$$(Knowledge + Experience) \times Network \times Big\ data \div Time = Money$$

방정식으로 표현되었지만 올시데이터가 구현하고자 하는 핵심 가치로서 시니어들이 어떤 강점을 갖고 있는지와 사업을 바라보는 엄 대표의 관점이 명료하게 드러나 있다. 어떤 분야에 전문성을 갖추려면 지식과 함께 경험을 쌓아야 한다. 경험이 축적되면서 완성되는 것이 네트워크(협력사, 인적자원)다. 그리고 이들 다음으로 중요한 것이 전문가에 의해 정제된 빅데이터이고 마지막은 시간이 차지한다. 지식, 경험, 네트워크, 데이터는 모두 시간가치를 지닌다. 예컨대 실시간으로 수집된 빅데이터를 정제하는 데 10년이 걸리는 것과 1초 만에 분석하는 것은 이용가치에 있어 천지 차이다.

엄항섭 대표는 데이터의 중요성을 이렇게 말한다. "데이터는 거짓말을 하지 않습니다." 그는 해운 데이터는 거시경제의 흐름을 알 수 있는 아주 미시적인 단서라고 지적한다. 전 세계 무역의 85~90퍼센트가 선박으로 이루어지기 때문이다. 원자재와 상품이 해운을 통해 움직이고 최대 1년 뒤에 기업 실적이 발표되는데 투자자들은 이를 토대로 투자를 결정하는 것이 일반적이다. 하지만 원자재와 상품을 싣고 나르는 해운 데이터를 실시간으로 분석할 수 있다면 최소 3개월은 투자자들보다 먼저 기업의 실적을 알 수 있게 된다. 예컨대 러시아와 우크라이나 사이의 분쟁은 전쟁의 신호가 2주일 전부터 감지되었다. 정치외교, 군사 전문가들이 전쟁이 일어나지 않을 것이라 예상했던 것과 달리 러시아, 우크라이나, 튀르키예, 루마니아 등을 둘러싸고 있는 흑해 내 선박의 수가 급격히 줄어들었기 때문이다.

전 세계 해운분석 시장은 오는 2027년까지 1조 8335억 원 규모로 성장할 것으로 기대되고 있다. 조선해운 시장을 분석하는 영국의 클락슨과 같은 전통의 강자가 있지만 해운 관련 빅데이터 분석 시장에는 아직 막강한 플레이어가 없다. 미국의 해군 장교가 2015년 창립한 스타트업이 있지만 전 세계 선박들의 국가별, 항만별 물동량과 탄소 배출량을 실시간으로 분석하는 기업은 올시데이터가 유일하다. 실제 해상환경 운항에 따른 객관적 성능평가 서비스를 제공하고 선박의 매매 및 발주 시 고객의 의사결정에 필요한 60만 개의 데이터를 제공할 수 있는 기업도 올시데이터뿐이다. 특히 올시데이터만의 장점인 인공지능 솔루션을 활용하여 용접 품질 평가를 수행하는 서비스는 플랜트(공장 설비), 발전소, 중공업 프로젝트 등 산업 전 분야로 적용이 가능해 향후 성장 가능성이 매우 밝다.

엄항섭 대표의 창업 동기는 명확하다. 기존 전통산업에 종사하는 많은 직장인에게 새로운 길을 보여주고 싶었기 때문이라고 한다. 그래서 설립 초기부터 세계 시장을 목표로 설정했다. 세계에서 성공한다면 국내 안착은 당연한 수순이라는 판단에서였다. 엄 대표의 인적 네트워크 안에 있던 베테랑 다섯 명이 올시데이터로 모여들었다. 다들 한 분야에서 정점에 오른 사람들로서 엄 대표의 비전과 방향성에 적극 공감했다고 한다. 올시데이터는 전 구성원의 월급이 동일하다. 대신 연말이면 1년간의 이익금을 보너스 형태로 나눠 갖는다. 회사의 성장을 전 구성원이 고루 나누는 구조다.

"새로운 성장동력이 필요하다는 판단에 올시데이터를 창업했습니다. 새로운 산업을 창출하고 인재를 배출하기 위한 자원을 만드는 데 기여하고 싶습니다."

익히 아는 바대로 우리나라는 생계형 창업의 비중이 너무 높다. 자영업 비중이 대략 25퍼센트를 넘나든다. 미국의 4배, 독일과 프랑스, 일본의 2.5배에 해당한다. 100년 넘는 노포가 넘치고 가업으로 물려받는 경우가 많은 일본은 결코 자영업을 쉽게 생각하고 덤비지 않는다. 미국과 유럽도 마찬가지다. 자영업을 오랫동안 준비해야 하는 전문직으로 바라본다.

하지만 우리나라는 자영업의 문턱이 너무 낮다. 은퇴 이후 재취업이 여의치 않아서 혹은 첫 취직이 뜻대로 되지 않아 자영업을 시작한다. 1년 생존율이 60퍼센트, 5년 생존율은 25퍼센트, 10년 생존율은 10퍼센트임에도 자영업자가 넘쳐나는 이유는 견실한 중소기업이 부족한 탓이 크다. 기술기반형 창업은 고용창출과 같은 경제적 파급효과가 매우 큰 것으로 알려져 있다. 올시데이터의 사례가 많이 나와야 하는 이유이다. 엄항섭 대표는 지금 그 길을 걷고 있다.

# 5.
## 일반 스타트업과는 다른 길을 걷는다,
###                                      에이엘의 이철원

에이엘은 2020년 11월에 설립해 2023년 햇수로 이제 막 업력 4년 차에 도달한 스타트업이다. 이철원(조선해양공학) CEO는 준비가 부족했지만 2020년이 창업의 적기였다고 말한다. 그 탓에 재무관리, 회계관리, 노무관리 등 기업운영 방식이 전반적으로 미숙하다고 고백한다. 시장점유율을 높이기 위해 몇 년 후에 전문경영인 영입을 고려하고 있는데 빨리 성장하는 산업 분야가 아닌 만큼 영입이 긴급한 상황은 또 아니라고 이야기한다. 이철원 CEO에 따르면 창업에 자본금은 거의 들지 않았으며 2021년 6억 원의 매출이, 2022년에는 대략 12억~14억 원 정도의 매출이 발생했다. 설립 당시부터 매출처가 명확했기 때문이다.

창업 준비는 부족했지만 설립 다음 해부터 매출이 발생하고 자본금이 거의 들지 않았다는 이 스타트업은 어떤 곳일까? 데스밸리도 크게 걱정하지 않을 만큼 매출처가 확실하지만 빠르게 성장하는 분야가 아닌 산업은 무엇을 말하는 것일까? 시장점유율을 높이기 위해 전문경영인이 필요하지만 딱히 긴급하지 않다는 이유는 또 무엇일까?

이철원의 에이엘은 방음·방진 기자재 관련 소프트웨어를 만드는 기업이다. 그리고 주 거래처는 대한민국 국방부다. 에이엘은 방위산업 분야의 스타트업이다. 주력 분야는 소음 방지, 방음, 선박이나 잠수함에 사용되는 소나 시스템이다. 에이엘이 일반 스타트업과 다른 점은 모두 여기서 나온다.

방위산업은 진입장벽이 매우 높다. 신기술이 실제 무기체계에 반영되기 위해선 한 국가가 대규모 방위산업 기반을 갖추고 있어야 할 뿐만 아니라 막대한 국방비를 지출할 수 있어야 하기 때문이다. 어느 정도 규모의 경제가 갖춰져야 자체적으로 새로운 기술이 개발되고 상용화될 수 있으며 이 선순환을 바탕으로 방위산업 분야의 스타트업이 출현할 수 있다. 이 기준을 모두 충족시킬 수 있는 나라는 미국, 러시아 등 몇몇 나라를 제외하면 극히 드물다.

방위산업은 시장 논리가 적용되지 않는다. 기술력이 뛰어나다고 해서 해외시장에 마음대로 진출할 수가 없다. 생산 물품의 판매와 유통은 물론이고 계약 단계에서부터 정부와 정치가 반드시 개입한다. 전쟁이 나지 않는 이상 한 번 생산된 물품은 노후화를 제외하고는 잘 소비되지 않는 특성도 있다. 다른 용도로 전용하기도 어렵다.

방위산업 분야는 이런 시장의 한계로 성장이 제한적이라는 단점이 뚜렷하다. 하지만 시장에 한 번 안착하면 안보와 정치 논리에 의해 쉽게 퇴출되지 않는다는 장점도 존재한다.

방위산업 부문에서는 미국과 영국, 프랑스, 독일, 러시아 등이 1선급first-tier 국가이다. 1선급 국가 밑에 2선급scond-tier 국가들이 있다. 이들은 주로 1선급 국가들이 주목하지 않는 틈새 부문을 공략하거나 자본집약도는 높지 않지만 기술집약도는 높은 방위산업에 집중한다. 지정학적 위치와 정치공학적 문제로 국방산업을 전략적으로 키우는 스웨덴, 이스라엘, 튀르키예 그리고 우리나라가 이에 해당하는 국가이다.

수요가 군대에 한정되고 규모의 경제를 달성하기 힘듦에도 2선급 국가들이 방위산업을 육성하려는 이유는 두 가지로 요약할 수 있다. 먼저 무기체계 국산화는 무기 생산 및 유지비를 실질적으로 낮추는 효과를 발생시킨다. 예컨대 현재 우리가 미국으로부터 구매한 전투기는 총운용비에서 최초 도입비가 차지하는 비중이 30퍼센트에 불과하다. 나머지 70퍼센트는 모두 유지보수 비용이다. 한 번 구매하면 30~40년 실전 배치하는데 보수비용이 구입비보다 터무니없이 많은 구조다. 여기에 수리비, 성능개량비는 미국이 부르는 게 값이다. 고장이 났을 때 함부로 고치지 못하고 일일이 허락을 받아야 하는 단점도 있다. 전투기 개발 국가가 12개국이 될 정도로 레드오션 시장임에도 우리가 KF-21 자체 개발에 박차를 가하는 이유이다.

두 번째 이유는 안보 효과가 발생한다는 점이다. 타국에 의존하지 않고 자체적으로 무기를 조달하고 개발할 수 있다는 것은 국제 사회에 강한 군대라는 이미지를 형성하기 때문에 그 자체로도 충분한 의미를 갖는다.

우리가 모방과 복제 위주의 3선급 방위역량을 2선급으로 끌어올린 시대는 1990년대이다. 자주국방을 실현하기 위해 차곡차곡 축적한 기술이 본격적으로 역량을 발휘하면서 1세대 수출상품이 이때 나왔다. 바로 K-9 자주포와 KT-1 훈련기다. 스톡홀름 국제평화연구소에 따르면 대한민국은 2018~2022년까지 5년간 방산산업 수출 점유율 기준 세계 9위를 차지했다. 연평균 65퍼센트 이상의 성장이었다. 정부는 2027년까지 세계 4대 수출국(점유율 5퍼센트)으로 도약할 계획이다.

지금 대한민국의 방위산업은 핵심 무기체계가 국제 방위시장에서 경쟁력을 갖추게 되면서 이곳에서의 수요가 다시 방위산업의 발전으로 이어지는 선순환 구조가 진행 중이다. 분단이라는 특수 상황과 동아시아라는 지정학 구조에서 발생하는, 한국군이라는 탄탄한 내수시장을 돌이켜볼 때 대한민국 방위산업의 전망은 매우 밝다.


● **초기술격차만이 살아남는다**


1990년대는 방위산업이 동종업체 간 전략적 제휴 및 인수합병,

해외투자 등이 증가하면서 자본의 집중화와 대형화를 경험한 시대다. 그 결과 우리가 익히 들어본 현재의 대형 방산업체가 만들어졌다. 미국의 경우 록히드마틴, 보잉, 노스롭 그루먼, 제너럴 다이내믹스, 핼리버튼, 레이시언이 있고 영국은 BAE 시스템스, 독일과 프랑스와 스페인이 합자한 EADS, 러시아의 UAC 등이 있고 그 밑으로 2선급 국가들의 방산기업들이 존재한다.

방산 분야는 매력적이지만 진입하기가 쉽지 않다. 군사력이라는 내수시장에 1차적으로 의존하기에 새로운 강자가 출현하기 힘들다. 또 항공우주 분야, 대형 특수선 분야와 같은 경우는 대규모 자본력과 제조업 기반시설이 필요하다는 점에서 진입장벽이 무척 높다. 이에 비해 큰 자본이 들지 않는 ICT 기반 기술집약형 방산 분야는 진입장벽이 상대적으로 낮은 편이다. 이철원 대표의 창업 과정을 따라가자.

이철원 대표는 93학번이다. 학사와 석사를 마치고 대우조선에 입사해 23년간 근속했다. 대우조선에서는 주로 잠수함 설계를 맡았다. 잠수함 설계로 과학기술부 장관으로부터 상을 받게 된 것이 창업을 결심한 계기였다. 이 상을 받으면 국책과제 주관사 심사 때 매우 높은 가산점을 부여받을 수 있다. 직장인이 직장을 그만두고 창업하겠다고 하면 주변에서 말리는 것이 다반사이지만 이철원 대표의 경우는 그렇지 않았다. 국방부라는 명확한 매출처가 있었기 때문이다. 하지만 그런 만큼 시장은 좁다. 이철원 대표는 시장의 특성을 이렇게 요약한다.

"시장의 규모가 너무 작다 보니 대등한 경쟁자 한 명만 진입해도 경영위기가 올 만큼 타격이 큽니다. … 선발주자는 규모를 키우는 것이 아니라 후발주자가 따라오지 못할 만큼 기술격차를 늘리는 길밖에 없습니다. 그래야만 안정적인 사업이 가능합니다."

에이엘의 경우도 마찬가지였다. 이 분야에서는 이철원 대표와 동갑인 사람이 20여 년 전에 이미 사업을 영위하고 있었다. 성장할 수 없는 시장이 가져다준 한계 탓으로 20년 먼저 시작했음에도 회사의 규모는 그리 크지 않았다고 한다. 이철원 대표는 주어진 파이가 나눠진 탓에 선발주자가 경영위기를 겪고 있으리라 짐작하며 "(이 분야는) 기술 고도화만이 살아남는 길"이라고 다시 한번 못을 박는다. 그리고 "수요자는 반드시 구매를 해야 하기 때문에 기술 프리미엄을 많이 붙일 수 있는 특징이 있음"도 강조한다.

이철원 CEO의 말처럼 방산 분야에서 가장 중요한 것은 기술 고도화이다. 기술적으로 우월하면 시장의 한계는 수출로 해결이 가능하다. 아주 간단한 사례가 이스라엘의 아이언 돔이다. 아이언 돔은 하마스나 헤즈볼라 같은 무장 단체의 로켓, 박격포 공격을 요격하기 위한 미사일 방어체계다. 한 발에 60만 원에 불과한 가내수공업 형태의 로켓을 요격하기 위해 한 발에 8000만 원짜리 미사일을 발사해야 하는 안보환경은 이스라엘 하나뿐이다. 가성비가 맞지 않는 이 방어체계는 사실상 내수용이었다. 그럼에도 광범위하게 수출된다. 유사한 방어체계가 필요하지만 탄도미사일을 요격해야 하는 나라에 이스라엘항공우주산업IAI이 만든 방공레이더와 군수기업 라파엘의 미사일은 꽤 가성비가 좋은 시스템이기 때문이다.

국가가 자체적으로 무기를 생산할 수 있게 만드는 방위산업은 국가의 자율성을 높일 수 있는 수단이다. 그뿐만 아니다. 방위비가 고용과 내수를 창출하는 데 쓰이게 함으로써 국방의 기회비용도 감소시킨다. 예컨대 안보환경 탓에 전체 산업인구의 20퍼센트가 방산 분야에 종사하는 이스라엘에서 IAI는 고용인 기준으로 이스라엘 최대 기업이다. 이스라엘은 2022년 기준 1인당 GDP가 5만 5358달러이다. 글로벌 대기업 하나 없이 스타트업과 방산기업들로만 만들어 낸 성과다.

방위산업은 폭발적인 성장을 기대할 순 없지만 한 번 진입하면 제법 오랫동안 생존이 가능하다. 시장은 한정적이지만 대신 수익률은 높다. 에이엘의 경우 1인당 2억 원의 매출을 내고 있으며 이미 팀원들이 퇴직할 때 편의점 하나씩은 선물할 여력이 쌓였다. 이철원 CEO는 지금 구조로도 잉여금이 쌓이는 만큼 투자 라운드를 열 계획은 없다고 말한다. 일반 스타트업의 CEO와는 달리 기술격차와 즐겁게 일하는 것에만 집중하고 있는 이 대표는 창업을 준비하는 후배들을 위해 이렇게 조언한다.

"(어떤 분야든) 일장일단이 있는 만큼 누가 뭐라고 하든 자신에게 맞는 길을 찾아가세요."

우리나라가 2027년 방산수출 분야 4대 국가로 올라서면 방산 분야에서만 2021년 기준 3.5만 명에서 약 6.9만 명의 고용이 창출될 것으로 전망하고 있다. 2차, 3차 파급효과까지 감안하면 방위산업으로 인해 발생하는 생산유발효과는 상당할 것이다. 강원도 크기의 국토와 경상도 인구에 불과한 이스라엘이 달성한 GDP, 우리가 이 수준에 도달하느냐는 새로운 성장모델인 스타트업이 얼마나 많이 등장하느냐에 달렸다.

# 6.
## 관점을 뒤집어 바라보다,
### ─────────── 아토스터디의 이동준

    LA에서 보스턴까지 비행기로 5시간 30분이다. 금연 공간인 기내에서 흡연하면 해고 사유가 되기에 담배를 피우는 기장들은 제법 긴 금연의 시간을 가져야 한다. 심리학자들이 이들의 흡연 충동이 언제 최고조로 치솟는지를 조사했다. 결과는 5시간 30분 무렵 항공기가 도착한 바로 직후였다. 항공노선을 변경시킨 뒤 다시 실험이 이어졌다. 노선은 LA에서 파리였고 비행시간은 10시간 50분이었다. 이륙 후 5시간 30분이 지나면 흡연 충동이 최고점으로 올라갈 것으로 기대되었는데 결과는 그렇지 않았다. 항공기가 파리 공항에 도착한 직후에 흡연 충동이 최고치를 찍었다. 왜 인내심이 2배로 늘어난 것일까?

    니코틴은 흡연 후 7초 만에 뇌에 도달해 우리에게 쾌감을 선사

한다. 이 쾌감은 약 40분간 유지된다. 그리고 두 시간이 지나면 혈액 속에 니코틴은 하나도 남아 있지 않는다. 논리대로라면 40분에 한 번씩 흡연 욕구가 일어나고 금연 후 두 시간이 지나면 금단증상이 시작되어 흡연 충동과 싸워야 한다. 위 실험이 시사하는 바는 간단하다. 흡연 충동은 흡연할 수 있는 조건에 놓이는 순간 최고조에 이른다. 금연 공간에서의 금연은 의외로 쉽다. 제약 조건(환경)을 잘 활용하면 우리는 충동까지 쉽게 조절할 수 있다. 인간은 생각 이상으로 공간과 밀접하게 상호작용한다.

놀고 싶은 충동을 억제하고 공부하도록 만들어진 환경이 독서실이다. 책을 놓고 조용하게 공부할 수 있도록 만들어진 이 편의시설은 한국만이 가진 독특한 학습 공간이다. 일본에도 렌털 자습실이라고 하여 돈을 내고 학습 공간을 빌리는 시설이 있지만 주 고객이 성인이라 우리와 문화가 다르다. 공공도서관이 턱없이 부족하고 집에 자녀를 위해 따로 개인학습 공간을 마련해줄 여력이 없었던 1970~1980년대의 니즈를 반영한 이 사설 도서관은 구조가 간단하다. 큰 공간 안에 칸막이가 쳐진 좌석을 배치하면 된다. 집중을 유도하기 위해 전체 조명을 어둡게 깔고 칸막이 안의 형광등을 켜는 것이 다였다. 공부하고 안 하고는 전적으로 책상 앞에 앉은 학생의 의지에 달렸었다.

여기에 변화가 생겼다. 공부하기 좋은 최적의 환경을 연출하는 것은 물론이고 출석률, 자습 시간 등 데이터에 기반한 동기부여 시스템이 적용되고 자발적 참여를 유도하는 여러 프로그램으로 회원들의 학습 의욕을 불러일으키는 프리미엄 독서실의 시대가 온 것이다. '그린램프라이브러리'와 '토즈스터디센터', 이렇게 두 개의 브랜드를 운영하는 스타트업 아토스터디가 그 주인공이다.

"가르치는 시장은 인터넷 강의, 화상 강의 등 각종 에듀테크로 발전되고 있는 데 반해 배운 것을 익히는 과정에 대한 서비스는 많이 없어서 이 시장을 고도화시키는 것이 필요하겠다고 판단했죠."

우연한 기회에 '교육연구시설 활성화 방안' 프로젝트를 받아든 것이 창업의 계기가 되었다고 이동준(건설환경공학부) CEO는 말한다. 그는 프로젝트 과제를 통해 한국 교육산업이 지나치게 티칭Teaching 위주에 쏠려 있음을 보고, 배운 것을 익히고 학습하는 러닝Learning 위주의 마켓을 키워보겠다는 생각을 가졌다. 공부할 수 있는 최적의 공간과 함께 그 공간을 사용하는 최적의 방식을 제안하면 소비자인 학생들이 반응을 할 것이라 판단한 것이다. 그리고 그 생각은 옳았다.

아토스터디가 제공하는 프리미엄 독서실은 예전의 독서실과 아주 다르다. 학교처럼 출석 시간이 정해져 있으며 출결 체크를 한다. 각자의 취향이나 그날의 기분에 맞게 학습 공간을 선택할 수 있다. 예컨대 비교적 자유롭게 공부하고 싶으면 탁자가 개방된 자유석으로 이동하고 집중해서 공부하고 싶다면 칸막이가 쳐진 곳으로 가면 된다. 카페와 같은 분위기에서 공부하고 싶다면 백색 소음이 흘러

나오는 라운지 공간이 기다린다. 스터디룸으로 가면 사람들의 눈치를 보지 않고 소리 내어 암송하거나 토론학습도 가능하다. 그리고 무엇보다 이 모든 공간이 학습자를 위해 세심하게 디자인되어 있다.

이런 공간과 더불어 출결 부족 혹은 학습 시간 미달 시 벌점을 부여하는 부정적 피드백, 누적된 학습 시간을 포인트로 적립해 원하는 상품을 구매할 수 있도록 유도하는 긍정적 피드백, 독서실 체류 시간을 데이터로 변환해 전국 지점에서 자기 공부 시간을 비교할 수 있도록 하는 등 자발적인 학습을 유도하는 여러 프로그램도 회원들에게 제공한다.

그렇다면 얼마나 효과가 있을까? 2014년 1호점을 시작했을 때 전체 회원 월평균 학습 시간이 80시간을 기록하면서 강남에서 센세이션을 일으켰다. 2023년 현재 전국 매장 월평균 학습 시간은 135시간이며 월평균 출석 일수는 23일이 조금 넘는다. 입시 결과도 특목고 이상으로 잘 나온다고 한다. '창밖 풍경이 멀리까지 보이는 집'이라는 표현만으로도 우리가 '멋진 집'을 먼저 연상하는 것처럼 인간은 공간을 만들고 공간은 다시 인간에게 영향을 미친다. 아토스터디가 추구하는 이념이다.

### ● 새우가 고래를 삼키다

이동준 CEO는 01학번이다. 세부전공으로 도시계획 분야를 공부한 그는 첫 사회생활을 대우증권사에서 시작했다. PI(자기자본투자) 부문에서 국내외 부동산 실물이나 개발 사업에 투자하고 펀드 만드는 일을 하던 그가 직장생활을 마무리하고 첫 번째 창업을 시도한 해는 2013년이다. 부동산개발 회사 아토컴퍼니가 그것이다. 사업의 방향을 튼 것은 앞서 언급한 대로 교육 연구시설 활성화 프로젝트를 과제로 받고 난 이후이다. 2014년 9월 약 8개월의 준비 끝에 지금의 아토스터디가 출범했고 다가올 2024년이면 어느덧 업력 10년 차에 접어들게 된다.

2021년 아산나눔재단이 조사한 것에 따르면 우리나라 스타트업의 1년 생존율은 63.7퍼센트이다. 5년 생존율은 31.2퍼센트로 낮아진다. 창업 후 10년 생존율은 더욱 낮아지는데 대략 8퍼센트 수준으로 떨어진다. 아토스터디는 이 긴 시간을 이겨내고 있다. 그러는 동안 죽음의 계곡을 건넜고 경쟁업체들의 등장으로 프리미엄 독서실 시장은 다윈의 바다로 흘러가고 있다. 달려온 세월만큼 창업을 바라보는 이동준 대표의 감회는 남다르다.

"가장 어려웠던 점은 시간에 대한 관념이었습니다. … 몇 년 안에 어느 정도로 회사가 크고 몇 년 안에 성공할 수 있을 거라고 생각했어요. 뉴스나 미디어에는 항상 성공한 분들만 보이니까 열심히 하면 저도 그럴 수 있을 것이라 생각했는데 그 생각이 틀렸다는 걸 받아들이기가 많이 힘들었어요."

스타트업을 시작하려면 다른 스타트업들의 성공 신화는 잊어버리는 것이 좋다. 성공의 이면에 고군분투의 과정은 대부분 압축되고 겉보기 결과만 대중에게 노출되는 탓이다. 스타트업에선 CEO 역시 폼 나는 자리가 아니다. 드라마에서처럼 투자자들 앞에서 프레젠테이션을 하거나 연구개발을 독려하고 결제 서류에 사인하면서 하루하루를 보내지 않는다. 그것보다 영수증 처리, 비용 정리, 문구류 구매 등 직장인이라면 누구도 하지 않으려는 잡무로 더 많은 시간을 보낼 수 있다. 그러다 보면 내적 갈등도 많이 일어난다. 무엇보다 남들에 비해 뒤처지는 느낌이 든다. 이동준 대표의 경우도 사업 3~4년 차에 접어들면서 상대적 박탈감을 많이 느꼈다고 한다. 다른 회사들은 투자도 빨리 받고 더 빨리 성장하는 것처럼 보이는데 자기만 더디게 움직이는 것 같았다는 것이다.

3년 차를 넘어서면 또 다른 갈등이 생긴다. 통상적으로 1년에서 3년 사이에 스타트업은 상품 및 서비스 개발, 매출 부진, 신규 투자 유치 실패, 자금 고갈 등으로 1차 데스밸리를 겪는다. 처음 겪는 일들이 연속으로 벌어지기에 1차 때의 고난은 대개 정신없이 지나간다. 하지만 창업 3년 이후에 찾아오는 이른바 본격적인 데스밸리는 다르다. 이때 1차 데스밸리에서 겪은 것을 또다시 겪게 되면서 '안정된 직장'을 버리고 나왔다는 후회, 놓쳐버린 기회비용에 대한 미련 등이 문득문득 찾아온다. 이 감정적 소모가 꽤 고통스럽다. 이동준 CEO는 자신의 경험을 이렇게 말했다.

"사업을 하면서 (우리 사업 모델은) 서비스를 구매하고 사용하는 사람들의 경험치가 쌓여야 완성된다는 것을 깨달았어요. 제품 기반이 아니라 서비스 기반이면 생각했던 것보다 훨씬 시간이 오래 걸릴 수 있어요. 버텨야 한다고 생각했죠. 그런 과정은 항상 감정적으로 힘들어요."

아토스터디는 2017년 처음 투자자로부터 110억 원을 유치하고 2023년 다시 100억 원을 유치했다. 언뜻 어려움 없는 투자 유치로 보이지만 이동준 대표는 그렇지 않다고 고개를 젓는다. 평균적으로 30~50개의 투자회사 중 1곳 정도에서 호의적인 평가를 받는다고 말한다. Yes보다 No 소리를 더 많이 듣다 보면 '우리가 잘못 생각하고 있는 것은 아닌가?'라는 의구심에 사로잡힐 때가 많았다고 고백한다. 그럼에도 그는 사업을 계속한 원동력을 이렇게 말한다. "사업을 밀어붙이는 원동력은 확신입니다. 학원 서비스 위주에서 스스로 공부하는 서비스 위주로 교육시장이 바뀌어야 한다는 믿음, 우리가 성공하면 상당 부분 바뀔 수 있다는 확신으로 밀어붙였습니다."

아토스터디는 기업의 핵심 가치를 실현하기 위해 네 가지 원칙을 고수했다. 첫째, 공부의 결과(성적)가 아닌 공부의 과정(노력의 양)을 인정과 보상의 기준으로 설정했다. 둘째, 동기부여 과정에서 선생님과 학부모의 역할을 최소화하고 또래 집단에 기반한 요소를 활용했다. 셋째, 학습에 강압적 요소를 최소화했다. 넷째, 모든 서비스의 기반이 되는 학습 데이터를 커뮤니티가 신뢰할 수 있도록 자의적 기록이 아닌 측정된 값을 기준으로 잡았다.

이런 접근 방식은 확실한 성과로 나타났다. 회원들의 만족도와 학습량이 증가했으며 유효 고객층에서의 검색량도 폭발적으로 증가했다. 그리고 대입 실적 등 학업 성과로 이어져 언론의 주목도 받았다. 무엇보다 고무적인 결과는 전국에 200개 이상의 프리미엄 독서실을 운영하고 있던 업계 1위 토즈스터디센터를 2022년 인수했다는 점이다. 당시 아토스터디의 그린램프라이브러리는 매장이 40개뿐이었다. 시장은 새우가 고래를 삼켰다고 반응했다. 단순히 공간 제공에만 그치지 않고 에듀테크를 결합한 아토스터디의 사업전략과 방향이 주효했기 때문이다. 새우가 고래를 삼키는 일, 스타트업에선 얼마든지 가능하다.

# 7.
# 부동산에 기술을 입히다,
## ──────── 스페이스워크의 조성현

MZ세대들은 원하는 집을 구하기 위해 발품을 팔지 않는다. 대신 손품을 판다. 직접 방문해 눈으로 보지 않아도 온라인으로 집을 볼 수 있고 모바일 앱으로 원하는 정보도 쉽게 찾을 수 있다. 공인중개사 사무실에 들를 필요도 없다. 어떤 집을 보겠다고 온라인에 연락처를 남기면 이를 본 공인중개사에게서 연락이 오고 매물이 있는 곳에서 만나면 된다. 모두 프롭테크PropTech의 발전 덕이다. 프롭테크는 부동산을 뜻하는 'property'와 기술을 뜻하는 'technology'의 합성어다. 부동산에 관한 업무들이 기술과 접목되었음을 의미한다.

부동산 시장이 오프라인에서 온라인으로 옮겨간 것은 2000년대이다. 프롭테크도 이때 시작되었다. 1세대 프롭테크가 인터넷 부동산 시세 조회라면, 2세대는 모바일 부동산 중개 서비스다. 인공지능과 데이터가 결합하는 것이 특징인 3세대는 지금 한창 발전하고 있다. 조성현(건축학과) CEO의 스페이스워크는 3세대 프롭테크 스타트업이다. 인공지능과 데이터 기술을 접목시켜 고객에게 최적의 토지 개발 시나리오를 제공한다.

그는 비교적 짧은 기간에 창업을 두 번 했다. 첫 번째 창업은 2013년 동기들과 함께 '경계없는작업실'이라는 건축사무소를 만든 것이다. 그곳에서 건축과 공간 디자인 사업을 진행하며 업계에서 실력도 인정받았다. 예컨대 30평 규모의 아주 작은 땅에 원룸을 블록처럼 쌓는 방식으로 12세대를 설계해 수익성을 극대화시킨 모델은 용적률을 극단적으로 올린 점이 주목을 받아 2016년 베니스 비엔날레 프라임 이그잼플prime example로 전시되기도 했다. 하지만 이즈음부터 그는 사업의 방향성에 대해 고민을 하기 시작했다.

"주택 설계 하나에 6,000만 원을 받아도 남는 수익이 별로 없어요. 반면 아이폰 어플은 한 개 만드는데 100만 원이라고 해도 디자이너에게 훨씬 많은 수익을 안겨주죠. 그래서 저는 기술로 가야 한다고 생각했습니다."

이때 팀원들과 의견이 갈리면서 조성현 CEO는 건축사무소 내 기술팀 2명과 함께 2016년 따로 독립해 지금의 스페이스워크를 만들게 된다. 자칫 성급하게 보일 수 있는 두 번째 창업이지만 약간의

운이 따랐다. 미리 계획하고 의도한 것은 아니었지만 어느덧 준비가
되어 있었기 때문이다. 학부 시절부터 부전공으로 컴퓨터공학을 꾸
준히 공부했던 것은 창업의 밑거름이 되었다. 직장생활을 하는 동
안 설계 자동화에 관한 연구를 미리 해두었던 것은 직접적인 창업
의 영감이 되어주었다. 프로젝트를 받아 연구로만 마무리하고 사업
화시키지 않은 것에서 시장성을 내다본 것이다.

스페이스워크가 제공하는 서비스는 재건축할 때 건축사사무소
나 전문가에게 의뢰하기 쉽지 않은 소규모 필지의 수익성을 분석하
고 최대의 수익이 나게끔 설계안을 만드는 것이다. 서울시에만 이런
소규모 필지가 1만 군데가 넘는다. 이런 땅은 인력으로 일일이 수익
성을 검토하기가 어렵다. 스페이스워크가 구현하려는 자동화 시스
템의 효과는 다음과 같은 사례에서 간결하게 드러난다.

조성현 대표는 창업한 후 한국국제협력단KOIKA과 접촉해 인도
네시아 농촌 주택 문제를 풀겠다는 제안을 했다. 인도네시아 농민
의 90퍼센트 이상은 땅을 갖고 있지만 하루 2000원 이하의 돈으로
생활한다. 이렇게 소득이 낮으면 이들의 주거 문제를 해결하기 위한
전문가를 투입하기가 어렵다. 작은 아파트 한 동에 10억, 단독주택
은 4000만 원 이하가 되면 적자가 나기 때문이다. 설계비를 받을 수
없는 저소득층이지만 기술을 도입해 하나의 시스템을 만들면 충분
히 사업성을 획득할 수 있다. 스페이스워크는 코이카와 이 사업을
진행하였고 이후 베트남에서도 동일한 사업을 벌였다. 설계를 자동
으로 하고 건설비와 수익성이 어떻게 되는지 추정하는 솔루션이 있

었기에 가능했다.

프롭테크 산업의 단점은 실물경제인 부동산의 영향에서 자유롭지 않다는 점이다. 현재 세계적인 부동산 경기 악화로 프롭테크의 성장세가 전반적으로 한풀 꺾인 추세이다. 언제든 전통산업 직군과 이해관계가 충돌할 가능성도 있다. 그럼에도 시장 전망이 매우 밝다는 것이 업계의 중론이다. 시장조사 기업 리포트링커는 「프롭테크 시장규모 및 산업동향 분석 보고서」에서 앞으로 5년간 15.4퍼센트 성장할 것으로 예측했고 2028년이면 643억 달러 규모가 될 것이라고 평가했다.


## ● 창업은 오케스트레이션이다

부동산 산업은 매우 보수적이다. 부동산이라는 한정된 자원에서 수익을 얻어야 하는 부문이라 다른 산업에 비해 혁신이 느리게 진행된다. 프롭테크라는 서비스 역시 이전에는 존재하지 않았다. 2009년 영국에서 시작되어 미국에서 폭발적으로 성장한 이 혁신에 우리나라는 다소 늦은 2015년에 뛰어들었다. 그럼에도 성장세는 가팔랐다. 2018년 26개에 불과했던 스타트업은 2021년 기준 316개이다. 이는 중상위권 수준으로 독일, 네덜란드, 프랑스의 성장 속도와 비슷했다.

전문가들은 한국의 프롭테크 산업을 폭발적 성장의 초입 단계에 막 진입한 상태에서 부동산 침체기를 맞이했다고 평가한다. 이에 따라 우리나라 프롭테크 기업들은 해외시장을 개척하는 등 사업 다각화를 시도하며 생존 모드에 돌입한 상태이다. 창업 초기부터 해외시장에서 가능성을 시험한 스페이스워크도 마찬가지다. 언제 위기가 왔고 어떻게 극복했느냐는 질문에 조성현 CEO는 이렇게 답했다.

"지금이 위기입니다. 현재도 위기와 극복이 계속되고 있는 과정입니다."

그는 위기 극복의 요인으로 팀워크를 꼽는다. 조성현 대표는 첫 번째 창업을 창업이라고 부르기를 주저한다. "(사회 진출 후 나만의) 건축사무소를 빨리 만들어야겠다는 목표가 있었지만 건축사무소 개소를 창업이라고 생각하진 않았어요. 그걸 창업이라고 부른다고 하더라도 결이 좀 달라요. 학교 다닐 때 친구들 셋이랑 같이 사무실을 만들겠다는 꿈이 있었어요. 각자 다른 파트에서 경험을 쌓다 다시 모였으니까 (비슷한 사람끼리는) 아무래도 수월하죠. 하지만 인공지능을 전공했다든지, 컴퓨터를 정공한 사람과 함께하는 건 쉽지 않은 이야기예요."

스타트업을 시작하면 대표들은 기업의 성공을 위해선 리더십, 비전, 전략, 팀워크 등이 중요하다는 이야기를 자주 듣는다. 하지만 수많은 요소 중에 가장 중요한 것을 꼽으라면 팀워크(협업)이다. 중견기업 혹은 대기업이라면 회사 자체의 시스템에 의해 돌아가기 때문에 묵묵히 자기가 맡은 영역만 하면 된다. 한 팀원의 역량이 부족하면 다른 대체 인력으로 메우면 된다. 하지만 스타트업은 다르다. 인력 자체도 부족하지만 업무 분담이 불분명하기에 한 사람 한 사람이 스페셜리스트이면서 동시에 제너럴리스트가 되어야 한다. 간섭과 관여가 불가피하기에 인성도 중요하다. 이 과정에서의 고충을 조성현 대표는 이렇게 토로했다.

> "다양한 전문성을 가진 사람들이 모여야 하는데 언어도 다르고 문제에 대한 공감도 다르고 그러다 보니 한 명 한 명 설득하고 이끌어가는 게 힘듭니다. … (위기 상황이 닥치면) 일단 한다. 그냥 한다. 그러니까 내가 프로그래밍 공부를 해서라도 한다. 그런 각오로…"

여러 스타트업 교과서에서 스타트업의 CEO를 가리켜 오케스트라의 지휘자와 같아야 한다고 말하는 이유이다. 오케스트라에서 지휘자는 혼자 연주하지 않는다. 단원들에게 절대 복종을 강요하지 않으며 그들과 음악적으로 교감하며 연주한다. 오케스트라 단원들이 자기가 맡은 부분에서 제대로 연주해야 하며 박자를 놓치거나 실수를 하면 전체 음악이 망가지기 때문이다. 조성현 CEO는 스타트업은 전문성이 다른 사람들이 모일 수 있게 오케스트레이션하는 것이 가장 중요하다고 말하며 창업을 준비하는 후배에게 충고를 남겼다.

"팀이 못 해내면 개인이 할 수 있는 건 한계가 있기에 결국 팀을 설득하고 같이 갈 수 있게 하는 것이 중요합니다. 특히 설득하는 데는 창업자가 뭔가 조금이라도 해내서 증명하는 것보다 더 좋은 것은 없습니다."

창업자가 의지를 갖고 뛰어들면 주변에서 도와주기 마련이라고 그는 강조한다. 눈치채지는 못했지만 그 역시 스스로를 도우면서 여기까지 왔다. 컴퓨터공학을 부전공한 것도 그렇고 부동산 동아리, 부동산학회 활동을 하며 학부를 보낸 것도 지금의 바탕이 되었다. 직장생활을 하며 '땅의 가치'를 측정하는 것이 중요하겠다는 생각, 그리고 토지 가치평가에 인공지능을 결합시키겠다는 발상은 모두 이런 이력에서 나왔을 것이다.

현재 프롭테크는 빅데이터를 활용해 소비자가 요구하는 공간을 찾아내고 보증금 미반환 위험도를 측정하는 단계로까지 발전한 상태이다. 임대인의 보증금 반환 이력이나 세금 체납 여부를 확인할 수 있어 전세 사기, 역전세난 문제에도 활용이 가능하다. 발품을 팔아도 알기 어려운 층간소음을 파악하는 서비스도 나왔다. 시장소비자들이 기존 산업군에서 제공하지 못하던 서비스를 경험하게 되면 새로운 서비스에 대한 요구와 기대치는 점점 높아진다. 몇몇 분야에서 공인중개사, 감정평가사 등 기존 산업군과의 마찰이 예상됨에도 프롭테크의 앞날이 밝은 이유이다.

무엇보다 프롭테크가 접근하는 부동산 시장은 토지 매입부터 개발, 분양, 금융, 세입자 관리, 매각에 이르기까지 모든 밸류체인을 아우른다. 특정 기업이 산업 전반을 독점하는 일은 사실상 불가능하다. 부동산 라이프사이클(개발·설계, 건설·시공, 중개·거래, 부동산관리)의 위치에 따라 수많은 프롭테크 기업이 탄생할 여지가 있다. 필요한 것은 부동산에서 미래를 내다볼 수 있는 인재들이다.

# 8.
# 부동산계의 블룸버그를 꿈꾼다,
## 공간의가치의 박성식

    부동산에 투자한다고 할 때 사람들은 무엇을 기준으로 투자를 결정할까? 기준으로 삼을 수 있는 것들은 대략 다음과 같이 정리할 수 있다. 주변시세, 매매가격 상승률, 전세가 갭 차익, 주변 지역의 호재, 전철 및 대형마트와의 거리, 신도시 개발 유무 등등이다. 여기에 '주변의 정보'도 수집해야 한다. 주변의 정보는 범위가 매우 넓다. 언론 매체에서 쏟아지는 뉴스, 전문가의 분석, SNS, 커뮤니티, 유튜브 플랫폼의 콘텐츠에 이르기까지 다양하다. 한마디로 개인이 이 모든 정보를 수집하는 것은 사실상 불가능하다. 온라인으로 취득이 가능한 정보는 그 양이 너무 많고 직접 발품을 팔아야 얻을 수 있는 정보는 시간을 많이 잡아먹기 때문이다.

    하지만 투자의 대상을 주식으로 바꾸면 이야기가 달라진다. '블룸버그 터미널' 하나만 이용하면 주식, 채권, 외환, 상품 및 파생상품에 이르는 전 자산군의 시장 정보와 리서치를 실시간으로 확인할 수 있다. 1981년 주식시장 내 여러 포맷의 정보를 전용 단말기(블룸버그 단말기)를 통해 증권사에 납품하면서 시작된 이 서비스는 정보의 종류와 그 품질이 경쟁사와는 비교가 불가능한 것으로 알려져 있다. 오늘날 블룸버그 터미널이 이 분야에서 독보적인 위치에 오른 것은 다름이 아니다. 컴퓨터와 인터넷이 상용화되기 훨씬 이전이었지만 분석·가공할 수 있는 데이터가 있었고 그것을 일찍부터 활용한 덕이다.

부동산 산업은 디지털화되지 않은 정보와 아날로그적 프로세스가 오랫동안 보존된 분야이다. 정보의 비대칭성으로 인해 사람들은 직접 현장에서 주변 주택과 건물의 시세를 조사해야 비교적 정확한 정보를 얻을 수 있었다. 대한민국의 경우 2015년 부동산 실거래가가 공개되면서 부동산 시장의 디지털화가 시작되었다. 본격적으로 프롭테크 산업이 태동한 시기다.

프롭테크 산업은 크게 여섯 가지로 분류된다. '공유서비스, 마케팅, 부동산관리, 데이터·가치평가, 건설·인테리어, 핀테크·블록체인'이 그것이다. 모두 데이터를 기반으로 한다는 점에서 공통 요소를 갖는데 데이터를 어떻게 선별하고 어떻게 가공하느냐에 따라 산업의 부문이 달라진다. 예컨대 개인의 소유지, 주거 자산을 공유 데이터로 재정립해 숙박시설로 임대할 수 있게 한 에어비앤비는 공유서비스 부문의 프롭테크이다. 임대 및 매매 물건 위주로 정보를 가공하면 마케팅 영역이 된다. 직방, 다방 등이 여기에 속한다. 부동산 관리는 청소 대행, 방충, 관리비 및 계약 갱신 자동화, 시설 및 공실 관리, 스마트홈 서비스 등 주로 생활 편익을 제공한다. 이 세 분야에 우리나라 프롭테크 기업의 절반 이상이 몰려 있다.

데이터·가치평가는 앞에서 본 스페이스워크를 떠올리면 이해가 쉽다. 가치평가를 통해 최적의 설계안을 제공한다는 측면에서 스페이스워크는 건설·인테리어 부문에도 한 다리를 걸치고 있다. 이외에도 스마트 건설, 모듈러 건축 제작 및 판매, 가상공간 설계 등도 건설 부문에 해당된다. 인테리어 영역은 집꾸미기를 들 수 있겠다. 프롭테크에서의 핀테크·블록체인은 일반 금융 전체를 가리키는 것이 아니라 '부동산 영역에서의 금융 디지털화'를 뜻한다. 부동산 분석과 거래, 모기지 등 매매에 관련한 부동산 거래, 가치평가, 대출 등이 해당되며 부동산 투자 영역까지 포함할 수 있다.

공간의가치를 이끄는 박성식 CEO는 건축학과 출신이다. 따라서 부동산을 바라보는 관점이 스페이스워크의 조성현 CEO와 유사하지만 조금 다른 구석도 있다. 건축학과 출신이면 그렇듯 졸업 후 건축설계사무소를 다녔지만 그는 감정평가사에도 합격해 감정평가법인에서도 직장생활을 했다. 감정평가사는 부동산, 동산, 문화재와 같은 유무형의 자산에서 경제적 가치를 평가해 그 결과를 가액으로 표시하는 국가전문자격사이다. 이런 이력 탓인지 프롭테크 공간의가치는 데이터·가치평가와 핀테크·블록체인, 이 두 영역에 발을 걸치고 있다. 그는 회사의 수익모델을 이렇게 소개한다.

"크게 부동산에 대한 프로세스와 데이터를 모델링하고 자동화시키는 회사입니다. 수익원은 자회사인 프라임감정평가법인을 통한 수수료, 데이터랑 솔루션을 금융기관에 판매하는 것, 그리고 부동산담보대출에 대한 대출 중개료, 이렇게 세 가지입니다."

그는 스타트업 공간의가치가 가진 가장 중요한 기술적 차별 포인트로 부동산 자동평가 모델을 꼽는다. 인공지능으로 부동산의 가치를 평가하는 것은 스페이스워크와 맥락이 같지만 이를 통해 지향하는 바는 다르다. 공간의가치는 부동산 시장에서 블룸버그 터미널 역할을 하고자 한다. 블룸버그가 금융시장에서 하는 것처럼 부동산 물건을 연계해주는 금융 서비스로 수익을 실현하려는 것이다. 부동산 핀테크는 프롭테크 산업의 최종 주자이면서 핵심으로 꼽히는 분야이다. 공간의가치는 그 길을 걷고 있다.

## ● 프롭테크는 생산성이 다르다

수출입 무역을 진행하면 CBM이라는 물류 용어가 자주 등장한다. CuBic Meter의 약자로 컨테이너에 적재되는 화물의 부피를 말한다. 공식은 간단하다. '가로×세로×높이'이다. 예컨대 1CBM은 가로, 세로 높이가 1미터인 정육면체를 뜻한다. 이 상자를 20피트 규격의 컨테이너에 가득 채우면 약 28CBM이 되고 40피트 규격의 컨테이너에 채우면 대략 56CBM이 적재된다. 여기에 컨테이너 무게 제한(40피트 기준 25톤 미만)까지 관여하기에 CBM 계산은 매우 중요하다. 남는 공간 없이 최대한 수출입 물건을 많이 적재하는 것은 기업의 이윤과 직결되기 때문이다.

과거 CBM 계산은 상경대 졸업생들의 주요 업무 가운데 하나였다. 최대한의 적재효율을 뽑아내기 위해 하루 혹은 이틀 정도 계산기를 들고 매달렸다. 단순하고 귀찮은 일이지만 전문인력이 필요했던 이 업무에 변화가 생긴 것은 엑셀이 상용화되면서다. 수식을 걸어놓은 칸에 숫자만 입력하면 자동으로 결과값이 나왔기에 굳이 상경대 졸업생이 필요치 않았다. 누구나 두세 시간이면 CBM 계산을 마칠 수 있었다. 이제 인공지능에게 이 업무를 맡긴다면 업무 효율은 더 빨라질 것이다. 기술이 생산성에 미치는 대표적인 사례라고 하겠다.

오랫동안 보수적인 영역으로 남아있던 부동산 산업이 디지털화가 되면 어떤 변화가 생기는지 공간의가치가 제공하는 서비스를 통해 알아보자. 예전에는 담보대출을 받으려면 고객이 은행 지점을 먼저 방문해 담보대출 문의를 해야 했다. 그러면 은행의 담당자는 감정평가사에게 고객이 담보 잡으려는 부동산의 가치를 문의하고 감정평가사는 담보의 가치를 평가해 다시 은행 담당자에게 가격을 제시했다. 모든 과정이 오프라인으로 진행되는 탓에 담보의 가치를 확인하기까지 대략 이틀 정도 소요되었다.

공간의가치가 제공하는 모바일 서비스를 이용하면 위 모든 절차가 30~40분으로 줄어든다. 총 세 가지 가격(알고리즘 계산 가격, 감정평가사가 확정한 가격, 예상 감정가)으로 공개되어 은행 담당자가 참고할 수 있도록 하고 바로 대출 신청까지 연계되도록 설계되어 있다. 물건의 가격이 빠르게 나오기 때문에 대출 프로세스가 곧장 진행되며 고객 입장에선 여러 대출 상품을 쉽게 비교할 수 있어 유리한 조건에서 대출을 받을 수 있다. 이것 외에 어떤 고객이 무슨 담보를 갖고 있는지, 어떤 상품을 선호하는지 등의 데이터를 수집해 금융기관이 참고할 수 있는 부가 서비스도 제공한다.

대출 중계 수수료는 대출금의 1퍼센트, 개발 사업일 경우 2~3퍼센트이기에 대출 중계 건수가 많아지면 금융 중계 서비스만으로도 고수익이 나는 구조다. 하지만 아직 수익을 실현하고 있지는 않다. 박성식 CEO에 따르면, 지금까지 개발 위주로 스타트업을 운영했다면 2024년부터 본격적으로 매출을 만들어야 하는 시점이라고 한다. 현재 공간의가치는 자회사인 프라임감정평가법인과 함께 KB금융지주, 국세청, MSCI(모건스탠리캐피털인터내셔널)에게 자동화된 상업용 부동산 가격 분석 서비스를 제공한다. 박성식 대표는 수익구조 다변화를 모색하고 있다. 예컨대 대출 중개의 또 다른 중요 채널인 공인중개사들을 플랫폼으로 끌어들이는 모델을 고민 중이다.

그동안 건축학과 졸업생의 창업은 전공의 특성상 주로 건축사 사무소(건축설계업)에 집중돼왔었다. 변화가 생긴 것은 2000년 이후이다. 이때부터 4차 산업혁명 기술에 바탕을 둔 건축 응용 사업들이 많이 창업되고 있다. 부동산 자동평가 금융 서비스업으로 진출한 박성식 대표는 창업을 준비하는 후배들에게 경험이 담긴 솔직한 조언을 남긴다.

> "(저는 안 들었지만) 뭘 하든 재무나 마케팅은 기본이니까 경영대 수업을 들으세요. 그리고 데이터 분석은 이제는 기본 중의 기본이니까 미리 공부해두면 좋을 겁니다."

프롭테크 산업이 발달하기 위해선 부동산 관련 정보 투명성이 높아야 한다. 글로벌 종합부동산 기업 JLL이 2020년 발표한 자료에 따르면 우리나라 부동산 투명성 지수는 30위로 중상위권 수준이다. 정보의 데이터베이스화와 규격화가 이뤄지지 않은 탓이다. 투명성 지수 1위는 프롭테크 산업이 처음 출현한 영국이고 2위는 프롭테크가 만개한 미국이다. 투명성지수가 30위라는 것은 역설적이지만 우리나라 프롭테크의 성장잠재력을 말해준다. 금융업계를 술렁거리게 했던 마이데이터 사업과 함께 공공 정보의 개방이 더욱 확대된다면 우리가 상상하지 못했던 프롭테크 기업이 등장할 수 있다.

# 9.
# 연구 결과를 산업 현장에 적용하다,
## 원프레딕트의 윤병동

실리콘밸리의 토대가 된 스탠퍼드대학은 졸업생, 재학생, 교수들이 창업한 회사의 수가 4만여 개에 이른다. 이들이 올리는 연 매출액은 평균 2조 7000억 달러이다. 이는 세계 11위 수준인 우리나라 GDP의 약 2배에 달하는 규모이다. 미국은 상위 대학일수록 스타트업에 대한 관심이 높고 지원이 많다. 예컨대 2002년 세계 최초의 가정용 로봇청소기 룸바는 MIT 인공지능연구소에 재직하고 있던 로드니 브룩스 교수의 작품이다. 제자 두 명과 함께 시작한 스타트업에서 출시한 이 제품은 브룩스가 인지과학계에 제안한 '행위 기반 포섭구조subsumption architecture' 이론에 바탕을 두고 있다. 뇌에 해당하는 중앙처리장치가 없이도 특정 행동반응을 이끌어낼 수 있다는 이 이론은 상업적 활용에만 그치지 않고 화성 탐사선 로봇 '소저

너'에도 적용됐다.

미국의 상위 대학은 기업가적 대학으로 연구 성과를 사업화해 경제적 독립성을 확보하고 연구 및 운영의 방향성을 자율적으로 결정한다. 이들은 교수와 학생들의 기업가적 활동을 장려한다. 반면 우리나라의 대학은 기업형 대학에 가까웠다. 점잖게 말해 교육과 연구에 전념한다고 할 수 있지만 학생들의 등록금을 올리는 것이 목표였다고 해도 과언이 아니었다. 학생들이 모일 만한 학과 개설에 열을 올리면서 전문대 영역을 침범하는 사례가 나오기도 했기 때문이다. 분위기가 바뀐 것은 1997년이다. 「벤처기업 육성에 관한 특별조치법」에 근거해 각 대학이 창업 교원의 휴·겸직에 대한 자체 규정을 만들고 시행할 수 있도록 하면서부터 교수 창업, 연구실 창업에 붐이 일었다.

사실 대학의 연구 결과물은 기업이 즉시 기술이전 결정을 내리기 어려운 초기 기술들이 대부분이다. 실용화나 기술이전을 위해서는 추가 연구개발이 있어야 하는데 일반적인 국가연구개발사업비 규모로는 추진하기가 어렵다. 추가 연구를 이어가려면 창업을 통한 모험자금 조달이 필요하다. 이때 일부 교수와 연구원들은 창업 욕구를 느낀다고 한다. 연구 결과물을 실용화까지 연결함으로써 자신이 시작한 혁신을 스스로 완결하고 싶은 욕심 때문이다.

2021년 12월 30일 《중앙일보》의 보도 자료에 따르면 '기술이전·보급을 위해 창업'을 했다고 답한 비율이 54.4퍼센트로 1위였다. 이것으로 보아 어떤 전문가들에게 있어 창업은 연구의 연장선이다. 원프레딕트의 윤병동(기계공학과 교수) CEO가 그러하다. 그는 2016년 초 출근하던 길에 문득 조금 더 가슴 뛰는 일을 해보고 싶은 막연한 충동이 들었다고 말한다.

> "연구하면서 막연히 사업을 통해 기술을 사회에 환원하면 좋겠다는 생각은 갖고 있었던 차였어요. … 연구 과제로 만들 수 있는 기술적 기여보다 더 큰 사회적 기여를 만들고 싶은 욕심이 무르익으면서 결국 창업을 마음먹게 되었습니다. 창업을 통해 기반 기술로부터 상용기술을 개발하고, 제품화하고, 사업을 통해 매출을 일으키고, 고용 창출까지 만들어보자는 큰 꿈이 생긴 거죠."

교수 창업 혹은 연구실 창업은 자신이 시작한 혁신을 스스로 완결 짓는 성취만을 맛볼 수 있는 것이 아니다. 윤병동 CEO의 포부처럼 창업 과정에서 사회 문제를 해결하고 부가가치와 고용을 창출할 수 있다. 원프레딕트의 경우 4명으로 출발했지만 현재 80명으로 직원이 불어났다. 차세대자동차 연구소 내 작은 귀퉁이에 공간을 마련했던 회사는 어느덧 강남 테헤란로에 둥지를 옮기고 미국 법인도 별도로 운영하고 있다.

원프레딕트는 인공지능과 사물인터넷 기술 기반으로 기계설비의 상태를 진단하고 예측하는 디지털 솔루션을 제공하는 스타트업이다. 과거 산업 현장은 설비관리 방법이 두 종류뿐이었다. 하나는 고장이 발생한 후에 정비하는 '사후정비'이고 다른 하나는 정해진

주기마다 설비 교체 및 설비 내부 수리를 진행하는 '시간기반정비'
이다.

사후정비는 예상치 못한 설비 고장으로 셧다운이 일어나는 단점이 있다. 이는 기업 입장에서 적지 않은 금전적·시간적 손실로 이어진다. 시간기반정비는 주기적으로 설비를 분해해 진단하고 부품을 교체하기에 불필요한 정비 활동을 불러오는 단점이 발생한다. 원프레딕트는 산업 AI를 기반으로 설비 건전성과 설비 상태를 진단하고 결함의 원인과 사후 보전 활동을 제시한 후 고장까지 예측하는 '예지보전 솔루션'을 제공한다. 이는 기존 설비진단 솔루션의 한계를 돌파한 기술이다.

그렇다면 전문가 창업은 성공률이 높을까? 이 응답으로 답을 대신하자. 2021년 《중앙일보》의 조사에 따르면 전문가의 70퍼센트가 '창업을 후회한다'고 대답했다. 전문가라고 해서 창업 과정에서의 고생을 비껴갈 수는 없다는 이야기다. 후회하지 않는다고 해서 사업이 순조로운 것도 아니다. 연구와 사업은 다른 영역이다. 로드니 브룩스는 로봇 분야 최고 권위자였음에도 상업성이 있는 제품을 내놓기까지 12년이 걸렸다. 원프레딕트의 업력은 이제 7년이다. 시리즈C 투자를 마무리했지만 여전히 고생길을 걷는 중이다.

## ● 실패는 매일 경험하는 이벤트

우리나라는 조사된 바가 없지만 미국의 경우 IPO나 M&A 같은 엑시트에 성공하는 교수 창업은 23.5퍼센트이다. 전체 스타트업 엑시트 비율이 대략 26퍼센트인 것에 비해 낮은 성공률이다. 섣불리 판단하지는 말아야 한다. 이 결과는 교수의 역량과 바로 연결되지 않는다. 일반 스타트업과는 조직 구성이 다르기 때문이다. 창업자가 CEO 혹은 CTO를 맡는 관행과 달리 교수 창업일 경우 약간의 지분과 함께 자문역, 컨설턴트, 이사직과 같은 비상임직이 주어진다. CEO를 맡으려면 사임하거나 겸임교수로 전환해야 한다. 또 장기 6년의 휴직이 허용되는 우리나라와 달리 1년의 휴직만 허용된다. 기업활동 역시 주당 1일로 제한되어 있다(서울대도 주 1일로 제한되어 있다). 교육과 연구에 지장이 없도록 하면서 기업활동을 장려하는 제도적 장치다.

경영에 부담을 지우지 않기 때문에 미국의 상위 공대는 대부분의 교수들이 어떤 식으로든 기업과 연결되어 있다. 이로 인해 미국은 교수가 연쇄창업하는 것이 얼마든지 가능하다. 어쩌면 창업 확률이 높은 것이 역설적으로 엑시트의 성공률을 낮추는 원인일 수도 있다. 예컨대 코로나 백신으로 유명한 모더나의 공동창업자인 로버트 랭거 MIT 석좌교수는 1500건 이상의 논문을 쓰고 1400개의 특허를 보유하고 있으면서 동시에 40개 이상의 바이오 스타트업에 참여했다. 이 중에 14개는 매각되었으며 19개 이상은 기업활동

중이다.

반면 우리나라는 CEO, CTO 등 교수의 상임직 겸직이 가능하다. 이로 인해 기업활동에 깊숙이 관여할수록 연구와 교육에 소홀해진다. 대학 본연의 임무가 무엇이냐는 근원적인 질문이 나올 수 있지만 이는 우리나라의 구조적 한계에서 발생하는 문제이다. 스타트업 생태계의 역사가 짧아 CEO나 CTO를 맡아줄 전문경영자 인력풀이 부족하기 때문이다. 따라서 창업자가 경영에 나설 수밖에 없다. 이렇게 경영에 큰 부담을 지우니 미국과 같은 연쇄창업은 꿈을 꿀 수 없다. 다수가 휴직할 경우 학과 운영이 마비되기에 공대 교수들에게 기술창업을 독려하기도 힘든 실정이다.

이렇듯 성공확률이 높지 않고 구조적 한계도 분명한 우리 환경에서 창업을 시도하는 교수들은 위험감수 성향이 높은 기업가형 인물이라고 할 수 있다. 윤병동 CEO 역시 기업가와 교수 사이의 역할에 대해 고민을 한다.

"항상 시간에 쫓기고 일에 치입니다. 교수로서 학생들과 충분한 시간을 못 내줘서 미안한 부분도 있고요. 누구나 꿈꾸는 커리어 중 하나인 국제저널편집장이 되는 기회를 제공받았지만 포기할 수밖에 없었던 것은 항상 아쉽습니다."

이와 같은 아쉬움과 미안함을 토로하는 순간에도 그는 사업가로서 무한한 책임감을 느낀다고 말한다. 창업을 한 후 많은 것이 변했지만 무엇보다 존경하는 사람이 성공한 기업가로 바뀌었다고 한다. 교원 창업의 성공적 롤모델이 되겠다는 사명감과 함께 스타트업에 딸려 있는 많은 식구들을 책임져야 한다는 압박감에 세계관이 변한 것이다.

시리즈C까지 왔으니 첫 창업에 꽤 성공적인 결과라고 할 수 있겠지만 그는 그렇지 않다고 고개를 젓는다. 회사라는 큰 줄기만 놓고 보면 성공한 것처럼 보이지만 그 내밀한 속살을 파헤치면 실패가 연속된 결과물이라고 표현한다.

> "기반 기술을 상용기술로의 전환에 실패, 올바른 기업문화 정립의 실패, 사업 모델 확립 실패, 인력관리 실패, 제품에 대한 고객가치 설정 실패 등등 수많은 실패를 맛봤습니다."

실패하되 'Lessons Learned'의 과정을 통해 실패를 반복하지 않는 것이 중요하다고 그는 강조한다. 창업을 고려하는 사람들에게 그가 당부하는 말은 간결하다. "모든 분에게 권유하지는 않습니다. 사람마다 성향과 적성이 다르니까요. 다만 창업을 꿈꾸고 있다면 창업은 정말 매력 있고 의미 있는 도전이라고 추천합니다."

교수 창업이 많이 시도되고 있지만 창업은 개인에게 쉽지 않은 결정이다. 1차 벤처 붐이 있었던 2000년 전후 창업했던 교수, 연구원들이 파산했던 사례가 뚜렷이 기억에 남아 있고 일부는 원직으로 복귀하지 못한 경우도 있었다. 다른 직업군에 비해 직업 안정성과 사회적 대우가 남다른 만큼 '하이 리스크 하이 리턴'의 창업에 열정을 쏟을 동기도 부족하다. 미국과 같은 제도적 장치로 권유할 수 없다면 '기술은 있지만 위험을 감수하고 싶지 않은' 교수들을 격려하는 방법은 하나뿐이다. 성공사례가 많이 나와야 한다. 윤병동 CEO의 말을 인용하면 연구실 창업의 성공은 학교에 대한 기여이면서 동시에 사회적 기여다.

# 10.
# 미래는 바이오산업이 핵심이다,
## 아밀로이드솔루션의 장진태

바이오 스타트업은 대표적인 기술기반 창업으로 다른 스타트업과는 다른 특성이 있다. 창업하기 위해선 실험실과 고가의 실험장비가 필수적이며 다른 업종에 비해 제품 개발 기간이 상당히 길다. 또 임상 개발에도 매우 긴 시간을 투자하기에 상당 기간 적자가 불가피한 업종이기도 하다. 기술에 대한 이해도가 높아야 하기에 젊은 창업자가 등장하는 다른 스타트업과 달리 경력자 중심(연구원, 교수, 대기업 경력직)의 중년 창업이 주류를 이룬다는 특징도 있다. 아밀로이드솔루션의 장진태 CEO의 창업 과정을 따라가자.

그는 서울대 산업공학과에서 박사학위를 마치고 삼성SDS에서 사회생활을 시작했다. 그곳에서 IT 전략 및 프로세스 컨설팅 업무를 보며 미국계 공급망 관리 소프트웨어 및 B2B E-비즈니스 컨설팅을 경험하게 되는데 이때 국내 회사도 충분히 이들과 경쟁할 만하다고 판단해 시스템 커넥티비티System Connectivity에 관련된 소프트웨어 회사를 설립한다. 그의 첫 창업이었다. 비교적 빠른 시간에 좋은 패키지를 만들지만 코스닥 상장회사의 인수 제안이 들어오자 그는 바로 엑시트하고 만다. B2B 섹터의 국내시장 규모가 특정 제품군을 제외하면 일정 규모 이상으로 성장하기 힘든 구조였기 때문이다.

이때의 경험으로 그는 다시 창업을 하게 된다면 시장 확장성이 분명한 곳에서 사업을 하겠다고 마음을 먹었다고 한다. 이 무렵 벤처캐피털에서 제안이 들어와 투자 심사를 담당하는 임원으로 활동하게 된다. 이때 장진태 CEO는 바이오 분야에서 가능성을 본다. 바이오 분야는 산업구조상 압도적인 플레이어가 없고 있더라도 충분히 따라잡을 수 있는 시장이었다. 또한 중소기업의 성장을 가로막는 대기업 중심의 납품 구조가 없으며 인력풀이 상대적으로 우수한 영역이기도 했다.

OECD는 2030년이면 바이오산업 분야가 경제성장의 핵심 동력으로 떠오를 것이라고 전망한다. 이유는 인류에게 닥친 10대 난제(인구 증가, 에너지 문제, 식량 부족, 물 부족, 질병, 빈곤, 환경 악화, 테러와의 전쟁, 교육, 민주화)를 해결할 수 있는 열쇠를 많은 부분 바이오산업이 쥐고 있기 때문이다. 예컨대 신약과 백신 개발 등은 질병 퇴치 부문에, 바이오 에탄올 혹은 바이오 디젤 등의 청정에너지와 생분해 플라스틱 등의 개발은 환경 개선과 에너지 문제에, 스마트팜과 품종개량 산업은 인구 증가, 빈곤, 물 부족, 식량 문제 해결에 중심 역할을 할 것이다.

10대 난제 해결을 차치하고서도 바이오산업은 대한민국 경제의 묵은 문제를 해결할 수 있는 열쇠라는 점에서 매우 중요하다. 철학자이면서 경제학자인 기 소르망은 우리나라를 가리켜 대기업의 하청기업만 있을 뿐 진정한 의미의 중소기업은 없다고 꼬집었었다. 수치로 보면 분명하게 드러난다. 국내 중소기업의 35퍼센트가 대기업과 하청 관계를 맺고 있다. 이들 기업은 매출의 83.7퍼센트는 대기업으로부터 나온다. 2차 하청, 3차 하청까지 고려하면 중소기업의 60퍼센트 이상은 하청기업으로 추산된다.

중소기업은 우리나라 기업의 99퍼센트를 차지하며 전체 고용의 83퍼센트를 책임진다. 문제는 여기서 생긴다. 60퍼센트 이상이 하청기업이니 독자적 자생 능력이 없다. 대기업에 종속되어 있으니 생산성은 낮고 하청이 거듭될수록 임금 격차가 심각하게 벌어진다. 대기업 정규직이 파업을 하거나 임금을 인상하면 하청업체가 고스란히 그 부담을 떠안는 구조다. 정부가 중소기업 진흥에 무척 고심을 하지만 이 연결고리를 개선하기가 쉽지 않다.

잘못 자리 잡힌 생태계를 타개하는 방법으로 정부가 창업을 진작시키려는 것도 이와 같은 고심의 흔적이다. 이 점에서 바이오 분야의 창업은 중요하다. 장진태 CEO의 지적처럼 이 시장에는 압도적인 플레이어가 드물다. 대기업을 중심으로 한 수직적 납품 구조에 의존하지 않아 건강하고 견실한 중소기업이 탄생할 확률이 높다.

"(바이오 분야는) 복제약 시장을 벗어나면 적자를 감수하는 대규모 선투자가 필요한 시장입니다. 신규 스타트업들이 기존 제약사들보다 장점을 발휘할 수 있는 영역이지요."

바이오산업은 시장에 압도적인 플레이어가 있다고 해서 신규 업체에 마냥 불리하게 작용하지 않는다. 실제로 1998년부터 2007년까지 미국 FDA의 승인을 받은 신약을 대상으로 조사한 결과, 기성 제약회사가 자체적으로 개발한 신약은 44퍼센트에 불과했다. 대학의 연구 결과가 제약회사로 넘어간 사례는 8퍼센트, 대학에서 스타트업을 거쳐 개발된 것은 23퍼센트, 바이오 스타트업이 자체로 개발한 사례는 25퍼센트였다. 신약의 48퍼센트는 스타트업이 만든 것이다.

현재 우리나라 바이오산업은 2000년에 258개의 스타트업을 쏟아내며 정점을 찍은 후 매해 80~120개 수준으로 창업이 이루어지고 있다. 장진태 CEO는 바이오 분야에서 이미 바이오 사업을 한 번 경험했다. 줄기세포를 이용해 루게릭병과 같은 난치성 질환 치료제를 개발하는 회사 코아스템이 그것이다. 한국에서 네 번째로 줄기세포 치료제를 상용화하며 2015년 상장에 성공시켰다. 아밀로이드 솔루션은 2017년 그가 직접 창업한 바이오 스타트업이다.

## ● 퍼스트가 아니라 베스트가 살아남는다

바이오산업은 크게 세 분야로 나눠진다. 항암치료제, 백신, 신약, 인공장기와 질병 진단 및 예방 기술 등 보건·의학 분야 응용산업을 레드바이오라고 한다. 콩, 옥수수 등 재생 가능한 생물자원을 활용해 기존의 석유화학 기반 에너지산업을 대체하려는 응용산업은 화이트바이오라고 한다. 그린바이오는 농업·식품 분야 바이오산업이다. 오염된 환경을 정화하는 기술이나 식물 종자 개량, 동물 품종 개선 및 대체육 시장은 모두 그린바이오에 속한다. 이 중에서 레드바이오는 혈액의 붉은색에서 명칭을 따온 것으로 코로나19 이후 가장 빠른 성장 속도를 보이는 부문이다.

아밀로이드솔루션은 알츠하이머 질환 등 퇴행성 뇌질환을 극복하기 위한 치료제를 개발하는 스타트업으로 레드바이오 직군에 속한다. 현재 근원적인 치료제는 전무한 상황이지만 아밀로이드가 병의 중요 원인 중 하나로 꼽히는 만큼 상징적인 차원에서 아밀로이드솔루션이라는 회사명을 붙였다고 장진태 CEO는 말한다. 최근 시리즈C 투자를 마쳤고 적절한 시점에 상장을 고려하고 있다고 한다.

그럼에도 안심할 단계는 아니다. 바이오 분야는 스타트업 가운데에서도 고위험군에 속하며 장기간에 걸쳐 대규모 투자가 이루어져야 하는 부문이다. 창업에서 사업화가 이루어지는 기간이 통상 7년에서 10년에 이른다. '창업→R&D→시제품 생산→비임상·임상→인허가→생산 및 마케팅'에 이르는 전 과정에 투자가 이루어져야 하기에 자금 압박이 무척 심하다. 게다가 안정성 평가를 이루는 '임상' 실험은 총 세 번에 걸쳐 이루어지는데 회차를 거듭할수록 비용이 증가한다. 임상1상은 비임상 단계에 비해 7퍼센트 비용이 오르고 임상2상으로 가면 19퍼센트, 최종3상에선 72퍼센트로 비용이 수직 상승한다. 이 3상을 통과하면 상용화가 가능하다. 미국 바이오협회에 따르면 최종 상용화까지 평균 성공률은 9.6퍼센트에 불과하다. 최근에는 신약 사용 후 부작용을 평가하는 임상4상(시판 후 조사)에서도 큰 비용이 발생하고 있다. 장진태 CEO는 바이오 스타트업 경영에서 오는 불안감을 이렇게 이야기한다.

> "신약 개발 바이오테크는 장기간 실적이 전무합니다. 즉 수익은 없고 비용만 발생하는 구조입니다. 영업수지가 아니라 자본수지에만 의존하니 사실상 피가 마릅니다."

특히 2상까지 성공하고 3상에서 실패할 경우 승인에 필요한 거의 모든 시간과 개발비를 매몰한 상태에서 실패한 것이기에 CEO와 팀원들이 겪는 고통은 이루 말할 수 없다. 이 3상 실패 확률은 대략 40퍼센트에 이른다. 그럼에도 사업을 이끌어가게 하는 힘은 강한 동기유발에서 나온다. 바이오 신약 개발 부문은 가치를 평가해주는 과정이 단계적으로 나누어져 있어 일정 정도의 과학적 혹은 제약적 진척이 있을 때마다 기술적·사업적으로 그에 상응하는 가치를 인정해주는 글로벌 스탠더드가 존재한다. 장진태 CEO는 이를 두고 이렇게 말한다.

> "연구와 개발이 일정한 이정표에 도달하면 가치를 인정받는 암묵적 시스템이 존재하고 그래서 도전을 계속할 수 있습니다. 다만 이정표에 도달하는 일은 쉬운 일이 아닙니다."

최근 FDA는 알츠하이머 표적 치료제 레켐비를 허가했다. 첫 번째 치료제인 아두헬름에 이은 두 번째 허가이다. 레켐비는 베타 아밀로이드 단백질을 타깃화하는 (병에 걸린 세포만 선택적으로 공격하는) 단일 클론 항체monoclonal antibody 약물이다. 현재 임상4상이 진행 중이지만 문제점을 많이 노출했던 아두헬름의 개량 형태라는 점에서 완치 개념의 신약은 아니다. 시장이 임상에서 기대하는 것은 적절한 효과와 최소한의 부작용, 그리고 적정 가격이다. 레켐비는 아두헬름보다 부작용을 낮추었지만 일부 유전자형에서 여전히 부작용 발현 빈도가 높은 것으로 드러났다. 가격 저항도 만만치 않다. 약제비가 매년 3300만 원 수준일 것으로 전망하는데 해마다 이런 정도의 의료비를 지출하는 것은 보험의 지원 없이는 불가능하다.

아밀로이드솔루션은 세 가지 방향으로 치료제를 만들고 있다. ① 아밀로이드베타 플러그·올리고머의 생성 억제 및 분해 가능한 치료제 개발, ② 면역 조절을 통해 아밀로이드베타 제거를 활성화하는 치료제 개발, ③ 인지능력 퇴행을 개선하는 치료제 및 동반 진단 기술 개발. 경쟁자에 비해 늦은 행보가 아닌가 싶지만 그렇지 않다.

신약은 18개월 이상 장기 복용할 경우 문제점이 드러나는 사례도 있어 퍼스트 무버first mover라고 유리하지 않다. 신약 시장은 '퍼스트 인 클래스first in class(계열 내 최초)'가 상업적 성공을 거두기도 하지만 많은 경우 '베스트 인 클래스best in class(계열 내 최고)'가 더 성공한다.

# 11.
## 사내벤처로 성공 신화를 쓰다,
### SK엔카의 박성철

2000년 글로벌 생활용품 업체 P&G에서 내놓은 전동칫솔은 회사 내부에서 자체 개발된 상품이 아니다. 가정용품과 목욕용품 시장에서 오랫동안 강자였지만 구강위생관리 시장에서는 힘을 쓰지 못했다. 전동칫솔 분야에 진출하고 싶었지만 전자제품에 경험이 없던 P&G로서는 선뜻 투자하기가 꺼려졌다. 이때 한 외부 발명가에게서 스핀 팝spin pop이라는 막대사탕을 꽂고 자동으로 돌려서 빨아 먹는 전동기 기술을 제공하겠다는 제안이 들어왔다. 경영진은 이 제안을 받아들여 사탕 꽂는 자리에 칫솔을 꽂아 제품을 만들었다. 결과는 대성공이었다. 경쟁사보다 저렴하면서도 성능이 좋은 제품으로 P&G는 구강위생관리 시장의 강자로 떠올랐다.

P&G는 이때의 성공을 일회성 행운으로 여기지 않고 시스템으

로 정착시킨다. 이른바 R&D의 투자 효율을 높이는 오픈 이노베이션이다. P&G는 이후 외부로부터 50퍼센트 이상의 제품 아이디어를 수혈하고 내부 R&D 인력 7500명과 150만 명의 외부 연구조직이 상호 접근이 가능하도록 경계를 허문다. 이로 인해 R&D 생산성은 약 60퍼센트 증가하고 투자비용은 해마다 소폭 감소하는 결과를 낳았다.

기업 내부 팀 주도의 R&D에 막대한 예산을 투입하는 전통적인 혁신으로는 경쟁에서 살아남기 힘들다는 문제의식에서 출발한 오픈 이노베이션은 현재 많은 글로벌 기업들이 새로운 미래 성장동력을 찾는 방법론으로 차용하고 있다. 오픈 이노베이션에는 몇 가지 방식이 있는데 모두 스타트업과 관련이 깊다.

첫 번째는 파트너십&인수합병이다. 대기업이 상호보완적 기술이나 핵심 자산을 보유한 스타트업, 연구소 등과 파트너십을 맺거나 혹은 인수합병하는 방법이다. 구글이 생성형 AI 개발사 앤스로픽에 4억 달러를 투자하며 파트너십을 체결한 후 자사의 클라우드 서비스를 제공함과 동시에 앤스로픽의 일정 지분을 확보한 예는 파트너십의 대표 사례이다. 인수합병은 유튜브, 안드로이드를 들 수 있다. 재미난 사실은 스타트업 안드로이드가 2004년 삼성에게 먼저 접근했지만 삼성은 거절하고 이듬해 구글이 인수했다는 점이다.

두 번째는 재무적 투자FI와 전략적 투자SI이다. 대기업이 출연한 기업벤처캐피털CVC이 미래 성장동력을 확보하기 위해, 혹은 기업의 가능성을 보고 외부 스타트업에 투자한다. 삼성벤처투자, 벤처플라자(현대차), 구글 벤처스, 인텔 캐피털이 대표적인 CVC이다. 재무적 투자는 투자금 회수를 주목적이지만 전략적 투자는 투자금 회수와 함께 모기업과의 시너지 확보, 새로운 사업영역으로 진출하려는 것이 투자 궁극적 목적이다.

세 번째는 제품의 플랫폼화이다. 카카오게임 채널에는 자신들의 게임이 널리 퍼지기를 바라는 공급 측면의 고객(스타트업)과 원하는 게임을 다운로드 받아 사용하고 싶은 수요 측면의 고객이 있다. 두 고객 집단은 직접 거래가 불가능해 플랫폼을 이용해야 한다. 플랫폼 업체의 입장에선 두 부류의 고객 집단을 갖게 되는데 두 고객의 자발적인 거래에 따라 판매 수수료, 이용 수수료, 광고 수수료 등의 수입을 얻을 수 있다. 블록 장난감으로 유명한 레고가 고객이 직접 기획을 제안하면 자신은 제품 생산을 담당하는, 클라우드 소싱 기반의 장난감 생산 플랫폼으로 재탄생한 것도 이 사례의 혁신이다.

마지막은 사내벤처이다. 사내 아이디어 선발이나 프로젝트 팀을 구성해 일정 기간 보육·육성하여 신규 사업화하는 방식이다. 삼성 SDS의 사내벤처 '웹글라이더'로 출발해 1999년 독립한 네이버가 대표적인 예다. 그리고 LG의 인터파크와 더불어 3대 성공 사례로 꼽히는 SK엔카도 사내벤처로 출발했다.

"사내벤처 개발 프로젝트 멤버로 투입되었습니다. … 정말 많은 아이디어가 나왔는데, 그때 제가 인터넷을 이용한 중고차 사업에 대한 비즈니스 플랜을 제출했었어요. 모두 4개의 아이디어가 선정되었는데 그 가운데 제 아이디어가 있었죠."

SK엔카의 창업자 박성철은 산업공학과 81학번으로 대학원을 졸업하고 군을 제대한 후 1989년도에 현 SK(당시 유공)에 입사했다. 평범한 회사생활을 이어가던 그에게 닥친 뜻밖의 시련은 1997년 IMF 구제금융이다. 당시 기업가치가 급락하면서 선임 회장이 사망하고 37세의 젊은 회장이 부임을 하게 된다. 이때 기업가치를 10배 성장시키겠다는 목표 아래 SK가 시도한 것이 신사업 아이디어 발굴 사업이었다. 당시 과장급 애송이에 불과했던 박성철은 정말 고치고 싶었던, 사회의 잘못되고 불편한 관행 하나를 비즈니스 아이디어로 냄으로써 의도치 않게 사내벤처 창업의 길로 들어서게 된다.

## ● 창업하려면 사상범이 되라

2015년 맥킨지 보고서에 따르면 1935년 90년에 달하던 기업의 평균수명이 1958년에 오면 평균 61년으로 줄어들고 1975년에는 30년으로, 1995년엔 22년으로 단축되고 2015년에는 15년으로 감소하고 2027년이면 12년 수준으로 줄어들 것이라고 전망된다. 모토로라, 소니, 코닥, 노키아 등등 영원할 것만 같던 초우량 기업이 시장에서 퇴출되거나 위축된 것은 너무 빠른 외부 환경의 변화에 대응하지 못한 탓이었다. 이에 따라 기업에게는 새로운 시장에 대한 접근과 비즈니스 모델에 대한 전환이 어느 때보다도 빨라야 한다는 압박이 생겼다. 이 압박에서 벗어나는 방법의 하나가 사내벤처 창업이다.

대기업의 풍부한 자원을 활용할 수 있음에도 대부분의 사내벤처들은 다른 스타트업들처럼 실패한다. 실패하면 돌아갈 곳이 있다는 것을 제외하면 모든 조건이 다른 스타트업과 마찬가지이기 때문이다. 오히려 더 안 좋을 수도 있다. 정해진 기간 내에 성과가 보이지 않으면 기업 입장에서는 인력을 다른 중요 부서에 배치하고픈 유혹을 느낀다. 사내 창업은 스피드가 생명이다. 박성철 창업자는 여기에 몇 가지 이유를 더 덧붙인다.

> "비즈니스 플랜을 작성하긴 했지만 실행에 옮기는 건 또 다른 영역이잖아요. … 그런데 보수적인 대기업 집단이 비즈니스를 론칭하는 데 석 달밖에 주지 않는 거예요. 이유가 있었지요. 실리콘밸리에서 온 유명한 교수가 SK 회장과 모든 임원 앞에서 '3 months from idea to business'라고 강의했던 거죠."

인터넷 기반 비즈니스가 우후죽순으로 쏟아지는 만큼 누구보다 먼저 아이디어를 사업으로 연결시켜 퍼스트 무버가 되어야 투자받기가 쉽고 그 힘을 받아 시장점유율까지 높일 수 있다는 논리였다. 명확한 투자처가 확보되어 있던 그로서는 날벼락 같은 지시였다. 당시 SK는 석유회사로 돈은 있었지만 인터넷 기반 기술이나 인재는 없었던 탓이다. 그 역시 입사 후 줄곧 물류팀과 송유관 운영팀에서만 근무했던 터였다.

그는 회사 측에 석 달에서 딱 열흘만 더 달라고 요구하고 100일의 기한을 받아낸다. 8명의 TF 팀을 꾸려 웹페이지와 오프라인 매장을 만들고 프로세스와 시스템을 설계해 첫 고객을 맞는 데까지 딱 100일이 걸렸다. 팀원 모두 미친 듯이 일한 덕이었다. 하지만 본격적인 사업이 시작되고부터는 더 바빠지고 만다. 밤 12시에 퇴근하는 일이 다반사로 일어났다. 일반 스타트업과 다를 바 없는 행보였던 것이다.

사내벤처로 시작한 SK엔카는 중고차 매매시장에 혁신을 불러왔다. 사고 여부, 주행거리 조작 여부, 외관 교체 여부, 각종 옵션 유무 등등 105개의 체크리스트로 평범한 구매자가 육안으로 확인하기 어려운 중요 부품의 상태를 전문 평가사가 진단하고 허위 매물과 사기 거래를 막는 제도까지 도입하면서 중고차 시장의 투명성을 높인 것이다. 이와 같은 혁신으로 SK엔카는 2007년 설립 7년 만에 첫해 매출의 1000배 이상을 달성하는 기업으로 성장했다.

하지만 현재 SK는 중고차 시장에서 철수한 상태이다. 중고차 매매가 중소·중견기업 적합 업종으로 규제되면서 시장점유율을 3퍼센트 이상으로 확대할 수 없는 한계가 오자 온·오프라인 사업을 각각 매각했다. 온라인 부문인 엔카닷컴은 호주에서 동일한 사업을 하고 있는 카세일즈닷컴에 매각했다. 수천 대의 중고차를 팔던 직영 네트워크는 사모펀드 한앤컴퍼니에 매각했는데 한앤컴퍼니는 오프라인 영업망을 '케이카K-car'로 리브랜딩하고 웹페이지를 새로 개설해 중고차 매매를 운영하고 있다. 박성철 창업자에 따르면 케이카는 2022년 1조 2000억 원에 상장했고 상장을 준비하는 엔카닷컴은 유니콘 대우를 충분히 받을 것으로 보인다고 한다. 또 엔카의 해외 사업부는 오토위니라는 독립법인으로 분사해 업력 10년에 이르는 중고 자동차 수출 플랫폼 기업으로 성장했다.

SK C&C의 임원으로 복귀한 박성철 창업자는 다시 창업에 도전할 생각은 없다고 말한다. 그러면서 그는 사내벤처의 장단점을 이렇게 요약한다.

"대기업 브랜드를 달고 있으니 거래처를 만날 때 유리합니다. 그리고 자금적으로도 안정적이죠. 단점이라면 돈은 못 버는데 돈만 들어가니까 무시를 많이 당합니다. 승진에 유리하지 않으니 회사 내 유능한 친구들은 잘 오려고 하지도 않습니다. 또 대기업 프로세스가 아무래도 신중한 편이다 보니 부딪치는 일도 많아요. 그러니 무엇보다 (비즈니스) 자세가 유연해야 합니다."

창업을 준비하는 후배들에게 그는 다음과 같이 당부한다. "(옛날과 달리) 사내벤처가 아니어도 창업 환경이 좋아진 만큼 많이들 도전했으면 합니다. 창업하려면 무엇보다 '좋은 비즈니스 플랜'과 '좋은 팀'이 있어야 해요. 하지만 이 두 개는 쉽게 만들어지지 않아요. 그때는 이 두 가지가 있는 스타트업에 편승하는 것도 좋은 방법이

에요."

   끝으로 그는 "창업하려면 사상범이 되라"는 말을 잊지 않는다. 돈을 벌고 싶다는 목적이 아니라 사회의 무언가를 바꾸고 싶다는 의지가 사업을 이끌어가는 원동력이기 때문이다. "SK엔카도 혼탁한 중고차 시장을 투명하게 만들겠다는 의지가 있는 사람들이 (팀으로) 모였습니다." 자신이 믿는 바를 종교처럼 따르는 사상범들처럼 세상을 바꾸고 싶은 사람들만이 눈앞의 이득을 무시하고 당장 돈이 되지 않는 스타트업에 뛰어들 수 있다며 그는 자신의 창업 스토리를 마무리 짓는다.

# 12.
# 그린 유니콘을 꿈꾸는 전문가 집단,
## —————————— 어썸레이의 김세훈

2019년 7월 대한민국은 무역을 무기로 내세운 전쟁을 겪었다. 일본 경제산업성이 반도체 및 디스플레이 제조에 필요한 핵심 소재의 수출을 제한하기로 한 것이다. 수출을 금지한 3개 품목은 반도체 생산에 필수적인 소재였다. 모건스탠리는 소재·부품·장비(이하 소부장) 수출 제한이 가져온 충격을 반영해 2020년 한국의 성장률 전망치를 2.2퍼센트에서 1.8퍼센트 낮추기까지 했다. 소부장은 '원자재→중간재→완제품'으로 이어지는 생산구조에서 '중간재'에 해당한다. 완성품이나 소비재가 아니어서 일반인이 중요성을 체감하기는 쉽지 않지만 소부장은 완제품 시장의 승자와 패자를 가르는 게임 체인저이다. 2019년 공급망 위기는 소부장의 중요성을 일반 대중에게도 새삼 각인시키는 계기가 되었다.

소부장은 제조업의 허리이자 경쟁력의 핵심 요소다. 고성능 2차 전지를 만드는 기술이 전기자동차의 대중화를 가져온 것처럼 신제품 개발을 촉진하고 제조업을 혁신하는 도구이기도 하다. 소부장은 반도체, 디스플레이, 2차전지, 자동차 등 신산업의 뿌리이면서 기술 경쟁의 근간이다. 이 부분에서 스타트업이 많이 시도되어야 나라 경제가 튼튼해진다. 특히 소재 영역은 최초 개발에서 사업화까지 수십 년이 걸리기도 하고 가격 변동이나 공급망 위기가 닥쳤을 때 완벽한 대체재를 찾기가 쉽지 않은 특징이 있다. 어썸레이는 우리가 그동안 좀처럼 만나기 힘들었던 소재 부문의 스타트업이다.

막 생산된 철강은 두께를 엑스레이로 측정한다. 일반 장비로는 열을 견디지 못하기 때문이다. 엑스레이도 만능은 아니다. 측정 부품이 고열에 노출되니 열을 막아줄 특수 소재가 있어야 하고 엑스레이 자체에서 발생하는 열을 식히기 위해 별도의 냉각기(팬)도 필요하다. 문제는 또 있다. 성인 팔뚝 두께의 엑스레이 발생장치는 크기가 너무 커 건물 공조장치에 연결하기 어렵고 엑스레이를 뿜어내기 위해선 높은 전압을 걸어야 했다. 국내 철강업계는 그동안 이 문제를 일본 소부장 기업에 의존해 왔다. 대체재가 등장한 것은 2018년이다.

어썸레이는 탄소나노튜브로 문제를 해결했다. 탄소나노튜브는 나노미터(10억 분의 1) 크기의 6각형 탄소 구조체이다. 초경량, 고강도인 데다 전기 전도율이 좋아 구리 대체재로 주목을 받았지만 지금까지 누구도 탄소나노튜브를 밀리미터 이상의 길이로 뽑아내는 데 성공하지 못했다. 어썸레이는 육안으론 미세한 가루일 뿐인 탄소나노튜브를 머리카락 형태의 섬유로 만들어내는 원천기술을 갖고 있다. 섬유탄소나노튜브가 엑스레이 발생장치의 필라멘트를 대신하면서 에너지 소모량을 줄었다. 전압은 자외선 살균기 수준인 4.5kV이면 충분했다. 냉각기도 필요 없어졌다. 어썸레이가 개발한 초소형 엑스레이 발생장치는 100원 동전 크기만 하다. 그래서 회사명이 어썸한awesome 레이X-ray이다.

2018년 재료공학 박사 학위자 네 명으로 시작한 스타트업은 20년 동안 엑스레이 제조 분야에서 전문성을 쌓은 사람들이 결합했고 2022년에는 40여 명으로 불어났다. 앞으로도 계속 인원을 보강할 예정이다. 2020년 환경부는 어썸레이를 그린뉴딜 유망기업 1호로 선정했다. 어썸레이는 탄소나노튜브 소재는 물론 차세대 엑스레이를 활용해 산업 전반에 활용될 수 있는 부품과 장비까지 만드는 스타트업으로 스케일업했다. 말 그대로 소재와 부품과 장비 모두를 생산하는 소부장 기업이 된 것이다. 창업 3년 만에 스타트업의 성장을 뜻하는 J커브 곡선을 경험한 어썸레이는 그린 유니콘을 꿈꾸며 달려가고 있다.

CEO를 맡고 있는 김세훈에게 어썸레이는 네 번째 창업이다. 졸업 후 15년 동안 전공과 무관한 곳을 돌며 스타트업을 진행하던 그는 서울공대 탄소나노재료설계연구실에서 탄소나노튜브를 실처럼 합성하는 데 성공했다는 소식을 듣게 된다. 섬유고분자공학과와 금속공학, 무기재료공학과가 재료공학부라는 이름으로 통합되기 전

섬유고분자공학을 전공한, 마지막 세대에 해당하는 그는 여기에서
상업화의 가능성을 읽는다.

"(재료공학은 섬유보다 현대적이고 수요가 더 많은 물질에 포커스를 맞춘 학문이라)
탄소와 섬유 제작 모두에 지식을 갖고 있는 사람은 거의 없습니다. 서
울대도 섬유고분자공학이 재료공학으로 통합되면서 섬유 관련 과목이
사라졌습니다. … 탄소는 알아도 섬유에 대한 배경지식은 없는 경우가
대부분인데 이런 희소성이 우리 팀의 장점이 되었죠."

학과 통합이 전화위복으로 돌아온 것이다. 그는 탄소나노튜브섬
유와 그 섬유로 만든 엑스레이를 창업 아이템으로 잡았다. 탄소나
노튜브와 엑스레이는 그가 박사학위를 취득하는 동안 모두 전공했
던 영역이다.

스타트업 업계를 돌며 쌓아놓은 네트워크와 함께 기술력을 인정
받은 덕에 초기 1차와 2차 투자금 확보는 어렵지 않았다고 김세훈
CEO는 말한다. 하지만 스타트업 생태계에서 투자를 받는 일은 인
적 네트워크와 기술력에 상응하여 돌아가지 않는다. 생각지도 못한
여러 변수가 끼어든다. 예컨대 그는 세 번째와 네 번째 투자는 유치
가 매우 어려웠다고 말한다. 각각 코로나19 팬데믹과 글로벌 경제위
기라는 외부 상황과 맞물렸기 때문이다.

"특히 4차 투자는 글로벌 경제위기로 스타트업 업계 전체에 한파가 불

어닥쳐 더더욱 힘들었습니다. 약 10개월에 걸쳐 수십 군데의 투자사와 미팅을 했고 2022년 10월에 마무리했습니다. 설비투자가 필요한 제조업의 경우 자금이 조달되지 않으면 제품을 생산할 수 없기에 사업 진행이 어렵지요."

이뿐만 아니다. 원천기술이나 특허를 갖고 있거나 기술이 뛰어나다고 해서 그것이 바로 시장에서의 우위로 이어지는 것도 아니다. 기술기반 창업을 하는 공학도들은 이 부분을 많이들 간과한다. 1970년대에서 1980년대 중반까지 이어졌던 비디오 포맷 전쟁에서 기술적으로 뛰어났던 소니의 베타맥스가 마쓰시다의 VHS에 처참하게 깨진 사례가 있다. 연구와 사업은 그만큼 다르다. 어썸레이의 창업 과정을 따라가며 이들이 어떻게 준비했는지를 보자.

## ● 기본에 충실하라

"공대에서 창업 강의를 하다 보면 학생들이 특허 한 건 들고 와서 준비가 다 되었다고 말하곤 합니다. 기술을 만드는 것과 그것을 사업화하고 경영하는 일은 완전히 다른 일인데 기술 배경을 가진 분들은 경영 능력을 무시합니다. 그러면 다시 말합니다. 정말 사업화할 가치가 있는 특허인지 특허맵을 그려보고 그것을 사업화할 경영학적 지식과 기술을 보유했는지 확인하고 다시 오라고 말입니다."

특허맵은 각각의 기술마다 특허 관계가 어떻게 이루어져 있는지 일목요연하게 시각적으로 표현한 지도를 말한다. 기본특허에서 시작해 개량, 응용특허나 도입특허, 장벽특허, 출원자, 기술분류 등을 정리하는 데 한 번 만들어두면 매우 유용하다. 타사의 특허를 침해하는 제품을 출시함으로써 생기는 마찰을 방지할 뿐만 아니라 지식재산권을 보유하고 제3자의 진입을 허용하지 않는 특허망을 구축하는 데 효과적이며 산업 동향, 라이벌 기업 동향을 명확하게 표시해 연구개발과 사업전략을 수립하는 데 있어 필수적이다.

실제로 그는 사업자 등록을 하기 전 진출하고자 하는 영역에 경쟁사가 있는지, 혹 롤모델로 삼을 만한 소부장 기업은 없는지를 살피면서 특허맵을 꼼꼼히 그렸다. 소부장에서 그가 롤모델로 삼을 만한 기업은 없었다. 대부분 부품이나 장비를 공급받아 대기업에 납품하며 이윤을 창출하는 카피캣들이었다. 탄소나노튜브와 엑스레이로 그가 구상하는 사업엔 경쟁사가 따로 없는 사실상 퍼스트 무버였다. 시장조사가 필요 없는 블루오션이라는 판단이 선 그는 곧바로 공동창업자들과 함께 특허 분석에 들어갔다.

해당 영역과 관련된 특허가 빼곡히 쌓였다면 상업화가 가능한 시장도 포화 상태일 것이라 판단했다. 탄소나노튜브와 엑스레이와 관련된 특허 1000여 건을 살피며 빈 영역을 찾아나가며 사업의 방향성을 그려나갔다.

김세훈 CEO는 공동창업자들과 함께 1년 만에 특허맵을 완성했다. 산업 동향을 파악하고 경쟁력을 확인했으니 남은 일은 창업에 필요한 주요 기술을 어썸레이의 것으로 채우는 일이었다. 이들은 창업 초기부터 특허 출원에 공을 들였다. "핵심 특허 5건은 특허분쟁에 강한 법무법인 광장에 맡겼고 나머지 특허는 법인 4곳에 맡겼습니다. 초기 특허 투자에만 2억 원을 썼습니다." 어썸레이는 현재까지 소재·부품 관련 특허 11건을 등록했고 미국과 대만 등 해외에도 7건의 특허를 등록한 상태이다.

어썸레이가 개발한 초소형 엑스레이는 의료용 진단장비에서부터 클린룸 공정에 쓰이는 등 적용 분야가 무궁무진하다. 특히 스마트 공기 살균·정화 장치는 일반 소비자들의 큰 호응을 이끌어낼 수 있다. 스마트 공기 살균·정화 장치는 차세대 극자외선EUV과 연질 X선 광원을 이용해 미세먼지, 세균, 바이러스 등을 광이온화시킨 뒤 집진부에 있는 전기 집진판에서 이온화된 오염물을 흡착한다. 집진판이 필터 역할을 하기 때문에 필터가 필요 없다. 집진판을 1년에 한두 번 세척하는 것만으로 반영구적으로 사용할 수 있다. 특히 창문을 열지 않고도 환기가 가능해 냉난방 효율을 높인다는 점과 UV를 사용할 경우 발생하는 오존도 전혀 일어나지 않는 장점이 있다.

현재 어썸레이의 환기장치는 KOTRA 본사 9층, 이지스자산운용의 오투타워, 공유 오피스 디캠프, 공유 주거공간 맹그로브의 라운지 등에 설치되어 있다. 어썸레이는 향후 해수 살균, 보안·산업용 검사 영상, 의료용 영상 등으로 사업영역을 확장할 계획이다.

김세훈 대표는 기술창업을 희망하는 후배들을 향해 기술창업은 결국 회사가 보유하고 있는 기술력과 전략에서 판가름 난다고 말한다. 학부 졸업 수준으로는 살아남기 어려운 곳이 기술기반 창업 세계임을 강조하며 박사학위를 취득하지 않았다면 박사급 인력을 보유해야 하고 박사급 인력과 커뮤니케이션이 될 수준으로 전문성을 갖춰야 한다고 당부한다. 반대로 박사학위를 받은 연구자라면 경영에 관한 공부가 되어 있어야 한다는 말을 남긴다. 종합대학의 장점을 살려 대학원을 다닐 동안 수강이나 청강을 해도 되지만 스타트업에서 인턴이든 취업이든 직접 경험을 쌓는 것이 가장 좋은 방법이라고 강조한다. CEO 자신이 15년 동안 직접 경험한 방법이다.

# 13.
## 디자인하우스 업계의 절대강자,
## 세미파이브의 조명현

스마트폰 안에 반도체가 몇 개나 들어갈까? 어디까지 반도체인지 정의하기가 쉽지 않지만 정답은 '아주 많다'이다. 메모리반도체 2개(D램, 스토리지)를 제외하면 나머지는 모두 시스템 반도체이다. AP, PMIC, DDI, CIS, NFC, SIM, 자이로센서 등등 주요 기능을 하는 것들만 추려도 30여 개가 넘는다. 반도체의 80퍼센트는 시스템 반도체로 구성되어 있다. 나머지 20퍼센트는 광반도체, 개별 소자, 그리고 우리에게 익숙한 메모리반도체이다.

메모리 분야는 한국이 절대강자다. 휘발성 메모리인 D램은 70퍼센트 이상, 비휘발성 메모리인 낸드플래시는 50퍼센트 가까이 장악하고 있다. 하지만 시스템 반도체로 오면 양상이 달라진다. 한국이 세계 시장에서 차지하는 비중은 3퍼센트 수준에 불과하다.

반도체 시장에서 시스템 반도체의 몫을 키워야 하는 이유가 몇 가지 있다. 일단 시스템 반도체 시장의 크기가 메모리반도체의 그것보다 대략 1.5배가 더 크다. 세계반도체시장통계기구WSTS에서 2022년 기준 시스템 반도체는 3456억 달러, 메모리반도체는 1344억 달러 규모로 파악했다. 이 차이는 더 커진다. 2025년이면 시스템 반도체는 4773억 달러가 될 것으로, 메모리반도체 시장은 2205억 달러 규모로 커질 것으로 전망했다. 4차 혁명 시대를 맞아 시스템 반도체 수요가 PC와 모바일을 떠나 자동차, 로봇, 에너지, 바이오, 가전제품 등 산업 전반으로 확산되기 때문이다.

여기에 시스템 반도체 시장은 이윤을 안정적으로 창출할 수 있다는 장점이 있다. 수요자 요구에 맞춰 제품이 생산되는 주문형 방식이기 때문이다. 메모리반도체 시장은 대량생산 후 판매하는 방식이라 공급과 수요의 불일치가 발생하면 가격이 한순간에 폭락한다.

메모리반도체는 대규모 시설 투자를 필요로 한다. 한 제품을 만들려면 적어도 300~400개의 공장이 필요하고 수천 명의 엔지니어가 동원되어야 한다. 최소 30조에서 50조 원의 투자가 뒷받침되어야 한다. 건설 도중 인플레까지 덮치면 그야말로 돈 먹는 하마가 된다. '반도체 업계 치킨 게임'이라는 제목의 기사가 떴다면 반도체 업계 전반이 아니라 막대한 자본이 들어가는 메모리 업계가 치열한 생존 다툼을 벌이고 있다는 이야기다. 인텔이 일본과의 경쟁에서 적자를 견디지 못하고 1985년 D램 사업에서 철수한 사례가 있다. 이후 인텔은 기술장벽이 높은 시스템 반도체로 옮겨갔다. 일본 역시 우리와 치킨 게임을 벌이다 2010년 지리멸렬하고 말았다. 시스템 반도체를 키워야 하는 마지막 이유는 이것이다. 이런 일은 우리에게도 일어날 가능성이 있다.

시스템 반도체는 정보 처리, 논리와 연산, 제어 기능을 목적으로 하는 반도체이다. 따라서 다양한 제어 기술을 하나로 통합하고 복잡한 회로 구성을 단순명료하게 구현하는 것이 핵심이다. 회로가 엉켜서도 안 되고 오작동이 일어나서도 안 된다. 또 시스템 반도체는 종류가 너무 많아 어느 한 기업에 의해 독점적인 지배가 불가능하다. 주문 후 생산방식이라 대규모 자본을 투입할 필요도 없다. 딱 중소벤처형 사업구조를 갖고 있다고 할 것이다.

현재 우리나라 시스템 반도체 분야는 유망 기술을 기획 개발하려는 정부와 민간의 노력이 합쳐져 디스플레이 구동 칩, 이미지 센서 등의 일부 품목에서 성과가 있었다. 하지만 전반적으로 경쟁력이 미흡하고 생태계의 다양성도 부족한 편이다. 막대한 자본이 들지 않는다는 장점이 있지만 세트업체(각종 전기전자 부품을 이용해 가전제품이나 자동차 등의 완성품을 조립하거나 주요 부품을 제작하는 기업)의 요구를 충족시킬 수 있는 설계기술과 고급인력이 있어야 하기 때문이다. 한마디로 시스템 반도체 스타트업의 성공은 인재의 역량에 달렸다. 우리가 세미파이브를 주목하는 이유이다.

조명현 CEO는 전기전자학부를 졸업하고 네트워크 보안기술 스타트업 파이오링크에서 병역 특례로 3년을 근무한 후 MIT 전기전자컴퓨터공학부에서 CPU 설계에 대해 연구하며 석박사 학위를 받았다. 일찍부터 창업에 관심이 많아 대학원에 있을 때부터 몇몇 창업 프로젝트에 활동하기도 했지만 졸업 후 바로 창업을 시도하지는 않았다. 기술이 어떻게 가치로 이어지는지 전반적인 과정을 알아야겠다는 생각에 보스턴컨설팅그룹에 입사해 전략 컨설턴트로 5년을 활동했다. 반도체산업과 기업들의 기술전략, 사업전략 등을 면밀히 관찰하던 그는 마침내 기회가 왔다고 판단해 1년의 준비 과정을 거친 후 2019년 세미파이브를 창업하기에 이른다.

"앞으로 하드웨어적으로 획기적인 기술 개발은 어렵습니다. 커스터마이징(주문제작)으로 산업이 발전할 겁니다. 테슬라, 애플, 구글이 이미 자사 칩을 이렇게 만들고 있어요. 그 때문에 예전 소프트웨어 개발이 진화했듯이 반도체 설계 영역 역시… 쉽고 빠르게 반도체를 커스터마이징할 수 있는 플랫폼이 필요하다고 생각했죠. 세미파이브의 목표예요."

세미파이브는 국내 최대의 디자인하우스이자 삼성전자의 디자인솔루션 파트너이다. 시리즈B까지 진행된 세미파이브의 누적 투자금액은 2400억 원이다. 투자금융업계는 세미파이브의 기업가치를 7000억 원대로 추정하고 있다. 세미파이브는 2025년 1조 원을 목표로 상장을 준비하고 있다.

## ● 디자인하우스는 파운드리 산업의 경쟁력이다

빌딩 건설 현장에 가면 건물 조감도를 볼 수 있다. 조감도를 보면 빌딩이 최종적으로 어떤 모양으로 지어지게 될지 알 수 있다. 그러나 실제 건설 현장은 대량의 설계도를 바탕으로 지어진다. 예컨대 건물의 위치와 방향, 도로와의 관계, 출입구와 진입 방향을 표시한 배치도가 있고, 건물의 평면 상태를 보여주는 평면도가 있다. 내부 구조를 명료하게 보여주기 위해 건물을 수직으로 잘라낸 단면도, 건축물의 외면 각부의 형태나 창의 위치, 마감 방법을 표현한 입면도가 있으며 층수에 따라 각각 다른 설계도, 인테리어 마감 설계도 등도 있어야 한다.

반도체도 마찬가지다. 크게 반도체 칩을 설계하는 팹리스와 위탁생산을 담당하는 파운드리로 나누어지지만 팹리스가 설계도를 건네자마자 파운드리가 바로 생산할 수 있는 것이 아니다. 많은 경우 팹리스의 설계도는 제조공정과 완전히 동떨어져 있다. 마치 건축주의 이해를 돕기 위해 건물의 구조와 색감 등을 완성작에 가까운 형태로 표현한 투시도와 조감도 등의 1차 설계안과 비슷하다고 보면 된다.

파운드리 업체가 팹리스의 설계도를 직접 재설계를 하는 경우도 있지만 이는 대량 주문을 받았을 때다. 시스템 반도체는 다품종인 데다 소량이기에 파운드리는 생산공정을 어떻게 개선할 것인지에 모든 역량을 집중한다.

팹리스 입장에서도 제조를 위한 설계도면을 건네주는 데 한계가 있다. 어떤 파운드리 업체에 맡길 것인가에 따라 설계도면이 달라지기도 하지만 칩을 개발할 때마다 제조용 설계도면을 따로 만드는 것은 비효율적이기 때문이다. 제조용 설계도면을 그리는 일에는 수많은 레퍼런스와 노하우가 필요하고 기존 설계 자산까지 풍부하게 갖고 있어야 하기 때문이다. 인텔, 퀄컴, 엔비디아와 같은 초대형 팹리스 업체라면 모를까 규모가 작은 수많은 팹리스 업체는 이를 갖추기가 불가능하다. 이런 팹리스의 고민을 해결해주며 파운드리 사이를 연결하는 반도체 기업이 디자인하우스이다.

디자인하우스는 파운드리 업체의 생산공정에 맞추어 팹리스의 설계도면을 실제 제조를 위한 설계도면으로 다시 디자인해준다. 팹리스가 조감도와 비슷한 칩 설계도를 그리면 디자인하우스는 조감도와 동일한 건물을 건설하기 위해 어떤 외장재를 선택할 것인지, 어떤 방식으로 설치할 것인지 등등을 고려해 팹리스의 설계를 상세하게 재설계한다.

디자인하우스는 단순히 디자인 작업만 진행하지 않는다. 팹리스가 설계한 도면에 오류가 없는지 설계 검증 작업을 수행하고 복잡한 설계도면을 통합하기도 한다. 이후 반도체 칩 제조공정을 위한 제조용 설계에 들어가게 되는데 특히 제조공정 중 칩에 각종 회로 패턴을 형성하는 포토 공정용 마스크를 제조하고 칩이 최종적으로 어떻게 구현되어야 하는지, 성능 테스트는 어떻게 진행할지 등도 디자인한다.

반도체산업 초기에는 디자인하우스가 전혀 필요하지 않았고 개념도 없었다. 1980년대에만 해도 팹리스가 제조가 가능한 설계도면을 직접 제작해 파운드리에 넘겼다. 하지만 반도체가 더욱 복잡해지고 팹리스와 파운드리가 더욱 활발히 분리됨에 따라 디자인하우스가 만들어졌다.

디자인하우스는 팹리스의 설계를 재설계하기에 팹리스와 가까운 관계일 것 같지만 그렇지 않다. 오히려 파운드리와 매우 밀접하다. 디자인하우스는 팹리스가 갖고 온 설계도면을 제조공정에 맞추어 재설계한다. 제조공정은 파운드리 업체마다 다르다. 파운드리 업체에게는 영업 비밀에 해당한다. 디자인하우스는 파운드리 업체의 영업 비밀을 바탕으로 칩의 재설계를 진행하는 것이다. 디자인하우스의 설계 능력에 따라 파운드리 업체의 생산성도 달라진다. 따라서 디자인하우스와 파운드리 업체는 하나의 생태계로 묶여 있다. 팹리스 기업이 특정 칩 제조를 파운드리 업체에게 위탁할 경우 반드시 해당 파운드리와 깊은 관계를 맺고 있는 디자인하우스를 거쳐야 하기 때문이다.

디자인하우스의 설계 역량은 파운드리의 생산성과 직결되기에 파운드리 업체의 경쟁력은 디자인하우스 생태계를 얼마나 잘 구축했는가에 달렸다. 파운드리 업체의 역량이 비슷하다면 승부는 디자인하우스의 역량에서 나오기 때문이다. 파운드리 업계 1위인 대만의 TSMC의 경우 VCAValue Chain Aggregator라고 불리는 역량이 뛰어난 디자인하우스 집단이 있다. TSMC에게 칩 생산을 맡기면 반드시

VCA 안에 속하는 디자인하우스를 만나는 구조이다. VCA는 세계 곳곳에 있다.

파운드리와 디자인하우스는 단순 협력사 관계가 아니다. 설계기술 개발을 함께 하기도 하며 지적재산권도 공유한다. 예컨대 VCA에 속하는 대표적인 디자인하우스 GUC의 최대주주는 TSMC이다. GUC의 시가총액은 1조 원이 넘으며 연간 매출액은 5000억 원으로 추정한다. 시스템 반도체 중 통신용 반도체와 가전용 반도체를 매우 빠르게 완성하는 역량을 갖고 있다.

파운드리 사업을 늦게 시작한 삼성의 경우 디자인하우스 생태계가 현격히 부족하다. 파운드리 부문에서 TSMC가 53퍼센트의 시장점유율을 보이는 것에 비해 삼성은 18퍼센트만을 차지하고 있다. 삼성이 TSMC에게 뒤처지는 원인 가운데 하나는 아직 TSMC만 한 디자인하우스 생태계를 구축하지 못했기 때문이다. 삼성이 세미파이브를 주목하는 이유가 여기에 있고 세미파이브의 성장 가능성도 여기에 있다.


## ● 디자인플랫폼, 누구나 반도체를 만드는 세상을 열다

세미파이브는 디자인하우스이면서 세계 최초의 '반도체 디자인 플랫폼' 기업이다. 반도체 디자인플랫폼은 시스템 반도체를 더 효율적으로 설계한다. 예컨대 고객이 레고로 무엇을 만들고자 할 때 기존의 디자인하우스는 레고 블럭부터 디자인해야 했다면 세미파이브는 미리 준비해놓은 다양한 레고 블럭을 조립하기만 하면 된다. 특정 애플리케이션을 통해 다수의 고객이 요청할 것으로 예상되는 설계도를 미리 파악하고 공통적으로 재사용이 가능한 부분을 미리 만들어 설계자산과 같이 플랫폼에 구비하고 있기 때문이다. 현재까지 계산한 것에 따르면 기존의 설계비용과 소요시간을 모두 50퍼센트 이상 감소시킨 것으로 파악되었다.

조명현 CEO는 디자인하우스와 디자인플랫폼을 명확히 구분한다. 그는 세미파이브를 한마디로 이렇게 정의한다. "누구나 반도체를 쉽게 만들 수 있는 판을 깔아주는 회사입니다." 기존의 디자인하우스가 반도체를 파는 회사들을 도와주는 역할에서 그쳤다면, 디자인플랫폼 세미파이브는 자신들이 디자인한 반도체를 팔면서 (반도체 기업이 아닌) 일반 고객사의 요청에 맞게 커스터마이징해준다. 반도체에 대해 전혀 몰라도 아이디어만 제시하면 원하는 칩을 만들어줄 수 있다. 세미파이브가 선도한 이 변화는 현재 다른 디자인하우스들도 모방하는 추세이다. 경쟁자의 등장을 그는 이렇게 말한다.

"세미파이브가 (플랫폼을) 시작했을 때만 해도 다들 피지컬 임플리멘테이션에 중점을 두지 않고 그 외의 설계단에 들어가거나 칩의 스펙을 결정하는 일은 매우 위험하다고 했습니다. … 흐름이 바뀌면서 보람을 느껴요. 경쟁자가 나타나지 않았다면 '내가 뭔가 잘못 생각하고 있나?'라고 했을 겁니다."

예전에는 기업들이 인텔, 엔비디아, 퀄컴 같은 회사들이 만들어
준 칩을 사용했다. 전문회사에서 만드는 칩이 계속해서 발전해왔기
때문이다. 기업 입장에서는 잘 모르는 반도체에 군이 투자를 해서
직접 칩을 생산할 유인이 없었다. 이제 시장이 달라졌다. 제품을 차
별화하기 위해선 자신만의 칩을 만들 필요가 생긴 것이다. 반도체
시장에 새로운 수요가 생겨나고 있었고 조명현 CEO는 정확히 그
길목을 바라보았다.

그는 창업을 하면 죽을 때까지 알 수 없는 시각을 얻을 수 있다
고 말한다. 굉장히 임팩트가 큰 매력이지만 (책이나 강연을 통해선 전혀
알 수 없고) 오직 창업을 통해서만 느낄 수 있다고 강조한다. 하지만
그는 스스로를 리스크 측면에서 매우 보수적인 사람이라고 평가한
다. 창업할 만한 상황을 여러 번 마주했었음에도 실행에 옮기지 않
았다고 고백하며 창업에 신중할 것을 권유한다.

"제가 생각하는 이상적인 발전 방향이 시장과 일치해서 미래에 대한
확신이 있었습니다. 눈앞에 명확한 기회가 왔는데 창업하지 않는다는
게 맞겠냐는 생각이 들었죠."

사회적으로 창업 분위기가 확산되었다거나, 남들이 하는 것이
좋아 보인다고 창업에 뛰어들지 말고 스스로에 대해 먼저 파악할

것을 권유한다. 자신을 움직이는 것이 무엇이고 그것이 창업과 어떻게 연결될 수 있는지 공부를 하다 보면 그 과정에서 답을 찾을 수 있을 것이라고 말이다.

# 14.
# 아직 만개하지 않은 핀테크 기업,
##                              두나무의 송치형

2022년 재계를 깜짝 놀라게 만든 소식이 있었다. 가상자산 거래소 업비트와 증권거래 정보 서비스인 증권플러스를 운영하는 비상장기업 두나무가 대기업으로 지정된 것이다. 자산 총액이 10조 원을 훌쩍 넘겼기 때문이다. 업력 10년 만의 일이었다. "돈나무가 된 두나무"라고 호들갑을 떠는 언론도 있었고 금융업으로 인정하지도 않으면서 어떻게 대기업으로 지정할 수 있냐는 비판도 있었다. 논란과는 별개로 두나무는 가상자산 시장이 위축된 2023년 자산 총액이 7조 원으로 졸아들며 준대기업인 공시대상기업집단으로 재분류되었다. 고객 예탁금이 줄어든 탓이었다.

불과 1년 사이에 일어난 일에서 주목해야 할 것은 한 가지다. 공정거래위는 자본과 부채를 합친 자산 총액을 기준으로 매년 대기업

집단을 지정한다. 여기서 금융·보험업의 경우 자본 총액 또는 자본금 중 큰 금액을 기준으로 정하는데 전통적으로 고객 예탁금은 부채로 생각하기에 자산에서 뺀다. 전통적인 관점이라면 두나무는 처음부터 대기업 지정에서 빠졌어야 했다. 두나무를 금융·보험업으로 분류하지 않았기에 고객 예탁금까지 자산에 포함시켰던 것이다. 사실 가상자산 시장에서 두나무가 하는 일은 증권거래소와 비슷하다.

최초의 증권거래소는 17세기 초 네덜란드에서 출현했다. 이 최초의 자본조달 시장은 상인들 사이의 신용을 바탕으로 오랜 시간에 걸쳐 만들어졌다. 이를 모방한 영국, 미국 등에서는 정부의 개입과 법을 토대로 증권거래소가 공식적인 구조를 갖추기까지 수십 년이 걸렸다. 이에 반해 비트코인이 등장하며 가상화폐 시장이 정부의 지침 없이 자체적인 구조를 구축하기까지는 불과 몇 달이 걸리지 않았다. 현재 두나무는 '블록체인 기반 암호화 자산 매매 및 중개업'으로 분류되어 있다. 금융업인 듯, 또 아닌 듯 보이기도 하는 이 분류는 산업의 빠른 변화를 법이 따라가지 못한 대표적인 사례이다.

가상자산거래소와 증권거래소는 세부적으로는 몇 가지 차이가 있다. 주식시장은 금융투자회사(채널)-한국거래소(거래 체결)-한국예탁결제원(실물 보관)으로 권한이 분산된 구조인 데 반해 가상자산 시장은 거래소가 중개를 비롯해 상장, 예탁, 매매, 결제 등 거의 모든 기능을 단독으로 수행한다. 증권거래소는 모든 유가증권이 한국거래소 한곳에서 유통되는 구조이지만 가상자산거래소는 서로 독립적으로 운영된다. 이로 인해 동일한 코인이 상장되어 있을지라도 거래량이 달라 거래소마다 코인 가격이 달라진다. 또 가상자산거래소는 개장과 폐장 시간이 따로 없이 매일 24시간 365일 운영되는 특징도 있다.

무엇보다 가상자산 시장은 규제의 사각지대에 있어왔다. 2021년 특정금융정보법이 개정되면서 가상자산사업자 신고제가 도입되고 자금세탁방지 중심의 가상자산 규제 체계가 마련되었지만 그러는 동안에도 폰지 사기와 닮은 테라-루나 사태가 일어나고 세계 최대 가상자산거래소였던 미국의 FTX가 파산하는 등 시장 전반과 이용자 보호에 커다란 영향을 미치는 사건이 연이어 발생했다. 이런 가운데 국회에서 가상자산법이 통과되어 2024년 7월부터 시행될 예정이다.

곧 시행될 법안은 이용자 자산 보호를 주요 내용으로 한다. 미공개중요정보 이용행위 금지, 시세조종행위 금지, 자기발행 코인 매매행위 금지, 불공정 거래행위에 대한 과징금 등등이 그 골자다. 가상자산 이용자의 보호가 시급한 만큼 국제 기준이 마련되기를 기다리기보다 선도적으로 최소한의 규제를 먼저 적용한 것이다. 하지만 투자자들 사이에서 가장 큰 불만이었던 가상자산거래소 내 코인 상장 및 폐지와 관련된 구체적인 요건과 절차가 현재 일관된 기준도 없고 단순 공시하는 수준에서 머물고 있다는 점에서 앞으로 추가·보강해야 할 법안은 산더미다.

바로 이와 같은 점에서 핀테크 기업 두나무는 고객 예탁금의 규모와 업력에 상관없이 여전히 스타트업이다. 얼마든지 새로운 규제 상황에 놓일 수 있고 사업의 정의도 새롭게 내려질 수 있기 때문이다. 두나무는 거기에 맞추어 변신해야 한다.

아직 사업적 위치가 분명하게 정의되지 않았고 법령조차 미비하지만 그렇다고 가상자산 시장 자체의 매력이 떨어진 것은 아니다. 비트코인을 필두로 하는 가상자산은 여전히 매력적인 투자처이다. 블록체인을 기반으로 한 가상자산의 매력은 가치저장 수단으로서의 보안성에 나온다. 원칙적으로 블록체인 기반 기술은 거래조작과 해킹이 불가능하다(해킹은 블록체인 기술과 무관한 개인지갑과 거래소 서버에서 발생할 수 있다). 전 세계 많은 기관투자자들이 가상자산 산업에 뛰어들고 있으며 시장 규모는 2022년 기준 2000조 원을 넘을 것으로 추정한다. 우리나라가 가상자산 거래 규모가 세계 3위의 선진국인 만큼 제도적 인프라가 점차 견고해지고 가상자산거래소의 역할에 대한 합의가 이루어진다면 이 시장은 매우 전망이 밝다.


## ● 피봇으로 업비트를 만들다


대학에서 컴퓨터공학과 경제학을 복수전공한 두나무의 송치형은 자기 인생의 전환점으로 병역특례를 꼽는다. 휴대전화와 초고속 인터넷 보급이 확산되던 2000년 세계 최초로 모바일 결제 서비스를 상용화한 글로벌 휴대폰 결제기업 다날에서 3년을 보낸 것이다.

그는 그곳에서 이것저것 하고 싶은 것은 마음껏 만들 수 있는 자유를 누렸다고 말한다. 여러 시도를 하며 새로운 제품을 만드는 일에서 재미와 보람을 느낀 그는 이 자유로움 속에서 처음으로 창업을 해보고 싶다는 생각을 처음으로 가졌다고 한다. 그리고 졸업 후 컨설팅 회사 이노무브를 거쳐 2012년 창업한 것이 지금의 두나무이다.

처음 창업을 했을 때 스타트업 두나무의 사업 방향은 지금과 같지 않았다. 창업 초기 가장 먼저 시도한 것은 전자책 사업이었다. 하지만 성공적이지 못했다. 소셜 네트워크상에서 인기 뉴스 추천 서비스 등 2년간 약 6개의 사업을 시도했을 만큼 사업의 방향성을 찾기가 쉽지 않았다. 투자도 받고 서비스도 론칭했지만 곧 경쟁자들이 뛰어들었고 서비스는 정체되기 일쑤였다.

두나무의 성공은 카카오의 투자를 받아 증권 시세를 모바일로 확인할 수 있는 '증권플러스 포 카카오for Cacao'를 2014년 개발하면서부터다. 공인인증서 없이 증권 서비스를 이용할 수 있게 한 것이 세일링 포인트였고 결과는 대성공이었다. 출시 2년 만에 누적 다운로드 150만 회를 돌파했다. 이때의 성공으로 그는 자산관리 서비스를 론칭할 계획을 세웠다고 말한다. 석 달 동안 준비한 서비스였지만 그는 오픈 하루 전날 마음을 바꾸고 만다. 그때의 결정으로 서른 명의 직원들이 한꺼번에 회사를 떠날 때의 심적 고통은 지금도 생각하고 싶지 않은 순간이라고 그는 기억하고 있다. 그는 당시의 심정을 이렇게 이야기한다.

"다각도로 살피고 고민한 끝에 선택과 집중이 필요하다고 판단했어요. 자산관리 쪽으로 완전히 전향할 것이 아니라면 서비스를 오픈하지 않는 것이 낫겠다고 결심했죠. 그때 론칭했다면 지금의 업비트는 없었을 겁니다."

블록체인이라는 메가트렌드에서 미래를 내다본 그는 2017년 10월 오픈 베타 서비스를 시작하며 업비트의 탄생을 알렸다. 증권플러스를 운영하며 쌓은 노하우 역시 업비트의 탄생에 도움이 되었다. 성공적인 피봇pivot이었다.

스타트업 업계에서 피봇은 원래 유지해오던 비즈니스 모델이나 경영전략의 방향을 틀어서 제품을 만들어내거나 서비스를 창출하는 개념이다. 완전히 새로운 제품을 만드는 것이 아니다. 예컨대 유튜브의 MVP(핵심 기능만 담긴 초기 모델)는 비디오를 기반으로 남녀가 데이트 상대를 찾는 데이팅 사이트였다. 초기 시장 반응이 시원치 않자 창업자들이 핵심 기능의 하나인 영상 공유 모델을 핵심 사업으로 간주하고 다시 재개발한 것이다. 하지만 피봇을 결정하는 일은 말처럼 쉬운 일이 아니다. 그는 그 과정을 이렇게 말한다.

"골방에서 고민한 한 달 동안 답은 보이지 않는데 어떻게든 답을 찾아야 하는 절실함으로 버텼습니다. 가장 열심히 산 시간이지만 다시 돌아가서 같은 과정을 거치라고 하면 상상만 해도 몸서리가…"

현재 송치형 CEO는 업비트를 출시한 직후 대표직에서 물러나 이사회 의장으로 재직하고 있다. 신규 사업 발굴에 힘쓰고 있다고 한다. "NFT, 메타버스 등에서 가능성을 찾고 있습니다."

블록체인 기술의 영향력은 비단 금융 분야에만 국한되는 것이 아니다. 안전한 신분 증명과 전자투표, 예술가와 미디어 전문가들을 위한 새로운 보상 모델(예컨대 콘텐츠를 소비하면 자동으로 소량의 결제가 이루어지게 하는 기술), 스마트 계약(암호화된 계약 내용이 블록체인에 기록되어 알고리즘에 따라 자동 실행되는 계약. 예컨대 돈을 미납하면 자동차 문이 자동으로 잠기도록 자동차 매매계약서를 설정할 수 있다)과 재산권에 이르기까지 블록체인의 영향력이 미친다. 각국 정부는 이미 이 신기술 활용에 동참하고 있다. 영국 주도의 전자정부 선도국가 그룹 협의체인 D5(에스토니아, 영국, 이스라엘, 뉴질랜드, 한국)는 실질 화폐의 디지털 대안을 모색하고 있고 미 국방부는 블록체인 기반 정보 전달 시스템에 공을 들이고 있다.

물론 블록체인 프로토콜의 핵심은 금융이다. 금융 시스템은 우리 경제의 생명선이며 여기서 발생하는 일들은 모든 산업 분야에 영향을 미친다. 예를 들면 소액 결제와 스마트 계약은 결제 블록체인 프로토콜에 의존한다. 무엇보다 블록체인으로 융자 이율이 낮아져 융자를 받기가 용이해진다면 이를 통해 엄청난 경제성장을 일으키고 글로벌 혁신에 커다란 가능성을 제공할 수 있다. 블록체인으로 무엇을 할 수 있는가는 송치형과 같이 기술을 이해하면서 기업가정신으로 무장한 공대생들의 등장에 달렸다.

# 15.
# 소비자적 관점이 창업으로 이끌다,
## 프렌들리AI의 전병곤

혼용된 채 사용하지만 생성형 AI와 챗GPT는 기술과 목적에 있어 약간의 차이가 있다. 생성형 AI는 주어진 데이터나 정보를 기반으로 새로운 데이터나 내용을 '생성'하는 능력을 지닌 인공지능이다. 대부분 딥러닝과 생성적 적대 신경망GAN, Generative Adversarial Network에 기반한다. 이미지, 음악, 텍스트, 동영상 생성 등 다양한 예술 분야에 활용되며 데이터 분석, 제품 디자인, 연구 등에서도 활용이 가능하다

반면 챗GPT는 오픈AI에서 개발된 자연어 처리 모델의 한 버전으로 사용자의 질문이나 명령에 자연스러운 텍스트를 생성하여 응답하는 능력을 지니고 있다. 챗GPT는 트랜스포머 아키텍처를 기반으로 하며 대규모 텍스트 데이터를 통한 사전 학습과 후속 학습

의 방식으로 학습된다. 챗봇, Q&A, 프로그래밍 지원 등의 분야에 활용할 수 있다. 간단히 말하면 생성형 AI는 다양한 데이터를 생성하는 넓은 범주의 기술이고 챗GPT는 텍스트 생성에 특화된 모델이다.

IBM이 발표한 보고서 「AI 및 자동화 기회 포착」에 따르면 기업 최고경영자 4명 중 3명은 자사의 경쟁우위가 생성형 AI 활용에 달렸다고 언급했다. 조사에 따르면 이미 생성형 AI 활용과 데이터 관리 분야에서 주축을 차지하고 있는 기업은 그렇지 않은 기업보다 연간 순이익이 72퍼센트 더 높으며 연간 수익 역시 17퍼센트 더 높은 것으로 나타났다. 생성형 AI의 중요성이 높아짐에 따라 미국은 CEO의 92퍼센트가 2026년까지 조직을 디지털화하고 AI를 기반으로 한 자동화를 추진할 것으로 조사되었다.

앞으로 빠르게 인공지능 기술을 도입하는 기업과 그렇지 않은 기업 사이의 격차는 점점 커질 것이다. 예컨대 챗GPT로 코드 개선과 디버깅(오류 수정)을 할 경우 기업에 어떤 이득이 돌아가는지를 보자. 우선 챗GPT는 즉시 답변을 제공한다. 스택 오버플로Stack Overflow와 같은 유명 프로그램 질문 답변 사이트를 방문하면 답변이 코멘트 형식으로 달리기에 당장 해결이 필요한 버그를 찾기 쉽지 않다. 챗GPT는 가격이 저렴하다. 외부 서비스를 통해 코드 디버깅을 의뢰하거나 외부 팀을 영입하면 비용이 많이 든다. 하지만 챗GPT는 월 구독료만 내면 전 직원이 인공지능의 도움을 받으며 코드 디버깅을 할 수 있다. 그리고 또 챗GPT는 사람보다 일관된 스타일로 코딩을 한다. 사람은 각자의 스타일이 있어 코딩할 때 이른바 휴먼 에러Human Error가 들어가는 경우가 많다. 코드를 분석하는 개발자들도 개인마다 다른 코딩을 읽는 것보다 일관적인 방식으로 작성된 코드를 더 선호한다.

이러한 장점이 있지만 챗GPT는 입속의 혀처럼 움직이지 않는다. 사용법 설명서까지 나올 정도로 질문을 잘 던져야 제대로 된 답변을 얻을 수 한다. 만능도 아니다. 많이 개선되었다고 하지만 지금도 할루시네이션(거짓 정보)을 생성한다. 미리 학습된 방대한 양의 코드 데이터를 사용하기에 오류가 날 것 같지 않은 코딩에서도 생각과 달리 오류가 생긴다. 임포트import하지 않은 라이브러리를 바로 사용하기도 하고 함수의 입출력 인터페이스가 맞지 않는 등 사소하지만 엉뚱한 실수가 자주 있다. "내가 잘못 사용하는 걸까? 챗GPT가 잘못된 걸까?" 바로 여기서 페인 포인트pain point가 발생한다.

페인 포인트란 제품 및 서비스를 이용할 때 소비자가 불편, 고통을 느끼는 지점을 뜻한다. 고객이 불편해하는 지점, 나아가 그 속에서 고객의 미처 충족되지 못한 욕구와 편의를 찾아내 이를 해결함으로써 고객 만족도와 재구매율을 높인다는 점에서 페인 포인트 대응은 기업에게 매우 중요한 요소다. 프렌들리AI는 기업들이 생성형 AI를 사용할 때 장벽처럼 다가오는 것들을 쉽고 빠르게 해결해주는 B2B 스타트업이다.

플렌들리AI의 창업자는 전병곤 교수(컴퓨터공학부)이다. 전자공학과에서 학사와 석사를 마친 후 스탠퍼드(석사)와 UC버클리(박사)에서 컴퓨터공학을 전공하고 2013년 서울공대로 왔다.

대규모 머신러닝 수행 기술 분야에서 오랜 경험을 쌓아온 전병곤 대표는 2020년 오픈AI가 GPT-3를 출시하는 것을 지켜보며 확장성이 뛰어난 머신러닝 시스템에 대한 경험을 활용할 수 있는 기회가 있을 것이라 생각했다. 또 다양한 산업에서 생성형 AI의 상용화가 활발하게 진행될 때 고도의 분산 AI 컴퓨팅 기술이 필요할 것이라고 느꼈다. 이러한 판단하에 전병곤 대표는 기업들이 생성형 AI에 보다 쉽게 접근할 수 있도록 도와주는 것을 목표로 2021년 스타트업에 뛰어들었다.

페인 포인트는 포착하기가 쉽지 않다. 철저하게 소비자의 입장에서 제품과 서비스를 바라보아야 하기 때문이다. 특히 기술과 접목된 서비스·제품군에 있는 전문가들을 이 사소한 사실을 간과하고는 한다. 창업 계기를 전병곤 대표는 이렇게 전한다.

> "바로 GPT-3라는 모델이 나온 것이죠. 이 모델은 기존에 못 했던 언어 작업을 매우 잘 할 수 있습니다. 그런데 이런 모델은 만들고 싶어도 만드는 것이 어렵거니와 만들어도 서비스하기 까다로운 문제점이 있어요. 이런 문제점들을 보고 이 문제는 제가 가장 잘 풀 수 있는 문제라고 생각해서 창업했습니다."

그는 머신러닝 시스템을 10년 이상 공부했다. 연구자 관점에서 서비스의 문제점을 찾기란 쉽지 않다. 이는 학술의 관점이 아니라 경영의 시점이기 때문이다. 그가 이런 문제점을 쉽게 인식할 수 있었던 것은 박사 졸업 후의 행로에서 찾아야 할 것이다. 그는 인텔 연구소, 야후 연구소, 마이크로소프트 등에서 실제 사회에 영향을 주는 실용적인 연구를 많이 수행했고 또 그런 연구하기를 좋아했다고 말한다. 그리고 창업에 적극적인 스탠퍼드의 학풍에도 영향을 받았다고 한다.

## ● 비전이 같은 사람끼리 모여라

프렌들리AI가 생성형 AI를 사용하려는 기업에게 무엇을 지원할 수 있는지는 '이루다 2.0'을 보면 알 수 있다. 이루다는 2021년 1월에 처음 나온, 스무 살 여대생으로 설정된 국산 인공지능 챗봇이다. 하지만 출시 한 달 만에 퇴출되었다. 불량 유저들에 노출되어 인종차별, 여성차별적 발언을 하고 사용자들의 개인 신상정보를 유출시키는 등 이른바 AI 윤리 논란을 일으킨 탓이다. 지금도 '이루다 타락', '이루다 길들이기'가 연관 검색어로 잡힐 만큼 화제성이 높았던 이 챗봇이 2022년 재단장을 하고 돌아왔다. 인공지능 챗봇 이루다 2.0을 내놓은 스타트업 스캐터랩 뒤에는 생성형 AI 플랫폼 플렌들리AI의 조력이 있었다.

이루다 1.0이 데이터베이스에서 적절한 문장을 검색해 끌어다

쓰는 리트리벌 AI 챗봇이었다면, 이루다 2.0은 처음부터 문장을 스스로 생각하고 만들어내는 생성형 챗봇이다. 오픈AI가 내놓은 언어 모델 GPT-2를 기반으로 스캐터랩이 자체 개발한 생성 모델 '루다 젠1'이 도입되었다. 이는 초기 버전보다 17배 향상된 모델로 과거에는 불가능했던 초성 퀴즈, N행시 대화가 가능해졌고 시간 감각까지 생겼다. 예를 들어 "지금 밥 먹는다"라고 사용자가 말하면 몇 시간 뒤 "밥 다 먹었냐?"라고 묻는 식이다.

루다 젠1은 23억 개의 파라미터를 학습했다. 파라미터는 AI의 학습 매개변수를 뜻한다. 파라미터가 많을수록 성능이 좋아지는데 문제는 학습에 막대한 연산 작업이 필요하기 때문에 상당한 시간이 소요된다는 점이다. 따라서 파마미터가 많을수록 개발의 복잡성이 증가하고 개발비용 역시 급격하게 늘어나게 된다. 기업 입장에서는 알고리즘, 소프트웨어, 하드웨어 등 스택의 모든 레벨에 대해 최적화를 할 필요가 있다. 이때 프렌들리AI가 제공하는 특허 기반 서비스 '페리플로우(일명 오르카)'를 사용하면 시간과 비용을 획기적으로 줄일 수 있다. 예컨대 챗GPT-3 175B 모델에 대한 평가 결과, 트랜스포머 모델에 대한 최적의 추론 가속 엔진을 구현했다는 NVIDIA의 FasterTransformer보다 오르카가 정보 처리량에 있어 36.9배 향상된 속도를 보인다. 전병곤 대표는 프렌들리AI의 기술력에 자신이 있다.

"생성형 AI에 특화된 AI 모델 개발 플랫폼은 전 세계에서 프렌들리AI의

페리플로우가 유일합니다. 플렌들리AI의 연구팀은 그간 큰 규모의 모델을 학습하고 서빙하는 기술을 연구해왔습니다."

프렌들리AI는 인공지능 개발기업들이 AI 관련 기술이 전혀 없더라도 클라우드를 이용해 생성형 AI를 개발하고 서비스할 수 있도록 AI 모델 학습도 제공한다. 전병곤 CEO의 목표는 보다 많은 기업이 프렌들리AI의 기술을 사용하는 것이다. 그는 미국 진출을 목표로 투자 라운드를 진행하려고 한다.

전병곤 CEO는 창업을 희망하는 후배들을 위해 창업에 있어 가장 중요한 요소로 인적자원을 꼽는다.

"현재 21명의 직원 중 AI 연구개발 인력만 19명입니다. 제자들이 많아요. 회사가 캠퍼스 안에 있어 우수 인력을 유치하는 데 있어 유리합니다."

스타트업이 우수 인력을 끌어들일 수 있는 방법은 오직 하나라고 말한다. "비전에 공감하지 않으면 스타트업에 합류하기가 쉽지 않습니다. 스타트업은 비전을 보고 함께하는 것입니다." 관심 있는 주제가 있으면 마음이 맞고 비전을 공유하는 사람들끼리 모여 창업을 시도해보라고 권유하며 마지막으로 창업하기 전 다양한 경험을 해볼 것을 그는 강조한다. "박사를 하고 나서 바로 교직으로 왔다면 실제 산업 현장에서 어떻게 사람들이 일하는지에 대한 이해가 낮아 생각의 폭도 달랐을 겁니다." 연구 방향과 회사의 방향이 부합해 행복하다고 말하는 그는 유니콘을 향해 달려가고 있다.

# 16.
# 안 될 수가 없다,

### 파두의 남이현

    따뜻한 커피 한 잔을 내려 와 노트북 앞에 앉아 일을 할 준비를 하자. 커피가 너무 뜨겁다는 것을 확인한 우리는 조금 식기를 기다리며 애플리케이션 하나를 실행시킨다. 그런데 로딩이 평소보다 오래 걸리는 듯하다. 웬일인지 이런 일은 일어나면 커피가 식기를 기다리는 것보다 훨씬 시간이 지루하게 가는 듯하다. 원인은 데이터 스토리지 드라이브의 성능이 저하된 탓이다. 적절한 조치를 취하지 않으면 이런 일은 이제 매번 발생하고 컴퓨터는 더 느려지게 된다.

    컴퓨터를 새로 구입하면 간단하겠지만 큰돈을 쓰지 않으려면 스토리지를 적합한 SSD로 업그레이드하면 무리 없이 노트북을 사용할 수 있다. 과도한 로딩 시간도 줄어든다. 스토리지는 SSD, HDD 등 다양한 선택지가 있다. SSD와 HDD의 차이점은 데이터가 저장되고 액세스되는 방식이다. HDD는 물리적인 자기 디스크가 있어 팬이 회전하는 디스크의 이곳저곳을 읽고 쓰며 저장한다. 물리적인 실체가 있으니 오래 쓰다 보면 디스크 회전하는 소리를 들을 수 있다. 반면 SSD는 기계식 부품이 없이 플래시 메모리를 통해 정보를 저장한다. HDD는 속도가 느리고 투박하며 물리적으로 취약하다. 하지만 낸드플래시 메모리 기술을 활용한 SDD는 작고 가벼우며 더 빠르고 쉽게 손상되지도 않는다.

초기 SDD는 HDD 스토리지용으로 설계된 인터페이스를 사용했다. 그런데 중앙처리장치, 메모리, SDD 모두 속도가 빨라졌는데 서로를 잇는 통로는 HDD용으로 설계된 것을 사용하다 보니 성능 병목 현상이 일어났다. 이를 개선하기 위해 2015년 NVMeNon Volatile Memory express 기술 표준이 나왔다. 이 방식을 쓰면 기존 새타SATA 규격보다 25배 이상 더 많은 데이터를 전송할 수 있다. 하지만 이 통로 역할을 할 NVMe 기술 표준에 맞춘 고성능 SSD 컨트롤러를 만드는 일은 그렇게 간단한 일이 아니다. 이를 할 수 있는 기업은 세계적으로 삼성과 SK하이닉스, 인텔, 마이크론 정도가 있을 뿐이었다. 여기에 한 스타트업이 도전장을 내밀었다. 바로 파두이다.

파두는 새로운 대안도 갖고 나왔다. 시장의 주류는 영국 팹리스 ARM 기반의 컨트롤러였다. 파두는 리스크 파이브RISC-V라는 오픈소스 하드웨어 설계자산을 활용했다. 2016년 인텔 연구소에서 파두 컨트롤러를 탑재한 제품(DC P3608)과 삼성전자가 만든

SSD(PM1725)를 비교한 결과 파두의 것이 임의쓰기에서 3배, 복합 작업에서는 2배 높은 성능을 보였다. 전력도 덜 소비했다. 물론 삼성이 만든 구제품과의 비교였지만 파두가 독자적인 기술을 갖고 있음을 알리는 신호였다.

파두의 대표이사이자 CTO를 맡고 있는 남기현은 전기공학부를 졸업하고 사회생활을 5~6년 하다 컴퓨터공학부로 진학해 플래시 메모리 스토리지 쪽으로 박사학위를 받았다. 포닥을 2년 정도 마친 후 SK텔레콤에서 스토리지 테크랩을 만들어 다시 2년 정도 플래시 메모리 스토리지 쪽을 심도 있게 연구했다고 한다. 이때 그는 연구실이 보유한 기술이 2015년 이후면 업계의 각광을 받을 것이라고 예상했다. 그리고 연구실 동료들만큼 잘 해낼 수 있는 사람들은 또 없을 것이라고 확신했다. 그는 창업 과정을 돌이켜 보며 이렇게 말한다.

"학교에서 계속 연구하는 것도 의미가 있을 것 같았고 대기업으로 갈까도 생각했어요. … 대기업에 가면 원 오브 뎀으로 일할 것 같았죠. 저보다 더 훌륭한 사람들이 포진해 있고 기존에 성공하던 사업과 팀과 조직과 IP 등이 갖춰진 상태에서 제가 아무리 이게 더 좋은 거라고 강조해봤자 아무도 안 들어줄 것 같았습니다. 창업하는 것 말고는 다른 길이 안 보였습니다."

그는 연구실 동료 여섯 명과 함께 2015년 창업을 한다. 기술력과 시장성에 대해 강한 확신이 있었지만 창업 과정이 결코 쉽지만은 않았다고 말한다. 동료들 모두 10년 이상 반도체 메모리·스토리지 구조 설계에 매달린 베테랑이니만큼 서로들 잘 해낼 것이라는 믿음이 강했지만 글로벌 기업 입장에서는 기술 검증이 필요했기 때문이다. 기술 검증까지 마친 자체 컨트롤러 반도체는 2018년에 내놓을 수 있었다. 그럼에도 시장은 파두의 컨트롤러를 쉽게 받아들이려 하지 않았다고 남이현 CTO는 말한다.

"그때부터가 진짜였습니다. '뭘 믿고 이 컨트롤러를 쓰냐?'면서 '실제 SDD를 만들어 와라', '모듈 하드웨어도 설계해봐라', '양산에 들어가면 수율관리는 어떻게 할 수 있느냐?', 'SSD 생산 1만 대 이상 기준으로 품질관리는 어떻게 할 것이냐?' 구체적인 요청이 들어왔죠. 가시밭길이었습니다."

이 모든 기술적 요구사항을 해결하기까지 다시 2년이 걸렸다고 한다. 2021년부터 파두는 메타와 세계 최고로 인정받고 있는 우주 기업(구체적으로 언급하지 않았지만 스페이스X로 추정) 등에 대량공급 계약을 체결해 납품을 하고 있다. 현재 240여 명의 직원이 근무하고 있으며 100명 이상이 박사급 엔지니어일 정도로 고성능 컨트롤러 기술 강화에 매달리고 있다.

## ● 창업하려면 다섯 가지 역량을 키워라

SSD는 낸드 메모리반도체와 이걸 통제하는 SSD 컨트롤러로 구성된다. SSD는 플래시 메모리를 기반으로 하는 저장매체이고 SSD 컨트롤러는 시스템 반도체이다. D램처럼 대량으로 생산해놓고 주문이 들어올 때마다 팔지 않는다. SSD의 성능과 안정성, 신뢰는 사실상 SSD 컨트롤러가 좌우하기에 선정 과정이 무척 까다롭다. SSD 컨트롤러를 팔려면 먼저 디자인을 의뢰받고 스팩을 결정한 후 성능 테스트를 거치는데 최종 인증을 받기까지 몇 분기가 소요된다.

그러므로 한 번 거래가 성사되면 좀처럼 거래 파트너가 바뀌지 않는 특징이 있다. 이 견고한 시장을 뚫었다는 것만으로 파두의 기술력은 증명이 되고도 남는다. 고객사가 파두를 선택했다면 최소 6개월에서 1년 후부터 매출이 발생하고 이렇게 한 번 발생한 매출은 최소 3년에서 5년 정도 이어진다. 컨트롤러의 수명이 평균 3년이기 때문이다. 파두는 팹리스 기업이기에 생산은 SK하이닉스에 위탁한다. SK하이닉스가 파두가 설계한 SSD 컨트롤러를 낸드 메모리에 붙여 SSD를 만든 후 이를 메타에 납품하는 구조이다.

최근 데이터센터들이 초대형 언어모델, 인공지능, 빅데이터 등 과거보다 훨씬 더 큰 정보를 저장하고 처리하고 있어 많은 수의 고성능, 고효율의 SSD를 필요로 한다. 따라서 SSD 사업 자체는 성장산업이다. 메타 외에 아마존, 마이크로소프트, 구글, 애플 등의 빅테크가 잠재고객이 될 수 있고 오라클, 알리바바, 텐센트, 틱톡을 운영하는 바이트댄스도 거래 대상이다. 기업용 서버를 생산하는 IBM, 휴렛팩커드 등도 SSD의 수요고객이다.

SSD를 필요로 하는 기업들이 많은 만큼 기술력이 좋은 파두의 앞날이 밝다고 하겠다. 하지만 SSD가 저장매체이다 보니 수요가 메모리반도체와 비슷하게 움직인다는 문제가 있다. 실제 오프라인 활동이 본격화되면서 온라인 게임, 화상회의 같은 사업이 타격을 받던 2023년 하이퍼 스케일 데이터센터가 투자를 줄이고 챗GPT의 등장으로 글로벌 빅테크들이 GPU 구매에 우선순위를 두자 메모리반도체 수요가 하락했다. 이때 SSD의 발주도 같이 줄어들었다. 차이가 있다면 D램보다 낸드플래시가 가격탄력성이 좋다는 점이다. 시장이 침체기에도 낸드플래시의 경우에는 고객사의 수요가 빠르게 증가하는 장점이 있다. 남이현 CTO는 이렇게 말한다.

> "SSD는 우연히 하게 된 분야라고 볼 수 있어요. 저희 기술인 '아키텍처(컴퓨터 시스템 전체 설계 방식)'는 조금 근본적인 철학에 관련된 개념이거든요. 이 아키텍처를 다른 분야에 적용할 수 있어서 다른 분야와 관련된 프로젝트를 시작하고 있습니다. … 넥스트 아이템들이 쫙 있습니다."

남이현 CTO는 파두를 종합 팹리스 기업으로 키우고 싶다고 조심스럽게 말한다. 그는 파두의 성공을 이끌어 앞으로 반도체를 전공할 사람들에게 방향성을 제시하고 싶다고 말을 잇는다. "삼성이나 SK하이닉스가 아니어도 좋은 회사를 만들 수 있다는 것을 알리고 싶어요."

그는 창업을 준비하는 후배들에게 다섯 가지 역량을 반드시 키울 것을 강조한다. 그가 강조한 것은 다음과 같다. 첫째는 기술에 대한 엣지다. 이는 기본 중의 기본이라 특화된 기술이 없으면 아예 시작할 생각을 하지 말아야 한다. 둘째는 조직에 대한 관리 역량이다. 무언가를 만들어내는 것과 무언가를 관리하는 것은 완전히 다른 역량이므로 팀에는 조직관리 역량이 탁월한 사람이 반드시 있어야 한다. 셋째는 인간적 매력이다. 정답이 없는 영역이지만 한마디로 창업자들은 '이유는 모르겠는데 저 사람이랑 같이 하고 싶어', '저 사람이 하자고 하면 나도 하겠어'라는 자질을 갖춰야 한다. 소탈하고 부드러운 매력이든 일론 머스크처럼 비전을 공유하는 카리스마이든 인간적 매력이 있어야 사람을 불러 모을 수 있기 때문이다. 그는 이 세 가지 역량은 반드시 있어야 하는 자질이라고 언급한다.

"필요조건처럼 지니고 있어야 할 나머지 역량은 내 기술(제품)이 얼마나 성장성 있는 분야인가를 파악할 수 있어야 하는 겁니다. 성장하는 분야라면 평균만 해도 그 흐름에 올라탈 수 있어요. 마지막 역량은 내가 그 분야에서 어떤 차별점을 갖고 있느냐예요."

창업을 하고 몸소 부딪치면서 느낀 것들을 정리한 그는 파두의 성장을 이렇게 돌아본다. "확신했습니다. 기술 자체가 워낙 좋고, 팀이 좋고, 경쟁 환경이 좋고, 시장이 성장하고 있으니까 안 될 리가 없다고 생각했죠."

　SSD 컨트롤러는 진입장벽이 높다. CPU, GPU, 메모리반도체보다 훨씬 어렵다. 단순히 로직의 문제로 끝나는 것이 아니라 메모리와 인터페이스, 운용 소프트웨어 기술까지 통합하고 최적화해야 하기 때문이다. 3세대 SSD 컨트롤러에서 파두는 다른 경쟁사들보다 연속 읽기와 연속 쓰기, 임의 읽기와 임의 쓰기, 전력 소모량과 전력 효율 측면에서 월등히 좋은 성적을 보였다. 현재 컨트롤러는 4세대로 넘어가는 추세이고 데이터 처리를 인공지능에 맡기려면 5세대 컨트롤러를 메인으로 반드시 써야 한다. 글로벌 5대 빅테크 기업들은 5세대 컨트롤러를 선정하기 위해 파두와 테스트를 진행 중이다. 파두는 2024년이면 세계 최대의 클라우드 서비스 기업 아마존에도 납품을 시작한다. 남이현 CTO의 확신만큼 파두의 성공은 현재진행형이다.

## [바로잡습니다]

175쪽 하단의 "글로벌 5대 빅테크 기업들은 5세대 컨트롤러를 선정하기 위해 파두와 테스트를 진행 중이다. 파두는 2024년이면 세계 최대의 클라우드 서비스 기업 아마존에도 납품을 시작한다."는 파두에서 발표한 적이 없는 자료이므로 삭제합니다.

# 17.
## 우연히 노출되는 광고는 없다,
### 몰로코의 안익진

예전 지하철역 앞에는 출근 시간대에 메트로, 포커스, 노컷뉴스, AM7과 같은 무료 신문들이 있었다. 간이 거치대에 일정한 부수를 쌓아놓으면 아무나 가져갔다. 출근길의 무료함을 달래주던 이 신문들에는 특히나 광고가 많았다. 무료로 나눠주니 당연히 독자들이 많았고 그 독자들을 대상으로 광고를 하고 싶었던 기업들이 무가지에 광고를 의뢰한 것이다. 지하철 앞에 깔렸던 신문들이 무료일 수 있었던 것은 이런 광고수익 덕이었다.

2010년 스마트폰이 보급되면서 무료 신문들은 차츰 사라졌다. 사람들 손에 스마트폰이 주어지자 광고는 온라인으로 급격히 넘어갔다. 기술과 광고를 결합한 애드테크 생태계가 등장한 것은 이 무렵이다.

온라인 광고시장은 크게 3단계에 걸쳐 발전했다. 1세대는 디스플레이 광고 시대였다. 나이키, 오뚜기와 같은 광고주의 광고가 디스플레이 광고 에이전시를 통해 다음과 같은 포털 사이트나 한겨레신문 홈페이지에 걸렸다. 불특정 독자들에게 노출되었기에 정확한 타깃에 접근하기 어려웠고 광고 효과도 떨어졌다. 2세대는 검색광고 마케팅 플랫폼 시대였다. 소비자들이 다양한 매체에서 특정 단어를 검색하면 관련 광고를 노출하는 방식이었다. 이 방식은 소비자가 검색했을 경우에만 광고가 노출되었기에 잠재고객을 찾기가 어려웠다. 또 검색할 때마다 광고비가 지출되어 광고주 입장에서는 비용 대비 광고 효과가 만족스럽지 않다는 단점이 있었다.

스마트폰, PC, 스마트TV, 태블릿 등 이른바 N스크린이 만들어지면서 3세대가 등장한다. 이른바 '타깃 마케팅 플랫폼'이 열리면서 광고는 이제 우리의 소비 패턴과 관심사 등을 알고 접근한다. 우리가 여러 사이트를 돌아다니면서 남긴 쿠키 정보, 카페나 블로그 활동, 각종 SNS에서 누른 '좋아요', GPS를 켠 채 이동한 움직임, 검색어, 뉴스 매체 소비 활동, 실행한 앱 등이 고스란히 빅데이터로 분석되어 광고주의 타깃 고객을 특정할 수 있게 된 탓이다. 광고주에게는 구매 가능성이 높은 고객을 찾아 선별적으로 제품을 홍보함으로써 가성비 높은 광고를 할 수 있는 시대가 온 것이다. 애드테크 광고가 어떻게 다른지는 다음과 같이 정리할 수 있다.

과거 오프라인의 경우 광고주가 매체에 광고를 집행하는 데에는 큰 기술이 필요하지 않았다. 신문과 잡지, 텔레비전과 같이 소수의 기업이 대부분의 고객층을 보유하고 있었기에 사람이 하나하나 매체 단위로 광고지면을 관리하면 그만이었다. 광고 효과를 높이기 위해선 유명 감독이 톱스타를 섭외해 만든 광고를 짧은 시간에 대량으로 노출시키는 것이 마케팅의 전부라고 해도 과언이 아니었다. 이로 인해 예전의 광고는 자원이 풍부한 대기업의 전유물이나 다름이 없었다.

온라인과 모바일 시대가 도래하면서 이런 광고 환경이 완전히 바뀌었다. 무엇보다 광고 채널(지면)이 다양화되었다. 이 시대의 광고를 효과적으로 집행하기 위해선 디지털 채널별로 역할 부여가 필요하다. 예컨대 페이스북에서 '좋아요'를 누르면 할인 이벤트 참여로 유도하고, 인스타그램에선 신제품 관련 정보를 사진으로 전달하고, 블로그에서는 전문가의 상세 리뷰가 나오도록 하고, 유튜브에서는 경쟁 제품과의 장단점을 비교한 동영상이 노출되도록 해야 한다. 이 과정에서 일관된 메시지가 소비자에게 전달될 수 있도록 전 채널을 통합적으로 관리해야 한다.

이뿐만 아니다. 디지털 시대의 광고는 과거 텔레비전만을 시청하던 가구 단위의 불특정 소비자를 대상으로 하지 않는다. 대신 빅데이터 분석 기반의 추천 알고리즘을 통해 브랜드가 원하는 정확한 연령대와 성별을 특정해 이들이 좋아하는 프로그램, 관심 갖는 뉴스, 자주 이용하는 카페나 블로그, SNS 등에서 시간을 보내고 있을 때 광고를 노출해 구매로 이어질 수 있도록 유도한다. 적기에 사용자의 관심사를 담은 광고를 노출하기에 작은 자본으로도 효과적인 광고를 집행할 수 있다. 광고 집행 뒤 결과 분석도 용이하다. 광고 효율이 떨어진다고 판단되면 정확한 원인을 찾아 빠르게 해결할 수 있다.

이 모든 과정을 전략적으로 집행하기 위해서 애드테크가 존재한다. 가트너가 만든 디지털 마케팅 지도를 참조하자(https://www.gartner.com/en/marketing/research/the-digital-marketing-transit-map). 가트너 홈페이지에서 몇 가지 간단한 사항만 입력하면 지하철 노선도처럼 표현된 디지털 마케팅 지도를 다운받을 수 있다. 디지털 마케팅 서비스 전반이 그물망처럼 연결되어 어지러울 수 있지만 서울시 지하철 노선도에 익숙하다면 어렵지 않다.

디지털 마케팅 지도는 검색 분야, 모바일 분야, 커머스 분야, 이머징 테크 등등 모두 10개의 노선으로 나눠진다. 왼쪽 위편 10시 방향에 '모바일 검색Mobile Search' 정거장이 있다. 이 정거장은 검색 산업과 모바일 산업이 교차하는 환승역이다. 푸른색 모바일 노선을 따라가면 M 커머스, 모바일 지갑Mobile Wallet, 앱 스토어, 모바일 마케팅 플랫폼 등등 익숙한 시장을 만날 수 있다. 모바일 마케팅 플랫폼을 찾았다면 눈을 아래로 내려 다섯 시 방향에서 빨간색으로 표시된 애드테크 노선을 찾아보자. 어디서 시작되어 어디로 이어지고 갈라지는지 따라가자. 각 정류장엔 알려지지 않은 수많은 애드테크 기업들이 존재한다. 스타트업들도 탄생하고 있다. 가운데쯤에서 DSP 정류장을 찾았다면 멈추자. DSP는 애드테크와 애널리틱스 산업이 만나는 환승역이다. 실리콘밸리에서 창업해 2021년 유니콘으로 등극한 스타트업 몰로코가 이곳에 있다.


## ● 데이터를 돈으로 만들어드립니다


몰로코의 창업자인 안익진 대표는 컴퓨터공학과를 졸업한 후 미국 펜실베이니아대학에서 석사를 마치고 샌디에이고 캘리포니아대학에서 컴퓨터과학 박사를 수료했다. 이후 구글에 입사한 그는 유튜브에서 2년 안드로이드팀에서 4년을 보냈다. 그곳에서 광고 수익화 프로젝트를 진행했던 그는 이 경험을 바탕으로 몰로코를 만들었다.


> "몰로코Moloco는 '머신러닝 컴퍼니'의 약자입니다. … 모바일 기업은 다양한 데이터를 갖고 있는데 몰로코는 이들이 가진 데이터를 AI로 분석해 돈이 되게 만들어줍니다. 영어로 머니터제이션Monetization(수익화)이라고 하죠. 고객이 가진 데이터를 광고에 활용해 성장할 수 있도록 돕는 일을 합니다. 초당 광고 요청이 최대 200만 건에 달하죠."


몰로코는 DSPDemand-side Platform 기업이다. 광고주가 광고지면을 구매하기 위해 사용하는 소프트웨어 플랫폼 기업으로 광고주가 광고 효율이 높은 광고지면을 적정한 가격에 살 수 있도록 도와준다. 몰로코가 진행하는 사업을 이해하기 위해선 이들의 광고 배너

입찰이 농수산물 경매 방식과 유사하다고 보면 된다. 이것은 뒤에 설명하기로 하고 먼저 온라인에서 애드테크가 아닌 광고부터 생각해보자.

우선 검색광고다. 네이버와 다음의 키워드 광고를 떠올리면 된다. 광고주(쇼핑몰)가 대행사를 통해 직접 키워드를 구매하고 보통 클릭당 가격으로 광고료를 지급한다. 다음으로는 특정 지면의 디스플레이 광고DA가 있다. 화면에 배너 형태로 떠 있는 광고를 말한다. 이 역시 광고주가 대행사를 통해 판매자(지면)의 대행사를 만나 집행한다. 조금씩 다르지만 클릭당 가격, 월 단위 정기 가격, 노출 대비 클릭 수 등으로 광고료를 집행한다.

이런 광고들은 인건비가 들어가기에 아주 중요한 광고 위주로 집행된다. 그런데 아주 작은 지면, 그러니까 다음이나 네이버 포털의 구석에 있는 DA, 검색 결과에 따라 등장하는 작은 DA, 앱을 실행시켰을 때 잠시 등장하는 DA에서는 인건비를 집행하기 어렵다. DSP는 이렇게 남는 지면에 광고를 올리는 가장 적합한 솔루션이다.

광고주가 광고를 하겠다고 DSP에 연락하면 DSP는 애드 익스체인지(광고거래소, 공급자와 수요자가 만나는 중립지대. 이 서비스를 제공하는 기업은 높은 수준의 트래픽 처리 능력이 있어야 한다)에다 갖고 있는 광고지면을 모두 보내줄 것을 요청한다. 이때 사용자 A가 특정 앱을 실행시키거나 특정 단어를 검색하면 DSP는 분석에 들어간다. A에게 이 광고를 보여주면 70퍼센트의 확률로 클릭할 것 같다 판단하고 광고지면의 가치를 30원으로 산정한다. 여기서 농수산물시장처럼 경매가 일어난다. 몰로코가 부른 가격이 낙찰되면 몰로코에게 의뢰한 광고주의 광고가 화면에 뜨게 된다.

DSP가 너무 비싸게 광고지면을 구매하면 성과 대비 광고비 지출이 늘어나므로 광고주가 싫어한다. 또 너무 싸게 사면 광고지면(네이버, 다음, 각종 무료 앱, 인스타그램, 카카오톡 등등) 입장에서는 광고 수익이 낮아지는 결과가 된다. DSP는 광고주와 광고지면 사이에 균형을 찾아야 한다. 이 모든 과정을 컴퓨터로 진행하기에 프로그래머틱 바잉Programmatic Buying이라고도 하는데 몰로코가 초당 광고 요청 200만 건을 해결할 수 있는 것도 이것 때문이다.

애드테크는 성장이 기대되는 산업이다. 이유는 크게 두 가지로 든다. 하나는 등장 배경에서 찾는다. 애드테크는 세계 최대 광고시장인 미국 광고시장을 효율적으로 활용하기 위해 만들어졌다. 미국은 동부와 서부의 시차로 인해 퇴근 시간 이후에는 광고를 집행하기가 어렵다. 광고주와 에이전시가 원청과 하청의 관계가 아니고 파트너 관계이기에 퇴근하면 업무 지시를 하지 않는 것이 비즈니스 예절이다. 그래서 동서부 세 시간의 격차 동안 광고를 집행하지 않는 문화가 있었다. 이 시간 동안 광고지면을 사고팔기 위해 개발된 것이 애드테크이다. 애드테크를 이용하면 시차에 상관없이 전 세계를 대상으로 광고를 집행할 수 있다.

두 번째 이유는 모바일 시장의 폭발적인 성장을 꼽는다. 모바일 시대가 열리면서 PC 시절의 몇십 배에 해당하는 데이터들이 쏟아지고 있다. 사실상 우리가 돌아다니는 웹페이지 하나하나가 광고지면이고 모바일 디바이스에 담긴 앱 하나하나가 광고지면인 시대가 열린 것이다. 무한의 광고지면을 사람의 힘으로 통제할 수는 없다. 맞춤 광고를 지향하는 애드테크의 발전을 낙관하는 이유이다.


## ● 경험이 미래를 내다보게 만든다


몰로코는 유니콘답지 않게 수익을 내고 있는 기업이다. 대부분의 스타트업들이 고전을 면치 못하던 2022년 매출 2억 3900만 달러를 달성하고 영업이익은 8500만 달러를 기록했다. 매출과 영업이익이 전년 대비 각각 77퍼센트와 27퍼센트 증가했다. 이럴 수 있는 원동력은 고객사의 대부분이 데카콘(유니콘의 10배 기업가치를 지닌 비상장기업)이기 때문이다. 이들이 성장하면 몰로코도 함께 성장한다. 몰로코가 유니콘을 넘어 데카콘이 될 것이라는 기대가 여기서 나온다. 하지만 시작부터 실리콘밸리의 관심을 끌었던 것은 아니다. 안익진 대표는 이렇게 말한다.


"미국 투자자들은 임파서블 버거(대체육 햄버거)나 스페이스X처럼 완전히 새로운 시장을 개척하는 아이템을 좋아합니다. 시장을 선점할 수 있으니까요. 우리 아이템은 구글과 페이스북 수준의 기술을 외부에서 개발하는 것이었어요. 어찌 보면 후발주자 같은 느낌이기 때문에…"

그는 내부를 설득해 아이디어를 현실화하는 방법을 구글에서 배웠지만 동시에 대기업의 한계를 보았다고 말한다. 처음 그는 구글 내부에서 사업을 시도하려고 했었다. 유튜브에서 광고를 수익화하는, 머니터제이션 엔지니어로 근무한 배경이 있었기 때문이다. 머신러닝을 활용해 광고하는 걸 유튜브에 처음 제안한 사람도 그였다. 하지만 구글은 '광고 비즈니스'를 매력적이지 않은 시장이라고 판단하고 있었다. 이미 구글과 페이스북이 광고시장에서 돈을 남기는 비즈니스를 하고 있다고 생각한 것이다.

안드로이드로 옮겨 데이터 엔지니어로 일한 것도 사업성을 평가하는 데 유용한 배경이 되었다. 하지만 머신러닝과 데이터는 구글에서 좀처럼 결합하지 않았다. 결국 안익진 대표는 2013년 스타트업에 뛰어들 것을 결심했다. 중요한 코어인 만큼 밖에서 시도하는 것이 낫겠다고 판단한 것이다.

"구글을 나오기 전에 이미 '문제'를 정의했습니다. 모바일 회사의 90퍼센트는 돈을 못 벌어요. 이 문제를 머신러닝과 데이터로 해결해주기 위해 몰로코를 세웠죠. 훌륭한 앱들이 데이터를 활용하지 못해 성장을 못하는 거예요."

우리가 온라인상에서 소비하는 대부분의 서비스를 무료로 사용할 수 있는 건 보이지 않는 곳에서 쉴 틈 없이 움직이는 애드테크덕이다. 몰로코는 현재 250곳의 고객사를 갖고 있다. '배달의민족'은 대표적인 몰로코의 고객사이다. 모바일 광고에서 AI와 데이터를 활용해 머니터제이션을 하는 일은 몰로코가 세계 톱이라고 그는 말한다. 굳이 경쟁사를 꼽자면 나스닥에서 20조 규모로 상장한 미국의 스타트업 앱러빈을 들 수 있지만 몰로코의 매출이 앱러빈보다 2배 많음을 강조한다. "앱러빈이 '모바일 광고+게임'에 강하다면 우리는 '모바일 광고+머신러닝'에 강합니다." 현재 그는 코어 기술을 바탕으로 인근 영역으로 조심스럽게 사업을 확장하고 있다. 커머스 플랫폼을 위한 솔루션과 스트리밍 및 OTT 플랫폼을 위한 솔루션이 그것이다.

# 18.
## 세상에 없던 기술로 승부한다,
## 리센스메디컬의 김건호

2022년 제59회 무역의 날 기념식에서 '500만 달러 수출의 탑'을 수상한 기업이 있다. 2016년에 창업했고 2022년 시리즈C 투자를 받은 스타트업 리센스메디컬이다. 놀라운 것은 영업활동을 시작한 지 딱 1년 만에 이룬 성과였다는 점이다.

'수출의 탑'은 100만 달러대 탑 5종에서부터 시작해 1000억 달러 이상의 탑까지 총 49종이 있다. 이외에도 소액수출업자를 위한 상, 신시장개척유공자, 무역인프라구축유공자 등등 아주 많은 포상 절차가 있다. 대한민국 정부가 수출에 대한 기여를 이렇게까지 세분해 포상하는 것은 수출이 우리 경제에 차지하는 비중이 매우 크기 때문이다.

안타까운 일은 스타트업의 선전에도 불구하고 2022년 대한민국의 전체 무역수지는 적자를 기록했다는 점이다. 미국발 금융위기가 있었던 2008년 이후 14년 만이었다. 무역이 우리 경제에 얼마나 중요한지는 2021년 자료를 보면 분명하게 드러난다. 4.1퍼센트의 경제성장을 기록한 2021년, 수출은 전체 취업의 15퍼센트를 책임졌고 GDP 대비 부가가치의 24퍼센트를 담당했다. 한국무역협회가 통계청의 자료로 계산한 자료에 따르면 2021년 수출로 만들어진 취업유발 인원은 405만 명이다. 부존자원이 부족하고 내수시장이 크지 않은 대한민국은 수출이 줄면 일자리도 줄어든다. 이제 리센스메디칼이 받은 상의 의미가 새삼스럽게 다가올 것이다.

리센스메디칼의 김건호 대표는 기계항공공학부를 졸업하고 미국에서 열전공학으로 박사학위를 받았다. 처음부터 창업에 관심이 있었던 것은 아니다. 단지 연구에 집중했을 뿐이었다. 그의 관심을 온통 '열'에 집중되어 있었다. 기계의 성능을 좌우하는 것은 '열'이기 때문이다. 전자기기 고장 원인의 54퍼센트는 발열 문제이고 공작기계의 정밀도를 좌우하는 것 역시 발열을 최소화하는 것에 달렸다. 김건호 대표는 미국에서 이와 같은 '열' 문제를 미시세계에서 해석하기 위해 연구를 거듭했다. 물리학과 전자학과의 수업을 들으면서까지 깊이 천착했다고 한다.

이때 주요 논문들이 많이 인용되면서 생명공학자와 의사들과 협업할 기회가 생기게 된다. 그리고 그가 주도적으로 참여한 한 발명이 미시간대학에서 그해 사업성이 가장 좋은 발명품으로 우승하는 결과로 이어졌다. 시제품을 경험한 할머니가 정말 좋아했다는 소식에 학문적 성취와는 또 다른 감동을 느낀 그는 이후부터 창업을 진지하게 생각하게 된다.

"미국은 기술과 창업을 연계하는 시스템이 잘 구축되어 있습니다. ··· 미국에서 창업하라는 추천을 많이 받았지만 현재 재직하고 있는 UNIST로부터 적극적인 지원 의사를 알게 되어 한국으로 돌아와 리센스메디컬을 창업했습니다."

김건호 대표는 급속정밀 냉각기술을 기반으로 최적의 냉각 치료를 연구개발하고 이를 제품화하여 의료진에게 최상의 임상 결과를 제공할 것과 동시에 환자들에게는 안전한 의료 경험을 제공하는 것을 목표로 스타트업을 시작한다. 하지만 한국에서의 반응은 회의적이었다.

"한국 안과 의사들이 사업성이 없다고 했어요. 낮은 시술 수가로 수익성을 내기 위해 하루 100~200건의 시술을 해야 하는 상황인데 비싼 냉각마취 기술을 쓰느니 가장 저렴한 점안 마취제를 투여하겠다는 것이었죠. 환자들도 그 정도 고통은 잘 감내한다고···."

내부에서도 피봇해야 한다는 의견이 있었다. 하지만 김건호 대표는 미국 의사들과 환자로부터 얻은 경험에서 사업성을 확신했다. "미국에서는 효과적이고 빠른 마취에 대한 니즈가 확실했습니다.

미국에서는 안과 사업을 진행하는 동시에 한국에서는 낮은 수가로
부터 자유로울 수 있는 영역을 찾았습니다."

피봇하지 않은 그는 해답을 피부과에서 찾았다. 피부과 의사들
은 안과 의사와 달리 에스테틱(피부관리) 시술 시에 통증 감소가 중
요하다고 답했다. 통증 경감과 환자 불편감 해소가 시술과 재시술
을 결정하는 제일 큰 요인으로 지목된 것이다. 에스테틱의 트렌드를
읽은 김건호 대표는 소비자 니즈를 겨냥한 타겟쿨을 내놓았고 결과
는 대성공이었다.

리센스메디컬이 내놓은 타겟쿨은 염증 및 통증 감소와 극저온
시술 등에 사용하는 비접촉 비침습 방식의 의료기기다. 세상에 없
던 기술이었다. 식품의약품안전처MFDS와 미국 FDA의 승인을 받았
고 유럽연합EU으로부터는 CE 인증을 받아 안정성과 그 혁신성을
입증받았다. 타겟쿨은 빠르고 정밀하게 피부를 냉각하여 즉각적인
마취 효과를 제공해 환자의 불편감을 경감시킨다. 동시에 혈관 수
축을 유도하여 주사 시술 시 발생할 수 있는 혈관 손상, 출혈, 멍 등
의 부작용을 감소시킨다. 화학적 마취 크림 알레르기가 있는 경우,
여드름 주사와 같이 짧은 시간의 시술에서도 유용하게 사용할 수
있다.

## ● 창업은 오랫동안 즐기는 게임이다

　김건호 대표는 기술적인 부문 외에 미국에 체류하는 동안 여러 방면에서 멘토링을 받은 것이 창업에 많은 도움이 되었다고 말한다. 이런 그가 창업에 가장 필요한 역량을 다음과 같이 꼽는 것은 당연한 것인지 모른다.

　"여러 분야 전문가들의 의견을 경청하고 유연하게 대처할 수 있는 능력이 정말 중요하다고 생각합니다. 창업을 하면 여러 예상치 못한 상황과 마주치는데 그때마다 유연하게 대처할 수 있는 순발력이 필요하고 사업의 속도에 영향을 미치는 것을 최소화하기 위해선 전문가의 지식을 십분 활용해야 합니다."

　그 자신 역시 전문가임은 굳이 강조할 필요가 없는 사실이다. 여기에 덧붙이고 싶은 것은 '코리아 R&D 패러독스'이다. 코리아 R&D 패러독스는 GDP 대비 R&D 투자 1위, 인구 대비 연구 인력 1~2위라는 엄청난 투자에도 이것이 경제적 성과로 이어지지는 않는다는 비판에서 나온 말이다. 수치로 보면 분명히 드러난다. 국가 R&D 과제 성공률은 매년 99퍼센트를 상회한다. 하지만 사업화 성공률은 40퍼센트 수준에서 머물고 있다.

　여러 요인을 짚을 수 있겠지만 거칠게 요약하면 이와 같은 갭은 연구자들의 대부분이 성공할 법한 과제에만 매달리기 때문이다. 실패하면 다음 해 R&D 지원에서 배제되는 상황에서 대부분의 연구자들은 하고 싶은 연구, 실패할 가능성이 높은 연구에 집중할 수 없다. 김건호 대표의 연구가 대부분 미국 체류 기간 내에 이뤄졌다는 사실은 코리아 R&D 패러독스의 일면을 보여준다고 하겠다. 순간 냉각하면서도 동상에 걸리지 않은 상태로 마취 효과를 내는 리센스메디컬의 기술은 김건호 교수가 하고 싶은 연구를 한 부산물이다.

현재 리센스메디컬은 안과용 냉각마취 기기인 '오큐쿨'의 상용화를 앞두고 있다. 오큐쿨은 황반변성, 당뇨망막병증 등 실명 질환 치료에 사용된다. 황반변성은 65세 이상 노인 계층의 실명 원인 1위인 질환이다. 기존 방식으로 마취를 하기 위해선 약물 주사를 놓아야 하고 마취될 때까지 10분을 기다려야 했다. 오큐쿨을 쓰면 안구 흰자위 끝에 접촉하는 것으로 마취까지 10초, 시술까지 1분이면 끝이 난다. 눈이 충혈되거나 안구 건조증이 생기는 부작용과 눈에 바늘이 들어온다는 주사 공포증으로부터 자유롭다. 오큐쿨은 국내 의료기기 분야에서는 처음으로 FDA의 드노브클래스(신기술 의료기기에 적용되는 패스트트랙) 심사가 진행 중이다.

리센스메디컬은 탈모 치료, 반려동물 치료 등 냉각 기술을 활용하여 접목할 수 있는 다양한 영역으로 사업을 확장하고 있다. 한국에서 창업했지만 처음부터 글로벌, 특히 미국 시장을 노린 만큼 미국 공략에 매우 공을 들이고 있다. 미국의 무통시술 시장은 10억 달러(약 1조 1965억 원)에 달해 시장성이 매우 높다.

김건호 대표는 창업하고자 하는 후배들에게 독특한 권유담을 남겼다. "세상에는 재미있는 것이 많지만, 사업이라는 건 충분히 복잡해서 지겨울 틈이 없이 즐길 수 있어요. 일찍 시작하면 오랫동안 즐길 수 있는 게임이라고 생각해도 좋아요."

# 19.
# 우주항공 기술이 적용된 바늘 없는 주사기,
## 바즈바이오메딕의 여재익

병원에서 주사를 맞을 때 공포감을 느끼는 사람들이 많다. 이런 사람들을 위해 위로가 되는 이야기가 있다. 1844년 아일랜드에서 속이 빈 바늘이 개발되기 전에도 의사들은 환자들에게 주사를 놓았었다. 새의 깃털 속 텅 빈 부분이 사용되었고 피부를 절개해 정맥에 직접 주입하는 방식이었다고 한다. 텅 빈 바늘 덕에 이런 방식의 주사가 사라진 것이다. 옛날 방식보다는 낫다고 해서 큰 위로가 되지는 않을 듯하다.

주사기의 발명이 치료에 큰 진전을 가져온 것은 사실이다. 약을 섭취하거나 피부에 바르는 기존의 방식은 즉각적인 효과가 나타나기 어렵기 때문이다. 효과가 나타나려면 피를 타고 몸으로 퍼져나가야 하는데 섭취형 약은 소화부터 시작해 수십 단계를 거쳐야 하므로 시간이 오래 걸린다. 이것 외에 문제는 또 있다. 인슐린처럼 섭취하면 위에서 파괴되는 약물이 있고 결핵 치료에 효과적인 스트랩토마이신처럼 섭취하면 흡수가 되지 않고 몸 밖으로 배설되는 약물도 있다. 주사기가 발명되면서 이러한 고민이 사라졌다.

하지만 좋은 점을 수십 가지 나열해도 주사기의 단점은 사라지지 않는다. 무섭다는 것을 둘째로 치더라도 의료 현장에서 일어나는 주삿바늘 찔림 사고와 이로 인한 감염 문제, 주사기와 바늘 남용으로 인한 병원의 재정적 부담, 의료 폐기물과 관리비용, 주사를 삽입하는 데 있어 발생하는 의료인의 시간 소모 등등 꽤 많은 것들을 나열할 수 있다. 이와 같은 단점을 극복하기 위해 새로운 약물 전달 시스템을 개발하려는 노력은 일찍부터 있어왔다.

예컨대 마이크로니들 패치는 바르는 약물과 주삿바늘의 장점을 결합한 방식이다. 머리카락 3분의 1 굵기의 미세한 바늘을 패치에 부착해 피부 각질층에 구멍을 내고 이 구멍을 통해 약물을 넣게 된다. 패치 형태이기에 주사에 대한 공포심이 있어도 사용이 가능하고 조금 따끔거리는 정도의 통증만 있을 뿐이다. 하지만 여기에도 몇 가지 단점이 있다. 미세한 구멍을 내기에 이를 통한 외부 감염이라는 숙제는 여전히 남는다. 또 약물 전달에 대한 정확도가 주사기에 비해 떨어진다는 약점이 있다. 약물을 전달하는 깊이도 주사기에 비해 떨어진다. 패치를 부착하고 떼는 과정에서 미세바늘이 부러져 피부 안에 남을 수도 있다.

바늘 없는 주사기로 가장 먼저 나온 것은 공기압을 이용한 주사기들이다. 공기압축기를 이용해 피부 진피층까지 주사하는 방식이었는데 보편화되지는 못했다. 주로 모공, 흉터, 탄력 치료 등에 사용되었지만 압력의 정교함이 떨어졌다. 약물이 제대로 들어가지 않았고 되튀기는 등 약물 손실률도 꽤 높았다. 종종 심한 통증과 부기를 동반하는 문제도 일어났다.

제대로 된 무바늘 주사기는 2012년에 처음 개발되었다. 레이저를 이용했다. 항공우주공학과에 재직 중인 여재익 교수의 작품이었다. 하지만 그가 스타트업을 시작한 시기는 2017년이다.

> "창업하기 몇 개월 전, 기술 설명을 듣고 있던 어떤 한 분이 '당신이 생각하는 개인용 의료기기는 레이저를 사용해야 하는데 레이저를 소형화시켜봤자 여전히 크고 비싸기 때문에 성공하기 쉽지 않을 것이다'라고 했어요. … 그 피드백이 계속 마음에 걸렸습니다."

그가 처음 개발하고 국제 특허를 출원한 방식은 레이저를 물에 쏴서 기포가 생길 때 발생한 압력을 약물이 있는 곳으로 전달해 아주 얇은 관(마이크로노즐)을 통과하도록 하는 방식이었다. 그는 이 방식을 전기식 솔레노이드로 바꿨다. 가격 경쟁력을 확보하고 생산 확장성은 높이고 소모품 비용을 줄이기 위해서다. 솔레노이드란 도선을 속이 긴 원통형에 감은 것으로 도선에 전기를 흘리면 자기장이 형성되어 전자석이 된다. 자기장이 형성되면 근처의 철제 물체를 끌어당기는 효과가 생기는데 이 성질을 이용하면 관의 개폐를 열고

닫는 밸브를 만들 수 있다.

레이저에서 솔레노이드로 바꿨지만 엄청난 압력을 발생시켜 약물이 마이크로노즐을 통과해 피부밑으로 침투하도록 하는 원리는 동일하다. 이 기술의 원천은 우주추진 기술에 기반을 두고 있다. 우주에서 활용되는 나노초소형 위성의 엔진부에 해당하는 미소추력 발생장치에 활용되는 원리와 가장 유사하다. 짧은 시간에 고밀도의 에너지를 방출하는 제품은 각각 노보젯과 큐어젯이라는 이름을 얻었다.

노보젯Novejet은 피부·미용 분야에 최적화된 무바늘 약물 전달기기다. 머리카락 한 가닥 두께 이하의 초미세한 구멍을 통해 바늘 없이 약물을 극소량(0.0005ml)으로 1초에 20회 자동 반복 분사한다. 통증이 매우 적고, 주입 깊이와 주입량을 조절할 수 있고 고속반복 분사가 가능하다. 현재 상용화를 시작해 동남아와 남미를 우선으로 판매에 들어갔다. 큐어젯Curejet 병을 치료한다는 의미로 의료분야 약물 전달기기다. 의료 인증 절차를 거치고 있다. 두 제품은 원리나 기술적 배경은 동일하지만 사용 목적과 방법이 다를 뿐이다.

의료인들을 위한 제품만 개발하는 것이 아니다. 바즈바이오메딕은 일반인들도 안전하게 자신이 원하는 화장품, 비타민, 약물을 가정에서 접종할 수 있도록 개인용 자가 주입장치도 개발 중이다. 냉장고나 텔레비전처럼 일반 가정에 하나씩 구비되어 누구나 쉽게 피부관리를 할 수 있도록 할 계획이다. 그때면 비타민과 영양제까지 피부에 진짜 양보하는 세상이 열리게 된다.

## ● IT가 접목되지 않으면 롱타임 서바이벌은 불가능하다

여재익 대표는 노보젯은 피부재생, 피부미백, 여드름, 잔주름 감소 등의 안티에이징 시장과 스킨 부스터, 탈모 방지·발모 촉진 등의 미용시장에서 전 세계 판매를 목적으로 하고 있다. 큐어젯의 경우 당뇨병(인슐린 투약), 크론병, 자가면역질환 등 만성질환 부문과 치과용 근관내 약제 사출 제어 등의 의료시장에서 센세이션을 일으키는 것을 목표로 뛰고 있다. 이제는 어느 정도 사업적 성공을 확신하는 단계이면서도 그는 조심스럽게 말한다.

"바늘이 있는 시장이 현존하고 바늘이 없는 시장은 사실상 성공한 바가 없습니다(근육층까지 바늘이 깊이 들어가는 치료제는 무바늘 주사기의 사업영역이 아니다). 성공하지 못한 이유를 저희는 알고 있으므로 그 시장에 진입해 소위 공학기술이 어떻게 없던 시장을 창출해 내며 인류의 삶을 바꿀 수 있는지를 증명해내고 싶습니다."

그가 시장에서의 성공적인 안착을 위해 강조하는 것은 디지털 트랜스포메이션이다. 그는 IT 기술을 접목하지 않으면 어떤 기업도 장기간 생존하는 것이 불가능하다고 말한다. 이를 위해 바즈바이오메딕은 약물 주입이라는 물리적 기능을 목표로 두고 있으면서도 디바이스는 디지털 기기를 지향한다. 여재익 대표는 제품의 디지털화 전략에 여러 아이디어를 접목하고 있다. 예컨대 주입기 팁 부분에 각종 센서를 부착해 거기서 발생하는 데이터를 개인용 맞춤 치료에 활용하는 방안이다. 그는 이런 아이디어를 사업에 접목할 때 매우 흥분된다고 말한다. 창업 후 하루하루가 흥분되고 보람된다고 말하는 그이지만 후배들에게 창업을 쉽게 권유하지는 않는다.

"MIT와 스탠퍼드의 취업 및 창업 통계를 본 적이 있어요. 그곳 학생들은 졸업하면 다 창업할 것 같죠? 그렇지 않습니다. 1000명에 4명꼴입니다. 1퍼센트도 안 됩니다. … 졸업생의 20퍼센트 이상은 선배들이 일궈 놓은 검증된 스타트업에서 첫 사회생활을 시작합니다. 공대생들의 창업도 이 방향으로 가야 하지 않을까 생각합니다. 경험을 쌓고 창업하는 거지요."

그러면서 그는 공대생들에게 필요한 역량으로 '꾸준한 고민'을 들었다. 우리의 삶이, 그리고 미래 사회가 욕하는 기술이 무엇인가에 대한 고민을 하라고 말한다. 고민 없이 아이디어가 떠오르지 않기 때문이다. 그리고 아이디어가 A4에 남아 있지 않고 특허출원으로 이어지도록 도전해보라고 권한다. 교수답게 "기본적인 공학 지식 없이 소위 기술창업은 어려우니 기본 교과목에 충실하라"는 당부 역시 잊지 않는다. 여재익 대표는 회사 경영을 경영 대표에게 맡겼다. 본업이 교수인 만큼 주로 학교에 있으면서 기술적 지원과 재정적 지원을 위해 뛰고 있다.

주삿바늘 없는 약물 전달 시장은 2016년부터 평균 15.25퍼센트 안팎의 성장세를 유지하고 있다. 2025년이면 약 161억 2000만 달러에 이르는 글로벌 마켓을 형성할 것으로 기대하고 2030년이면 321억 달러 규모로 커질 것으로 전망한다. 현재 바즈바이오메딕은 세계 1등 화장품 뷰티 기업과 협업을 통해 개인용 소형화 기기를 개발에 박차를 가하고 있다. 펜 형태의 주입기로 가는 것이 최종 목표이다. 공간에 제한받지 않고 필요할 때마다 주머니에서 꺼내서 바로 약물을 주입하는 시대를 열기 위해서다. 또 제품의 부피를 노트북 크기로 줄여 가정에서 두피관리 전용으로 사용할 수 있도록 한 부스터젯의 출시도 앞두고 있다.

# 20.
# 폐기물로 환경을 구하다,
## 스타스테크의 양승찬

불가사리는 해삼, 성게와 같이 몸의 표면에 가시가 있는 극피동물이다. 대부분 5개 또는 그 이상의 팔을 갖고 있으며 체외수정을 하고 유생은 플랑크톤 생활을 한다. 우리나라 연안에 흔히 볼 수 있는 불가사리는 별불가사리, 아무르불가사리, 일본불가사리, 햇님불가사리 등이 있다. 불가사리는 다모류, 조개류, 어류 사체 등을 먹이로 하는 육식동물로서 해양 생태계에서 해저 청소부 역할을 한다. 외부 자극에 대한 방어 과정에서 몸의 일부가 잘려 나가도 시간이 지나면 재생되는 강한 생명력을 갖고 있으며 번식력도 강하다. 마땅한 천적도 없다.

불가사리 가운데 아무르불가사리는 '바다의 해적'이라고 불린다. 양식장에 출현하여 어패류를 마구잡이로 포식하기 때문이다. 그물을 찢어놓기도 하고 어구에 함께 어획되어 선별 작업에 노동력과 시간을 소요시키는, 어민들 입장에서 매우 귀찮은 생물이다. 불가사리로 인해 발생하는 수산업 피해 규모는 연간 4000억 원으로 추산한다. 정부는 어민들의 피해를 줄이기 위해 해마다 아무르불가사리 3000~4000톤을 수거해 소각시켜왔다. 독성과 악취가 강해 소각 외에 다른 폐기 방법이 없기 때문이다. 지자체와 수협이 수매비용으로 연간 30억~50억 원을 소요하고 소각비용에만 따로 20억 원이 들어간다. 소각 과정에서 상당한 양의 탄소가 배출되는 문제도 있다.

이런 여러 문제로 인해 불가사리를 소각하지 않고 유용 자원으로 활용하려는 방안이 일찍부터 있어왔다. 예컨대 불가사리를 가수분해하여 칼슘을 생산하는 방법이다. 이때 가수분해 효소를 사용해야 하는데 효소 단가가 너무 높아 산업화 저해 요인이었다. 가수분해 대신 미생물 발효에서 돌파구를 찾으려 했지만 이 역시 사업화 진전은 없었다.

활용 방안을 찾을 수 없어 골머리를 앓던 불가사리는 이제 제설제로 거듭나 우리 곁으로 왔다. 2017년에 출발한 스타트업 스타스테크 덕이다. 아이디어의 시발점은 놀랍게도 고등학교 때 잉태된 것이다. 양승찬(화학생물공학부) CEO가 경기과학영재고 입학 후 첫 연구 프로젝트가 다공성 구조체였다.

"숯이나 제올라이트(규산염 광물) 등으로 실험을 했어요. 또 다른 후보

물질을 찾던 중 「불가사리 소재의 세라믹을 이용한 중금속 제거」라는 논문을 읽게 되었습니다."

다공성 구조체를 창업 아이템으로 연결한 것은 강원도 인제 육군 포병부대에서 군생활을 하던 과정에서였다. 당시 상병이었던 양승찬 대표는 2017년 '국방 스타트업 챌린지'에 도전하게 된다. 군 복무 중에도 창업이 활발한 이스라엘의 모델을 벤치마킹한 대회였다. 이때 양 상병 팀은 '불가사리 제설제'를 들고 나갔다. 제설제 원료로 불가사리에서 추출한 뼛조각(다공성 구조체)를 활용하겠다는 구상이었다. 양 상병 팀은 이 아이디어로 참모총장상을 받았고 '도전! K-스타트업'에서는 국방부장관상을 받았다.

다공성 구조체는 고체의 표면이나 내부에 작은 고기구멍이 촘촘히 있는 구조를 말한다. 이 다공성 구조체는 제설제에 필수적으로 들어가는 염화이온을 흡착하는 성질이 있다. 염화이온을 흡착하는 성질은 제설제에 있어 매우 중요하다.

제설제는 이때까지 염화칼슘과 염화나트륨으로 만들었다. 문제는 눈을 녹이면서 배출되는 염화이온으로 인해 자동차가 부식되고 아스팔트가 파손되거나 가로수가 고사한다는 점이다. 문제는 여기서 끝나지 않는다. 염화이온은 어린이와 반려동물의 호흡기 질환을 일으키고 땅과 하수도로 유입되어 토양과 수질오염의 원인이기도 했다. 이 문제를 해결하기 위해 염화물계 물질에 부식 방지제를 첨가한 제품이 나왔다. 하지만 이 제품은 부식은 약간 줄어든 대신

눈이나 얼음을 제거하는 융빙 성능은 확연히 떨어졌다. 높은 가격이라는 약점도 있었다.

불가사리 추출 성분으로 만든 제설제 ECO-ST가 나오면서 이 모든 약점을 상쇄했다. ECO-ST를 사용하면 부식 억제력은 염화나트륨 대비 0.8퍼센트로 이는 물보다 낮은 수준이다. 콘크리트 파손은 24퍼센트 낮아지고 융빙 성능은 166퍼센트 높다. 제조원가 역시 기존 제품보다 20퍼센트 낮출 수 있다. 도로 보수비용과 차량 부식 피해 절감 등을 따졌을 때 제품의 사회적 가치는 1포당 약 70달러로 추산하고 있다. 여기에 환경비용까지 생각한다면 불가사리 제설제는 월등한 제품이다. 판매가 늘어날수록 어민들의 불가사리 피해가 줄어드는 장점까지 있다.


## ● 스타트업은 고생으로 점철된다

양승찬 대표의 창업 서사는 고등학교 때 연구했던 불가사리가 창업 아이디어로 이어지고 이것이 경진대회에서 수상하며 실제 사업으로 연결된 사례이다. 당시 참가했던 네 명의 군인 중 세 명이 전역하자마자 설립한 것이 지금의 스타스테크이다. 경진대회에 참가했던 팀의 이름 STAR's를 물려받은 작명이다.

국내 제설제 시장은 한 해 1000억 원 정도이다. 스타스테크는 2022년 기준 제설제 시장의 16퍼센트를 점유하고 있다. 창업하고

4년 만에 6배 성장했다. 정부나 지방자치단체 조달 부문에서는 1위다. 시장을 빠르게 석권하면서 연간 매출액도 200억 원을 넘어섰다. 캐나다, 유럽, 일본 등 글로벌 특허등록도 마쳤으며 해외 제설제 시장도 적극 공략 중이다. 빠른 성장이지만 시작부터 창대했던 것은 아니다. 시작은 지극히 미약했다. 창업하겠다고 하면 누구나 말린다.

> "창업 의지를 분명하게 보여주자고 결심했습니다. 저는 부모님을 설득해 4000만 원 빌렸고요. 영업과 생산을 맡았던 공동창업자들도 집에서 2000만 원씩 들고 나왔어요. '반드시 이뤄내자'는 배수의 진 같은 거지요. 같은 부대에 근무했던 부사관 한 분도 '아내 몰래 가져왔다'며 3000만 원 투자했습니다."

곧바로 충남 당진에 공장을 빌려 생산시설을 만들었다. 샘플이라도 있어야 성능을 알릴 수 있다는 생각에서였다. 하지만 그것으로도 부족해 돈을 빌리려 다녔다. "돈이 부족해서 정말 얼굴도 모르는 사돈의 팔촌까지 찾아가서 자존심 굽히고 돈을 빌려달라고 한 적도 있습니다." 사업영역이 정부조달 사업이다 보니 지자체 산하 출연기관 500여 곳을 모두 돌아다녀야 했다. 제설제라는 제품의 특성상 시기가 중요해 석 달 안에 마쳐야 했다. 자동차 두 대를 빌려 3개월간 전국을 누볐는데 대당 주행거리가 7만 km를 기록했다고 한다. 하루 평균 800km를 이동한 셈이다.

"(물건 들고 방문하면) 앞에 컴퓨터만 바라보고 눈도 마주치지 않습니다. 그런 분들을 앞에 두고 설명해야 합니다. 그렇게 한 번 방문하고, 두 번째 찾아가면 고개 한 번 돌려주시고, 세 번째 방문하면 들어봐 주고, 네 번째 방문하면 커피 한 잔 내어주고…."

창업경진대회에서 상을 받으면 스타트업에 조금 유리한 면은 있다. 투자자들의 관심을 조금 끌기 때문이다. 하지만 스타스테크와 같은 제조업일 경우 소비자들이 제품을 받아들이냐가 최종 관건이다. 게다가 제설제와 같은 계절상품은 시기를 놓치면 1년을 놀아야 한다. 양승찬 대표와 공동창업자들은 생산을 맞추기 위해 밤부터 새벽까지 일했다고 한다. "잠을 하루에 1시간 정도밖에 못 잤습니다. 그렇게 2주 정도 생활하니까… 심장통증, 안면경련, 과호흡 등의 증상이 생겼어요. 표정이 경직되고 말이 안 나왔죠."

고생 서사는 여기서 그만 이야기하자. 양승찬 대표가 현재 제적 상태라는 한마디로 창업의 고됨을 마무리할 수 있기 때문이다. 재학 중 창업일 경우 대부분은 학업을 포기한다. 빌 게이츠, 마이클 델(델 컴퓨터), 스티브 잡스, 마크 저커버그, 래리 엘리슨(오라클), 잭 도시(트위터), 얀 쿰(왓츠앱) 등등 학업을 중도 포기한 사람은 스타트업 업계에 수두룩하다. 물론 양승찬 CEO의 경우 학업을 포기한 것은 아니다. 그는 복학할 수 있다는 사실을 알고 있고 그럴 의향도 있다. 학업과 병행할 수 있을 만큼 사업이 만만한 영역이 아님을 강조하고 싶을 뿐이다.

현재 스트스테크는 계절 상품이라는 한계를 벗어나기 위해 사업 다각화를 모색하고 있다. 먼저 불가사리에서 추출한 콜라겐으로 화장품 원료를 만들고 있다. 뷰티업계로 진출한 것은 아니다. 원료를 공급하고 매출 대비 로열티를 받는 구조로 사업을 설계했다고 한다. 그리고 남은 폐액으로는 비료를 생산한다. 비료는 이미 '불쑥이'라는 이름으로 상용화되어 판매하고 있다. 그야말로 불가사리를 100퍼센트 활용하는 셈이다. 이외에도 스타스테크는 글로벌 케미칼 회사를 꿈꾸며 다양한 친환경 제품을 개발하는 중이다.

# 21.
# 플라스틱 130년 역사를 끝낸다,

## ———— 더데이원랩의 이주봉

폐기된 플라스틱이 오랜 기간 물리적 힘에 의해 미세한 입자로 변화하면 미세플라스틱이 된다. 세계자연기금WWF에 따르면 한 사람이 일주일간 섭취하는 미세플라스틱은 약 2000개로 신용카드 한 장의 무게인 5g에 해당한다고 한다. 월간으로 따지면 칫솔 한 개의 무게에 해당하는 21g의 미세플라스틱을 섭취하게 된다. 음용수, 소금, 갑각류, 어패류 등을 통해 우리 몸에 들어온다. 당연히 몸에 축적되면 내부장기 손상이나 호르몬 작용을 방해해 신경계 손상을 일으킬 수 있다.

현재 전 세계 국가 중 14퍼센트가 일회용 플라스틱 사용을 법률로 금지하고 있다. 대표적인 금지 품목은 비닐봉투와 빨대다. 66퍼센트의 국가는 비닐봉투를 사용하지 못하도록 하고 있고 7퍼센트의 국가는 플라스틱 빨대를 금지했다. UN 175개 회원국은 2024년 우리나라에서 개최될 플라스틱 협약에서 플라스틱 사용 규제 협약의 최종안을 마련하기로 되어 있다. 플라스틱은 인류가 해결해야 할 당면과제인 것이다.

건강과 미래를 생각한다면 당장 플라스틱 사용을 전면 중단해야겠지만 세상은 그렇게 간단하지 않다. 산업적 측면에서도 문제이지만 플라스틱이 반드시 필요한 사람이 있기 때문이다. 전면 금지할 경우 정신건강시설, 교정시설 등에서 집단감염 예방과 폭력·상해 등 안전사고 예방을 위해 지급되는 일회용 플라스틱 수저류가 문제가 된다. 또한 뇌병변, 근육위축, 다발성 경화증 등으로 인해 연하(삼킴) 곤란이 있는 환자들은 구부러지는 플라스틱 빨대가 없으면 물과 음식을 섭취하지 못한다는 것도 골칫거리다. 애초에 주름이 있어 구부러지는 빨대는 빨대 사용이 익숙하지 않아 자꾸 음료수를 쏟는 어린 딸을 위해 개발된 것이다.

일찍부터 이와 같은 문제가 지적되어온 만큼 플라스틱 대체재 개발이 여러 곳에서 있어왔다. 하지만 대체재로 거론되는 것들 역시 문제점이 한둘이 아니다. 가장 먼저 언급되었던 종이는 친환경 소재다. 기업 입장에서도 플라스틱에서 종이로 갈아타기가 상대적으로 용이하다. 하지만 종이로 일회용 포장재를 대체하려면 막대한 삼림을 벌채해야 한다는 모순이 생긴다.

두 번째로 언급되는 것은 바이오 플라스틱이다. 생물을 원료로 제조되기에 생분해가 가능하지만 여기에도 문제가 있다. 먼저 생물

을 원료로 할 경우 대부분의 원료가 농작물에서 추출된다는 점이
다. 식량안보와 정면으로 대치된다. 정말 생분해되는가 하는 물음에
도 꼬리가 붙는다. 옥수수, 감자, 기타 탄수화물에서 뽑아낸 발효 전
분으로 만든 PLA의 경우 60도라는 고온과 습도 70퍼센트라는 특
정 조건에서만 분해된다. 게다가 6개월 이상의 긴 시간이 필요하다.
이는 사실상 산업적 퇴비화 시설을 갖춰야 분해가 가능하다는 이
야기다.

　문제가 이렇다 보니 2018년 유럽연합은 생분해성 플라스틱은
답이 될 수 없다고 결정했다. 사용을 권장할 수도, 손을 놓고 있을
수도 없으니 유럽연합이 취한 정책은 '재사용 용기 사용 의무화'였
다. 유럽연합은 2022년 포장법을 개정하고, 2030년까지 일정 비율
의 제품(주류 10퍼센트, 비알코올 음료 20퍼센트, 레스토랑 및 커피숍 10퍼
센트)에 재사용 용기를 사용하도록 의무화할 예정이다. 프랑스는
2023년부터 모든 패스트푸드 체인점의 일회용 용기 사용을 금지했
고 독일은 테이크아웃 음식이나 커피를 판매하는 모든 업소가 소
비자에게 재사용 가능한 용기를 제공하도록 의무화하는 법안을
2023년 시행했다. 그런데 이런 상황을 한꺼번에 반전시킬 게임체인
저가 등장했다.

　"저희 플라스틱 소재는 세계 최초로 자연에서 만들어져 자연으로 돌
　아갑니다."

플라스틱을 대체할 신소재를 개발한 더데이원랩의 이주봉(화학생물공학부) 대표는 확신에 찬 목소리로 제품을 소개한다. 단백질과 탄수화물 등 자연유래 물질로만 구성된 플라스틱 신소재 '인:오션'이 그 주인공이다. 이 소재는 플라스틱이 버려지는 토양과 해양에서 각각 2개월, 2주 내에 완전 분해된다. 이주봉 대표는 이렇게 말을 잇는다. "지금까지 나온 플라스틱 대체재들은 일정 조건에서 분해되는 등 실효성이 없었습니다. 우리 소재는 해양과 토양을 가리지 않고 완벽하게 자연 분해되며 심지어 먹어도 됩니다. 탄소중립연구원에 따르면 석유 기반 플라스틱 대비 탄소 배출량이 84퍼센트 낮아 향후 탄소세 저감에도 큰 도움이 된다고 합니다."

2021년에 창업한 더데이원랩은 현재 사업영역을 확장하고 있다. 비닐봉지, 지퍼백과 같은 유연포장을 시작으로 휴대폰 케이스와 같은 고강도 플라스틱으로 진입 중이다. 이주봉 대표는 "친환경 플라스틱 시장의 30퍼센트 이상을 차지해 유니콘 기업으로 성장하고 싶다"고 말하지만 이는 스타트업이 몰고 온 혁신성에 비해 소박한 포부일 뿐이다. 플라스틱이 우리 생활 전반에 어떻게 사용되는지만 보아도 그것을 알 수 있다. 물티슈, 껌, 콘택트렌즈도 플라스틱이다. 가볍고 단단하고 저렴하다는 특성으로 플라스틱은 종이, 유리, 금속, 나무의 자리를 대체하며 우리 생활 깊숙이 침투해 있다. 당장 책상 주변을 둘러보라. 이제 그 모든 자리를 '인:오션'이 대체할지도 모른다. 130년 플라스틱의 역사가 저물고 있다.

## ● 창업을 위해 10년을 준비하다

그가 창업 아이디어를 떠올린 것은 카투사로 복무하던 2012년 이었다. 미군 부대에서 일회용 플라스틱들이 분리수거 없이 마구잡이로 버려지던 것을 목격한 그는 이런 의문을 품게 된다. "저 쓰레기들이 다 어디로 가는 거지?" 이때부터 고분자 소재를 연구하면 사업적인 면에서 전망이 좋겠다는 생각을 했다고 한다. 하지만 자신이 창업을 생각하고 있었던 것은 훨씬 이전부터라고 말한다. 개인사업을 하고 계시던 아버지의 영향을 받았기 때문이다. 그가 대학을 입학하던 해 아버지로부터 이런 이야기를 들은 것이 무척 마음에 와닿았다고 이야기한다.

> "공학을 공부했으면 적어도 마흔이 되었을 때 네가 네 자식에게 세상에 어떤 이바지를 했는지 말할 수 있는 사람이 되었으면 좋겠다."

창업을 하더라도 기술기반 창업을 하고 싶었던 그는 석사와 박사 과정까지 밟게 된다. 공부를 하면서도 그는 틈틈이 창업을 준비해갔다. 예컨대 어썸레이의 법인 설립 멤버로 참여하면서 기술 스타트업이 어떻게 운영되고 성장해가는지를 지켜봤다. 박사를 졸업한 후에도 어썸레이에서 일하며 스타트업을 배웠다. 2020년 11월 퇴사를 단행한 그는 2021년 '환경창업대전', '도전! K-스타트업'에 출전해 환경부장관상과 국무총리상을 받으며 스타트업을 시작한다. 함께 창업한 공동창업자 다섯 명 역시 학창 시절에 만나던 친구들이다. 학부를 졸업하고 석박사 과정을 마친 후 여기에 어썸레이에서 보낸 3년을 보태면 그가 창업을 하기까지 걸린 시간은 모두 10년이다. 차근차근 창업을 준비해 온 만큼 후배들을 위한 조언도 구체적이다.

"저는 '연구자를 위한 기술관리와 사업화'라는 수업을 추천합니다. 재료과 수업이었는데 그 수업을 통해 창업했을 때 어떤 걸 해야 하는지 무엇이 중요한지 알 수 있었어요. 경영대 수업을 들으면서 다양한 경영 사례를 본 것도 도움이 되었고… 창업지원단에서 동문 창업 네트워크 행사를 열어 서로 간에 연결고리를 만들고 벤처캐피털을 소개해주는 자리도 있어요. 이런 행사에 참여하는 것도 도움이 됩니다."

현재 더데이원랩은 농작물을 경작할 때 경지 토양의 표면을 덮어주는 농업용 멀칭 필름과 일반 봉투용 필름, 칫솔, 식품용 트레이, 일회용 식기류, 그리고 광학적 특성이 우수해 유리제품처럼 만들 수 있는 블로운Blown 필름 등 다양한 제품에 대응할 수 있는 제품 목록을 구축하고 있다.

이주봉 대표는 더데이원랩을 플라스틱의 130년 역사를 끝내고 플라스틱 다음 세대의 시작을 이끄는 회사로 키우고 싶다고 말한다. 그는 2037년이면 석유 자원에서 추출한 원료로 만든 '버진 플라스틱'은 더 이상 사용되지 않을 것이라고 전망한다. 이런 시대 변화에 맞춰서 진정성 있는 기술을 갖고 시장에 진입했으니 충분히 성장할 것이라 확신한다.

세상 사람들은 결과만 보려고 할 뿐 그 과정을 보려고 하지 않는다. 지금까지 살펴보았듯 창업에 정답이 있는 것은 아니다. 창업의 기회는 도처에 있다. 우리 주변에 있지만 자주 무시되고 있는 여력들을 활용해 사업을 일군 스타트업을 떠올려보자. 에어비앤비가 생기기 전에는 여행자들은 비싼 값을 치르고 호텔방을 잡는 것 말고는 대안이 없었다. 집주인들이 쓰지 않는 공간을 믿고 빌려줄 방법도 없었다. 에어비앤비는 방치되어 있던 이런 공급과 수요를 알아봤다. 우버도 마찬가지다. 어느 장소로 가고 싶은 사람과 기꺼이 태워다 주고 싶은 사람을 연결해주는 것만으로 기업을 세울 수 있다고 상상해본 사람은 없었을 것이다. 그 자리에 이미 택시와 버스라는 대중교통이 있었기 때문이다. 보편화된 관습 너머에 기회가 있다. 아이디어를 현실화시킬 수 있는 공대생들의 상상력과 여기에 의지가 더해지기만 하면 된다. 지금껏 살펴본 스타트업 21인의 공통점이다.

# 22.
## 대학원 연구실 창업의 대부가 되다,
### ———— 스타트업 인큐베이터 조성준 교수

　대학 창업 생태계는 학부생, 대학원생, 그리고 교수들의 창업으로 나뉜다. 지금까지의 대학 창업 활동은 주로 학부생 중심으로 이루어졌으나 점차 기술혁신 창업의 중요성이 높아지면서 대학원 실험실과 교수들의 역할이 강조되는 흐름이다.

　학부생 창업은 초기 단계의 아이디어와 창의력을 중심으로 이루어진다. 이들은 신선한 관점과 열정으로 창업 생태계에 활기를 불어넣으며 다양한 혁신적 아이디어를 추구한다. 그런데 학부생들의 창업은 종종 기술적 깊이나 경험 부족이라는 한계가 있다. 그러나 교수와 대학원생의 창업은 이런 단점이 드러나지 않는다.

　2021년 이후로 서울공대에서 교수 창업과 대학원 창업의 비율이 급격히 증가하는 추세이다. 이 배경에는 대학교의 실험실 창업 육성정책이 큰 역할을 하고 있다. 이는 교수 및 대학원생들이 기술 및 경험을 바탕으로 기술창업에 더 쉽게 접근할 수 있는 환경이 갖춰지고 있다는 의미다. 실제로 대부분의 교수는 최소 다섯 개 이상의 유망한 창업 아이템을 선정할 수 있을 만큼 충분한 기술과 아이디어를 보유하고 있다.

그러나 교수로서 이미 바쁜 일정을 소화하고 있는 상황에서, 추가로 창업을 하여 기업가로서의 길을 병행하는 것은 결코 쉬운 일이 아니다. 교수라면 세계적인 수준의 연구를 수행하는 동시에 훌륭한 인재들을 교육해야 하는 막중한 사회적 책임을 진다. 이 교수직을 겸하면서, 100퍼센트의 시간과 노력을 쏟아야만 성공할 수 있는 기업가 활동을 병행하는 것은 현실적으로는 어려운 일이다. 100퍼센트 혼신을 다하는 젊은 경쟁 창업자들 틈바구니에서 이미 창업한 많은 교수가 이런 어려움을 호소하고 있다.

이러한 한계를 고려할 때 서울공대 산업공학과 조성준 교수가 이끄는 대학원 연구실의 동향은 충분히 주목할 만하다. 2017년부터 2023년까지 최근 6년간 10개의 최첨단 테크 스타트업을 성공적으로 배출한 이 연구실은 탁월한 연구실 창업의 성공 사례로 보인다. 지도교수인 조성준 교수와의 인터뷰를 통해 이 연구실의 성공 비결을 알아보았다.

조성준 교수는 대한민국 인공지능 및 빅데이터 분야의 대표 인물로, 이름만으로도 세계적인 벤처캐피털의 관심을 끌 정도의 명성을 갖고 있다. 서울대학교 산업공학과 교수이자 빅데이터 AI 센터장으로 재직 중인 그는 공공데이터전략위원장 및 국가데이터정책위원회 위원 등 여러 중요한 자리를 맡으며 공공 및 사기업 부문에서 빅데이터와 인공지능 분야의 수많은 연구 및 자문 역할을 수행하고 있다. 그는 200여 편의 저명한 학술논문 발표와 특허, 상용 소프트웨어 개발을 주도했으며 현재 삼성전자, SK하이닉스, 현대자동차 등 다수의 대기업에 R&D 및 교육을 제공하고 있다. 여기서 더욱 주목할 점은 조성준 교수가 직접 창업에 나서지 않았음에도 많은 제자들이 창업에 도전하여 성공을 거두고 있다는 사실이다.

조성준 교수는 공학의 궁극적인 목표가 '사람들의 삶의 질을 향상시키는 것'이라고 생각하며, 기술창업이 이러한 가치관을 실현시키는 중요한 방법 중 하나라는 지론을 갖고 있다. 그는 자신의 역할을 분명하게 단정 짓는다. 학생들을 연구자로서, 또한 사회에 공헌하는 사람으로 성장할 수 있도록 지원하는 것이고, 창업은 그러한 성장을 위한 훌륭한 기회라고 말한다.

이러한 교육철학이 그의 제자들이 창업에 성공하는 데 핵심 역할을 하는 것으로 보인다. 그는 단순히 기술 지식의 전수에 그치지 않고, 제자들이 성공적인 기업가와 사회 구성원으로 성장할 수 있도록 격려하고 지원한다. 이는 학문적 깊이와 응용 사이의 균형을 이루는 방법으로 학생들에게 실질적인 사업 경험을 권장하고, 기술과 인간 중심의 가치를 동시에 추구하는 창업 문화를 조성하는 데 기여하는 듯하다.

그의 전문 분야인 인공지능 분야에서는 구글, 오픈AI와 같은 대기업들이 중요한 연구 성과를 발표하는 경우가 많다. 이 분야의 기술은 빠르게 발전하고 있기에 취업이나 창업을 하더라도 학계의 최신 연구 논문을 지속적으로 공부해야 한다. 하지만 창업에 성공하기 위해서는 사람들과의 관계 구축과 설득 능력이 더 중요하다. 고객, 동업자, 투자자 등 다양한 이해관계자들과 소통하고 비전 공유를 통해 관계의 중요성을 깨닫고, 사람과 사회에 대해 더 깊이 이해해야 성공의 가능성이 높아진다. 6년간 10개의 성공적인 테크 스타트업이 한 연구실에서 나왔다는 것은 이것 외에 다른 설명이 있을 수 없다.

조성준 교수는 창업을 이렇게 말한다.

"학생들은 입시와 취업 과정에서 주로 '지도'받는 경험에 익숙해져 있습니다. 이러한 교육과정은 대체로 수동적인 학습 방식과 문제 해결을 요구합니다. 그러나 창업 경험은 이와는 전혀 다른 차원의 학습과 사고방식을 요구합니다. 창업은 수동적이고 주어진 문제를 해결하는 방식에서 벗어나, 창의적이고 능동적인 사고를 촉진합니다. 이는 사고방식을 전환시키는 중요한 계기가 됩니다."

조성준 교수에게 왜 직접 창업하지 않는지에 대한 질문을 던졌을 때, 창업의 어려움과는 별도로 교육자로서 학생 지도와 연구에 더 큰 관심을 가지고 있으며 학생들의 성장을 통해 충분히 만족감을 느끼고 있다는 답변이 돌아왔다. 연구실 제자들 창업기업의 지분을 가지고 있냐는 질문에는, 감사의 표시로 투자 기회를 받은 적은 있지만 그들이 성장하여 서로 협력하고 이끌어가는 것이 더 중요하다고 덧붙였다.

조성준 교수 연구실에서 배출된 스타트업들은 모두 벤처캐피털의 투자 유치와 해외 진출에 성공하며 최고의 테크 혁신 스타트업으로 성장하고 있다. 벤처 투자 데이터베이스 사이트인 더브이씨THE VC를 검색하면 10개 기업이 2024년 1월 기준으로 그동안 투자받은 금액은 총 1000억 원에 달하고 250여 명의 직원을 고용하고 있다. 10개 기업을 합하면 기업가치가 이미 유니콘 기업 수준이다. 만일 조성준 교수가 직접 제자들을 데리고 창업했다면 교수직을 겸하면서 불과 6년 만에 이런 성과를 달성할 수 있었을까?

10개의 스타트업은 각각 독특한 기술과 혁신적인 서비스로 AI 기술의 다양한 확장을 도모하고 있다. 스타트업들의 면면을 보면 금융, 투자, 자연어 처리, 데이터 분석, 반도체, 의류 관리 등 다양한 영역에서 AI 기술혁신이 사회와 산업에 미치는 광범위한 잠재력을 보여주면서 왜 투자자들의 마음을 사로잡는지 알 수 있다.

조성준 연구실의 창업 역사는 2017년 AI/딥러닝 관련 솔루션을 SaaS 형태로 제공하는 뉴럴웍스NeuralWorks(한대희)를 시작으로, 2018년 인공지능 모니터링 기술을 이용한 반도체 공정 진단 AI 솔루션 RTM(성기석), 2019년 AI 기반 TOEFL 자동채점 에듀테크 데이터뱅크DataBank(조현상 공동창업), 2020년 B2B 금융 데이터 플랫폼 프리즘39Prism39(김현용), 기업용 AI 구축 통합 솔루션 및 챗GPT

와 OCR 기술을 결합한 챗봇 서비스 업스테이지Upstage(박은정 공동 창업), AI 기반 쇼핑몰 리뷰 데이터 분석 솔루션 빌리뷰Bereview(한송원), 2021년 인공지능 및 머신러닝 소프트웨어 서비스 콕스웨이브 Coxwave(김기정), 2022년 자연어 처리 기반 AI 기술 개발 소프트리 AISoftlyAI(문지형 공동창업), 온라인 브랜드 의류 재고 등록·관리 자동화 온아웃Onout(최용우), AI 스튜디오 사진 생성 서비스 스위트앤데이터Sweetndata(안재관)에 이르고 있다.

조성준 교수의 지도 아래에서 탄생한 다양한 스타트업들을 보면, 그의 교육철학과 기술창업에 대한 통찰이 어떻게 엔지니어들에게 영향을 미치고 창업의 원동력이 되었는지를 명확하게 이해할 수 있다. 대학의 역할이 단순한 기술적 성과를 넘어서 스타트업 생태계에서 사회적·문화적 혁신으로까지 확장되는지를 알 수 있으며 대학에서 축적된 기술과 지식이 실제 시장과 사회에서 어떻게 응용되고 혁신적인 사업 모델로 발전할 수 있는지도 이해가 가능하다.

이와 같은 성과는 대학이 스타트업 생태계에 기여하는 방식을 재정의하고, 학문적 연구가 실제 시장에서 어떻게 적용되고, 혁신적인 사업 모델로 발전할 수 있는지를 보여준다고 하겠다. 연구실 스타트업의 성공은 단순히 기술적 혁신을 넘어서, 우리에게 교육의 본질과 목적, 그리고 사회적 책임에 대한 깊은 성찰을 요구한다. 대학은 기술과 인간, 사회를 하나로 묶는 융합의 장으로서, 미래지향적이고 혁신적인 창업 문화를 양성하는 데 기여할 수 있다.

# 3장

# 우리는 어떻게 창업가가 될
# 수 있는가?

## ● 창업이 취업만큼 안전하다고?

경제개발 5개년 계획이 시작된 1962년부터 1979년까지 대한민국 평균 경제성장률은 8.5퍼센트입니다. 10퍼센트를 상회한 기록이 일곱 차례였을 만큼 고도성장을 구가하던 이 시기엔 일자리가 넘쳐났었습니다. 예컨대 대학을 졸업하고 은행권에 입사하면 과장 직함에서부터 시작했습니다. 상업고등학교만 나와도 은행에 취업할 수 있었던 탓에 이런 메리트를 주지 않으면 대졸자들이 오려고 하질 않았다고 하는군요. 창업을 시도하는 사람은 극히 드물었습니다. 사업가 기질이 센 사람일지라도 가업으로 물려받지 않는 이상 첫 선택지는 취업일 가능성이 높았습니다. 그것이 안정적이면서 분명한 길이었으니까 말입니다.

1983년 13.4퍼센트로 경제성장률 고점을 찍은 우리나라는 이후 추세적으로 성장률이 하락합니다. 그럼에도 6퍼센트를 상회하는 성장률은 꽤 오랫동안 이어졌습니다. 지금은 이것도 꿈같은 성장률이지만 취업과 고용시장에 서서히 한파가 몰아닥친 시기이기도 합니다. 회사가 망하거나 해고되면 마지막으로 선택하는 것은 대부분 '장사'였습니다. 비교적 소자본으로 시작하기에 이쪽이 리스크가 낮았던 탓입니다. 때마침 외식산업이 폭발적으로 성장하던 시기였으니 1980년대 중반과 1990년대엔 '장사'는 나름 괜찮은 선택이었습니다.

하지만 사업가가 된다는 것은 달랐습니다. 인생을 걸고 승부를 보는 것이라는 인식이 팽배했습니다. 리스크가 매우 컸던 탓이죠. 이런 인식은 대부분 자본조달의 어려움에서 기인한 것입니다. 과거 창업을 하려는 사람들에게는 대략 세 가지 자본조달 방법이 있었습니다. 자기자본에 의지하거나 친지들의 자금을 빌리거나 은행에 부동산을 담보로 융자를 받는 방법입니다. 실패했을 경우 파산을 하거나 빚쟁이가 되는 구조였죠. 사회적으로도 낙인이 찍혀 재기하기가 거의 불가능했습니다.

'창업=빚더미 위에 앉기'라는 인식은 지금도 꽤나 공고합니다. 유공(현 SK이노베이션)에서 사회생활을 시작한 저의 경우를 얘기하지요. R&D와 기업전략 업무를 맡아보다가 창업을 한 것은 1990년대 말입니다. LG창투의 투자를 이끌어내며 시작한 게임 사업이었습니다. 그런데 투자 유치 후엔 투자자들을 피해 다녔습니다. '투자'와

'융자'는 다르다는 것을 알면서도 이들을 만나면 '빚쟁이'가 된 기분을 떨칠 수가 없었던 탓입니다. 사회적 통념에 저도 모르게 물이 들었던 거지요. 뒤에서 다시 이야기하겠지만 스타트업 CEO와 투자자는 한 팀입니다.

1장에서도 언급되었지만 1990년대 말부터 창업 환경은 많이 달라졌습니다. 여러분이 스타트업을 시작하면 만나게 될 다양한 자금 조달 방법을 나열하는 것만으로도 알 수 있습니다. '예비창업패키지, 초기창업패키지, 청년창업사관학교, 신용보증기금, 정부R&D과제(정책자금), 엑셀러레이터, 팁스TIPS프로그램, 벤처캐피털, 엔젤투자, 신기술사업금융사' 등등이 창업자를 기다리는 자금들입니다. 여러분은 이들을 단계별로 만날 수도 있고 몇몇은 건너뛸 수도 있습니다. 한 가지 분명한 것은 이들과 여러분의 관계는 '채권자와 채무자'가 아니라는 겁니다. 이들은 협력자들입니다. 설사 창업에 실패하더라도 책임을 묻지 않습니다. 실패의 과정에 도덕적 문제가 없다면 7전8기 혹은 그 이상을 지원합니다.

여기에 엑시트 플랜까지 매우 좋아졌습니다. 엑시트는 창업자에게는 출구전략이고 투자자들에게는 투자회수 전략입니다. 엑시트가 활발할수록 창업 생태계가 건강합니다. 창업이 활발하게 이루어지고 투자금이 원활하게 돌아간다는 증거이죠. 과거 우리나라 창업 생태계는 IPO 외에는 마땅한 출구전략이 없었습니다. 스타트업이 IPO에 성공하는 확률은 0.7퍼센트에 불과합니다. 게다가 IPO까지 소요되는 시간은 평균 13~14년입니다. 이 희박한 확률을 바라보며

긴 시간을 인내할 수는 없는 노릇이지요. 지금은 IPO 외에 M&A, 기업 매각, 우회상장, 지분 매각 등 여러 다양한 방법이 존재합니다. 회사의 가치를 높여놓으면 언제든 그 가치를 사려는 사람들이 나옵니다. 제가 멘토링을 했던 학생들 중에 스타트업을 2년 정도 운영한 후 매각한 사례가 있습니다. 회사를 20억 원에 매각해 학생들은 각자 5억 원 정도 손에 쥐었습니다. 20대 초반에 거금과 함께 자랑할 만한 스펙이 생긴 셈이지요. 꼭 엑시트에 성공하지 않아도 됩니다. 이제는 창업을 경력으로 평가하는 세상입니다.

최근 서울대를 비롯해 여러 대학이 학생 창업을 장려하는 추세입니다. 대부분이 교내에 창업보육센터를 운영하고 있습니다. 하지만 분명히 해둘 것이 있습니다. 대학이 창업을 장려하는 것은 모든 학생을 그 방향으로 유도하려는 뜻이 아닙니다. 학생 창업은 재학 시절 경험할 수 있는 하나의 선택지일 뿐입니다. 창업자 21명의 사례에서 보았듯 그 기회는 우연히 찾아올 수도 있고 적극적으로 찾아갈 수 있으며 10년 이상을 준비할 수도 있습니다. 책에서, 또 강의에서 창업을 강조하는 것은 창업을 둘러싼 제반 조건이 매우 좋아졌으니 기회가 찾아왔을 때 망설이지 말라는 이야기입니다.

학생 창업이 아니어도 됩니다. 100세 시대를 살아가는 세상입니다. 인생 후반부, 제2의 인생으로 한 번쯤 창업을 고려해볼 수 있습니다. 창업을 염두에 둔다면 세상을 보는 시각과 시야가 달라집니다. 다르게 볼 수 있을 때 비로소 기회가 찾아옵니다. 리스크는 낮아졌습니다. 창업은 취업만큼 안전합니다. 사업가를 다양한 직업 가운데 하나로 생각하는 관점의 전환이 필요합니다.

## ● 팀빌딩은 스타트업의 성공 보증서다

강의나 강연을 할 때면 직업을 다섯 가지로 분류해 설명하곤 합니다. 사용하는 어휘에서 공통분모만을 추려 묶은 것이니 직업사전의 분류와는 크게 다릅니다. '근무조건, 출퇴근, 상사, 동료, 직급, 급여, 실직, 승진, 협력업체, 경쟁사'와 같은 어휘를 많이 사용한다면 이 사람은 '①직장인'입니다. '이익, 성장, 손실, 매출, 고객, 자금조달, 아이템, 폐업, 직원, 경쟁사, 협력업체'와 같은 단어를 많이 쓴다면 십중팔구 '②사업가'일 것입니다. '자금조달, 아이템, 투자, 회수, 배당, 투자수익, 투자손실'과 같은 어휘를 주로 언급한다면 이들은 '③투자자'입니다. 직업은 먼저 이렇게 세 부류로 나눠집니다. 사업가는 직장인에서 나올 수 있지만 모든 직장인이 사업가가 될 수는 없습니다. 사람마다 성향과 관심사가 다른 것처럼 사업가도 어느 정도 타고나는 면이 있습니다. 이는 투자자도 마찬가지입니다.

직장을 다니다 보면 상사의 업무 지시를 받고, 출근 시간을 엄수하고, 관련 업무를 처리하는 쳇바퀴 같은 일상이 너무 싫을 때가 있습니다. 하지만 이런 일이 그리워지는 경우가 생깁니다. 창업을 하면 그렇게 됩니다. 고객은 여러분이 24시간 대기 상태일 것을 기대합니다. 일과 생활의 경계가 흐릿해지고 자금 압박과 매출에 대한 걱정이 더해지면 자연스럽게 직장생활이 그리워집니다. 창업은 이런 스트레스를 이겨내는 사람이 할 수 있습니다. 하지만 스트레스에 취약하더라도 창업은 가능합니다. 바로 '④사업동업자'가 되면 됩니다. 대기업에 취업하면 신입사원이지만 스타트업에 들어가면 '사업동업자'가 되는 이치입니다. 빌 게이츠 옆에 폴 앨런이라는 동업자가 있었고 스티브 잡스 옆에는 스티브 워즈니악이 있었지요.

직업으로 생각해볼 마지막 부류는 '⑤투자동업자'입니다. 벤처투자를 하려면 사업가를 알아보는 능력이 중요합니다. 사업을 해본 사람은 사람을 보는 눈이 있습니다. 폴 앨런과 페이팔 공동창업자 가운데 한 사람이었던 피터 틸은 사업을 그만둔 이후 투자자로 성공적으로 전향했습니다. 이런 사람과 함께한다면 투자동업자로서 인생을 시작할 수 있겠지요.

창업에 관한 이야기를 하는 만큼 여기서는 사업동업자에 대해 언급할까 합니다. 스타트업이 성공하기 위해서는 많은 것이 필요합니다. 시대적 요구에 부합하는 아이디어, 뛰어난 기술력, 적절한 타이밍의 투자 유치, 전문적인 마케팅과 영업 능력 등등 어느 것 하나 필요하지 않은 것이 없습니다. 모두 다 중요합니다. 하지만 스타트업은 처음부터 모든 걸 갖추고 시작할 수는 없습니다. 우선순위가 있어야 합니다. 가장 중요한 요소 하나를 꼽으라면 단연코 '팀빌딩'이라고 할 수 있습니다.

훌륭한 아이디어가 있어도 팀 없이는 무용지물입니다. 혼자서 기획, 개발, 디자인, 마케팅까지 모두 가능한 사람은 없습니다. 특히 ICT 스타트업은 속도가 생명인 만큼 공동창업을 통해 전문화, 분업화가 가능해야 합니다. 초기 스타트업은 인력이 부족한 만큼 한 사람이 몇 가지 역할을 겹쳐서 하는 경우가 비일비재합니다. 팀워크가 좋지 않으면 서로 감정이 상하지 않으면서 역할 분담하기가 굉장히 어려워집니다. 사이가 좋지 않으면 멘토링하기도 쉽지 않습니다. 성공한 스타트업의 공통점 중 하나는 창업자가 역량이 다양한 사람들로 팀을 구성해 서로의 부족한 부분을 채웠다는 점입니다. 팀빌딩은 스타트업의 시작과 끝입니다.

멘토링을 하다 보면 팀빌딩이 마치 무협지처럼 우연히 이루어지는 경우를 많이 만납니다. 초기 멤버는 대개 어릴 때부터 같은 동네에서 자랐다거나, 고등학교 동기 혹은 군대 동기 이런 식으로 엮입니다. 예컨대 빌 게이츠와 폴 앨런, 스티브 잡스와 스티브 워즈니악은 같은 동네 출신으로 어렸을 때부터 친분을 쌓았고 대학도 동문입니다. 함께 있으면 시간 가는 줄 모르고 즐거웠던 사이들이 자연스럽게 의기투합한 것이지 사업을 하기 위해 인위적으로 결합한 관계가 아니라는 뜻이지요. 비유하자면 즐겁게 놀다가 함께 노래방을 가는 것이지 노래방에 가려고 그때부터 사람을 모으지 않는 것과 비슷합니다.

여기서 오해하지 말아야 할 것이 있습니다. 팀빌딩은 창업자와 친한 주변 사람들로 채우라는 뜻이 아닙니다. 친분 위주로 팀을 구성하면 창업자 본인이 다루기 편한 사람들로만 구성하는 잘못을 저지르기 쉽습니다. 친분을 떠나 서로 시너지가 나는 사람들로 팀을 만들어야 합니다. 필요하면 외부수혈도 받아야 합니다. 스티브 위즈니악은 잡스의 괴팍한 성격을 잘 받아준 것으로 유명하고 독선적이었던 빌 게이츠와 달리 폴 앨런은 어머니처럼 온화했다고 하지요. 팀 분위기를 해친다면 공동창업자일지라도 해고해야 하겠죠. 애플의 세 번째 CEO 존 스컬리가 1985년 이사회를 움직여 창업주 잡스를 해고한 것도 같은 맥락입니다.

팀빌딩은 기본적으로 기업구조 설계라는 것을 기억하세요. 이제 제 경험을 끼워 넣으며 마무리하겠습니다. 공동창업자의 정의는 간단합니다. 돈 한 푼 벌지 못하면서도 비전을 보고 한자리에 모인 사람들이 그들입니다. 이들은 창업자와 같은 배를 타고 있습니다. 배가 뒤집어지면 같이 죽습니다. 투자자들도 같은 배를 탄 사람입니다. 투자자를 채권자가 아니라 파트너로 대하는 순간 비로소 팀이 완성됩니다. 자주 의견을 주고받으세요. 이들은 배가 항구(엑시트)에 닿기를 간절히 바라는 사람들입니다.

공동창업자들끼리 비전을 공유했다면 이제 지분을 나눠야 합니다. 제가 게임회사를 창업했을 때 크게 성공하지 못했던 원인 중의 하나가 잘못된 지분 설계였습니다. 그때 서로 공평하게 나누는 것이 최선이라고 생각해 공평하게 분배했었습니다. 틀린 판단이었죠. 공동창업일지라도 매몰비용이 다르다는 사실은 금방 드러납니다. 끝까지 책임질 사람, 큰 책임을 질 사람에게 더 많은 지분이 가야 합니다. 아이템이 좋으니 함께 일하면서 차차 결정하자고 해서도 안 됩니다. 반드시 틈이 벌어지게 되어 있습니다. 멘토링을 하면 대개 예비창업패키지가 되고 난 후에 지분 이야기를 꺼내는 것을 보게 됩니다. 미리 해야 합니다. 걱정하지 마세요. 사업자 등록을 만들다 보면 자연스럽게 위계가 정해집니다. 그리고 반드시 계약서로 남겨 두세요. 계약서는 여러분이 비즈니스맨이 되었다는 증표이니까요.


## ● 사업의 성공은 기술이 아니라 비즈니스 모델이 좌우한다

공대생들은 보통 기술을 갖고 사업을 시작합니다. 따라서 흔히 하는 착각이 기술력이 뛰어나면 사업의 성공 가능성도 높다고 생각합니다. 하지만 기술은 사업의 시작점에 불과합니다. 그것보다 비즈니스 모델이 더 중요합니다. 예컨대 최초의 자동차는 내연기관차가 아니라 전기차였습니다. 1834년 로버트 앤더슨이 만들었습니다. 지금처럼 충전이 가능하지 않아 배터리를 통째로 교환하는 방식이었지만 간단한 구조로 만들기가 쉬워 꽤 인기가 좋았습니다. 1862년 내연기관차가 출현했지만 1900년도까지 미국의 가솔린 자동차 등록 대수는 약 900대, 전기차는 대략 1600대였습니다. 가솔린차의 가격이 더 낮았지만 진동이 심하고 기어 변속이 어려웠기 때문입니다.

우위가 뒤집어진 것은 5년 뒤입니다. 1905년 전기차는 약 1400대로 등록 대수가 오히려 줄어들지만 가솔린차는 약 1만 8700대로 폭발적인 성장을 합니다. 도로망이 확충되면서 작동은 간편하지만 단거리 운행이라는 전기차의 단점이 부각되고 필요할 때 연료 주입이 가능한 가솔린차의 경쟁력이 상승한 것입니다.

1910년도에 이르면 내연기관차의 대중화 비율은 16퍼센트 수준이 됩니다. 에버트 로저가 확립한 혁신 확산 이론에 따르면 막 시장진입에 성공한 셈입니다. 1924년이 되면 대량생산이라는 새로운 비즈니스 모델이 등장합니다. 가격을 대폭 낮춘 포드 모델 T 자동차가 출현하면서 시장 침투율 34퍼센트, 초기 대중화 시대가 열리게 됩니다.

창업 강의를 하면서 "창업을 시작할 때는 대학원 때 배운 기술 쓰려고 하지 말고 학부 때 배운 기술을 써먹어라"라고 조언을 하곤 합니다. 시장의 흐름을 읽고 대중에게 친근하게 다가갈 수 있는 기술에서 시작하라는 뜻입니다. 대량생산의 물꼬를 튼 포드의 컨베이어벨트는 이미 광산 채굴 현장에서 쓰이던 기술이었고 더 이전에는 도축시설에서 쓰던 물건입니다. 혁신적인 기술은 아니었습니다. 지금은 한참 낡아버린 이 모델은 20세기를 지배했고 여전히 산업 전반에 영향을 미치고 있습니다. 시장환경은 끊임없이 변합니다. 기술보다 비즈니스 모델에 더 신경을 써야 하는 이유입니다.

개발자들이 가진 기술력은 투자자들의 신뢰를 얻기에 유리합니다. 하지만 딱 거기까지입니다. 펀딩을 받으려면 좋은 비즈니스 모델을 제시해야 합니다. 비즈니스 모델이 투자를 이끌어냅니다. 비즈니스 모델이란 '어떤 제품이나 서비스를 어떤 소비자에게 어떻게 제공하고 어떻게 마케팅해서 어떻게 수익을 창출할 것인가에 대한 계획'을 뜻합니다. 줄여서 BM이라고도 합니다. 예컨대 우아한 형제의 BM은 이렇게 기술할 수 있습니다. "배달음식을 주문해 먹는 고객에

게 배민앱을 통해 서비스를 제공하고 고객과 점주로부터 수수료를 받는 사업.'

간단히 'BM＝창업 아이디어＋실행 가능한 계획'이라고 요약할 수 있겠네요. 사업이 성공하려면 좋은 BM을 실행해 고객 만족을 이끌어내고 이것이 매출 상승을 견인해 수익으로 이어져야 합니다. 처음부터 완벽한 BM을 만들어내기는 힘듭니다. 우아한형제들의 BM은 주문만 스마트폰으로 받겠다는 것에서 출발해 결국엔 배달까지 갔다고 합니다. BM을 완성하기까지 수익 모델을 찾아 수많은 시행착오와 좌우충돌을 겪었을 겁니다.

수익 모델은 BM과 가끔 혼동되어 사용되지만 약간의 차이가 있습니다. BM이 비즈니스 전반에 관한 가치와 수익에 대한 기획이라면 수익 모델은 어떻게 돈을 벌 것인지에 집중한 것입니다. 대표적인 수익 모델로 '물품 판매, 가입비와 이용료, 중개수수료, 대여료·임대료, 광고' 등을 들 수 있겠네요. 따라서 수익 모델은 기업들끼리 겹칠 수 있습니다. 하지만 BM이 비슷하기란 매우 어렵습니다. 예컨대 구글과 네이버의 수익 모델은 광고이지만 BM은 다릅니다. 사이트에 접속하면 홈페이지의 그림이 다르고 검색엔진이 작동하는 방식도 다르니까요.

BM을 잘 설계하면 BM특허를 낼 수 있습니다. 일반적인 특허와 마찬가지로 일부는 상업적 성공으로 이어지기도 합니다. 예컨대 휴대폰으로 이메일을 확인하고 글을 작성한 후 전송할 수 있는 '블랙베리 서비스'는 휴대폰에 인터넷 기능이 탑재되지 않았던 시절 설계된 비즈니스 모델입니다. 핵심 아이디어는 고객의 이메일 계정과 휴대폰 단말기의 식별 정보를 연동시켜 중계 서버를 통해 주고받게 한 것입니다. 이 블랙베리 서비스는 무선 인터넷 기능이 구비된 스마트폰 시장이 열릴 때까지 막대한 특허료를 가져갔습니다. 다만 BM특허는 '방법특허'인 만큼 특허권 침해를 입증하기가 매우 어렵습니다.

매력적인 비즈니스 모델은 사업의 승자를 판가름하는 결정적인 요소입니다. 후발주자인 구글이 선발 기업이었던 야후와 기타 검색 엔진을 몰아내고 세계 시장을 85퍼센트 점유한 것은 비즈니스 모델 덕이었습니다. 네이버가 국내 검색시장을 지켜낼 수 있었던 것도 비즈니스 모델 덕입니다. 과학기술정책연구원이 2022년 TIPS 프로그램 선정팀의 성장 퍼널funnel을 분석한 결과를 보며 비즈니스 모델에 대한 이야기는 여기서 마무리하도록 하지요.

TIPS에 선정되면 5억~6억 원의 자금을 확보합니다. 분석된 TIPS 스타트업은 모두 1051개사입니다. 이를 100퍼센트로 놓았을 때 시리즈A 투자를 유치한 기업은 모두 408개사입니다. 38.83퍼센트만이 살아남았군요. 투자까지 평균 1년 걸렸습니다. 시리즈B로 가면 기업은 132개사로 줄어듭니다. 투자까지 평균 2.3년이 걸렸고 생존율은 12.56퍼센트로 떨어지네요. 여기서 다시 시리즈C에 도달한 기업은 28개사입니다. 겨우 2.66퍼센트만이 생존했군요. 이 과정에서 모두 19개 창업팀이 엑시트를 했습니다. 8개 기업은 시리즈A 이전에, 3개는 시리즈A 단계에서, 또 3개는 시리즈B에서, 나머지

5개는 시리즈C 단계에서 단행했습니다.

미국의 통계인데 스타트업이 유니콘이 될 확률은 0.00016퍼센트입니다. VC의 투자를 받으면 확률은 0.065퍼센트로 상승합니다. 수십 배 상승한 결과지만 이 확률을 바라며 사업을 계속 이끌어갈 수는 없습니다. 그래서 출구전략이 필요합니다. 엑시트는 성공 사례입니다. 기업가치가 있다는 이야기이니까요. 이 역시 BM 안에 포함되어 있어야 합니다.

## ● 규칙 없는 스타트업 세계, 원리를 알면 살아남는다

공학은 수학을 기반으로 하기에 공식을 적용하면 어떤 것이든 해결이 가능합니다. 공식을 알면 세상이 분명해지는 것이 공대입니다. 반면 비즈니스는 사회학과 인문학에 가까운 것이라 원칙적으로 공식이 없습니다. 인간관계처럼 비즈니스의 어려움도 여기서 발생합니다. 그렇다고 원리가 아예 없는 것은 아닙니다. 하버드 경영학 수업에서 가장 중요하게 다루는 것은 케이스 스터디입니다. 수많은 사례들을 관찰하며 자연스럽게 어떤 규칙을 도출해내는 것이죠. 이를 경험칙이라고 합니다. 경험과 관찰에 의해 만들어지는 규칙입니다.

산업혁명 이후 300년 동안 자본주의가 발달해오면서 수많은 시도와 실패 사례가 쌓였습니다. 경영학의 일반이론은 이 경험칙들이 모여 발전한 겁니다. 처음에는 스타트업도 경영의 일종이라 생각해 경영학의 일반 원리를 대입했었습니다. 하지만 스타트업은 경영학의 일반이론을 적용하기가 쉽지 않습니다. 관료적인 조직과 일정하고 안정적인 사업에 적합했던 경영학 이론이 스타트업처럼 기술혁신과 시장의 트렌드가 빨리 변하는 곳에선 통하지 않았던 것이죠. 그럼에도 불구하고 기본 원리는 있습니다. 이는 마치 언어와 문화가 달라도 엄마와 아빠를 가리키는 모든 단어가 /m/과 /p/의 음가를 지니고 있는 것과 같습니다. 규정하기 어렵고 공식화하기 까다롭지만 스타트업에도 비슷한 원리가 있습니다. 원리를 알면 응용이 가능하고 진지한 고민을 할 수 있습니다. 여기서는 그 이야기를 잠깐 할까 합니다.

빌 올렛의 『스타트업 바이블』(2014)에는 창업을 시작하는 세 가지 조건이 나옵니다. 첫째 '나만의 기술'이 있을 때, 둘째 '번뜩이는 아이디어'를 가졌을 때, 그리고 마지막으로 자신이 '타고난 사업가'일 때, 이 세 가지 조건이 있으면 사업을 시작할 수는 있습니다. 하지만 이 조건이 있다고 사업에서 성공할 수는 없습니다. 시작과 성공은 별개의 이야기입니다. 세 가지 중에 어떤 자질을, 혹은 모두를 가졌다고 해서 자신을 '사업가'로 간주해서는 안 됩니다. 사업을 해본 사람들은 압니다. 세 조건이 없어도 사업을 할 수 있습니다. 절박함과 끈기가 오히려 사업을 성공시키는 비결일 수 있습니다.

그렇다면 왜 사업은 어려운 걸까요? 알바생의 눈으로 카페 운영은 별것 없습니다. 손님에게 친절하고 양질의 제품을 꾸준히 내놓으면 됩니다. 그래서 창업을 결심합니다. 소자본 창업을 다룬 책도 많습니다. 알바생이 자신의 경험과 책에서 학습한 내용을 바탕으로 카페를 열면 어떻게 될까요? 그제야 깨닫게 됩니다. 알바할 때는 알지 못했던 일, 책에선 보지 못했던 일들과 마주하게 됩니다. 매장관리, 고객관리, 종업원 관리, 경쟁업체, 경기변동, 교과서에 언급되지 않았던 일들이 밀려듭니다. 이런 일이 있을지 몰랐을까요? 아니요, 교과서에 있었습니다. 단지 개략적이었을 뿐이고 이렇게나 구체적으로 만날 줄은 몰랐던 것이죠.

스타트업은 카페 영업보다 더 많은 것을 다룹니다. CEO는 '비전 수립, 전략 실행, 팀 리더십, 자본 유치'를 해야 하고 CTO는 '기술전략, 제품 개발, 기술 리더십, 혁신 도입'에서 역량을 발휘해야 합니다. COO는 '운영전략, 프로세스 개선, 효율성, 인사관리'를 담당합니다. 이들 외에도 CMO, CHO, CIO 등등 17개가 넘는 C-level(최고책임자)가 있습니다. 다들 자기가 맡은 업무를 능숙히 해내야 합니다. 스타트업이라면 서너 명에서 17개의 역할을 해야 합니다. 그런데 또 여기에 정답이 없습니다. 예컨대 '의도된 적자'로 유명한 쿠팡의 전략이 모든 전자상거래에 적용되는 것은 아닙니다. 수산물 당일 산지 직송 서비스 '오늘의 회'는 파산했습니다.

스타트업은 아니라고 판단되면 빨리 수정할 수 있어야 합니다. 스타트업은 실수가 당연합니다. 비슷한 비즈니스라고 하더라도 창업 시 시장환경, 경기변동, VC 생태계 현황 등에 따라 다른 전략을 세워야 합니다. 예컨대 창업 타이밍과 스타트업의 성공을 연구한 하버드 경영대학원의 폴 A. 곰퍼스에 따르면 1983년에 창업한 컴퓨터 스타트업의 53퍼센트가 최종적으로 상장에 성공하지만 1985년에 시작한 컴퓨터 기업은 18퍼센트만 성공했습니다. 2년 사이에 제반 조건이 바뀐 것이지요. 실수는 어처구니없게도 기본적인 곳에서 나옵니다. 그래서 의사결정을 하기 전엔 자신이 안다고 생각했던 것도 다시 한번 조사하고 다양한 곳에서 의견을 구해야 합니다. 교과서라고 탐독했던 책이 있으면 다시 보세요. 답은 없지만 무슨 문제에 부닥쳤는지 방향을 보여줄 겁니다. 멘토링도 하세요. 살아남는 원리입니다.

이 밖에도 다른 원리들이 많이 있습니다. 여기서 다 이야기할 수는 없으니 큰 것만 정리하도록 하지요. 스타트업이 성공하려면 다섯 가지 핵심 요소를 잘 갖춰야 합니다. 첫째, 팀빌딩을 잘 해야 합니다. 둘째, 비즈니스 모델을 잘 설정해야 합니다. 셋째, 자금 수혈이 원활해야 합니다. 넷째, 기업가정신으로 무장되어 있어야 합니다. 다섯째, 능력 있는 투자자를 유치해야 합니다. 앞에서 이미 언급했던 주제들이 있네요. 이제 다루지 않은 주제에 대해 이야기할 차례입니다. 폴 곰퍼스는 1985년에 시작해 상장에 성공한 스타트업은 1983년의 스타트업들보다 경영 능력이 뛰어났다고 지적합니다. 경영 능력은 유별난 것이 아닙니다. 원리에 얼마나 충실한가로 결정됩니다.


● **기업가정신의 이상과 현실, 기업가치를 통해 본 인사이트**
창업 교과서를 펼치면 1장에 나오는 것이 기업가정신입니다. 창업 교과서마다 조금씩 정의가 다른데 사업을 해본 사람은 그것이 무엇을 가리키는지 직관적으로 이해합니다. 하지만 대부분의 사람들은 기업가정신을 '기업가로서 갖추어야 할 불굴의 의지 혹은 끈기, 혹은 도전적인 마인드' 정도로 생각합니다. 상식적인 답변이지만 이 정의가 옳다고 할 수도 없고 틀렸다고 할 수도 없습니다. 기업가정신은 상당히 광범위한 개념이고 다양한 면모를 갖고 있습니다. 관심의 초점에 따라, 범위에 따라, 혹은 패러다임에 따라 다르게 정의할 수 있기 때문입니다. 오죽하면 장님 코끼리 만지는 것에 비유하기도 합니다. 만진 일부만 가지고 정의한다는 것이죠. 그럼 어떻게 정의하는지 보도록 합시다.

최초로 기업가정신이라는 말을 사용한 사람은 18세기 경제학자 리처드 칸티용입니다. 그는 『상업의 본질에 관한 에세이』에서 어떤 물건을 기대를 갖고 구입한 후 되파는 사람을 기업가로 정의한 후 되팔 때의 가격을 미리 알 수 없는 불확실성 속에 있다고 말합니다. 그에게 있어 기업가정신은 '불확실성을 감내하는 사람'입니다. '공급은 그 자체의 수요를 창출한다'는 세이의 법칙으로 유명한 장 바티스트 세이는 생산과 소비 사이를 중개하는 사람을 기업가로 정의하고 '생산요소를 잘 결합할 수 있는 판단력, 경험, 끈기'를 기업가정신이라고 했습니다.

이제 가장 유명한 사람의 정의를 보도록 하지요. 슘페터의 정의입니다. "마차를 아무리 연결해도 철도가 되지는 않는다"는 그가 남긴 말에 기업가정신이 담겨 있습니다. 그에게 있어 기업가란 옛것을 끊어내고 새로운 것을 만들어내는 사람입니다. '창조적 파괴 혹은 혁신'이 슘페터가 말하는 기업가정신입니다. 슘페터는 기업가정신의 3대 구성요소로 '혁신성, 진취성, 위험감수성'을 들었습니다.

현대로 오면 가트너 그룹이 '기회를 찾고 자원을 모아 가치를 창출하는 과정'이라고 기업가정신을 정의합니다. 가트너 그룹의 정의는 위 세 사람이 남긴 정의를 포함하는 것입니다. 하지만 이는 슘페터가 남긴 말을 변주한 것입니다. 사실 창업 교과서에 가장 많이 인용되는 것은 슘페터이니 그의 것을 다시 한번 가져오겠습니다. "창업가는 기회(고객)를 추구하며 자원(기술·팀·자금)을 새롭게 결합하는 창조적 파괴를 통해 경제발전(수익 추구)을 주도하는 혁신자이다." 스타트업의 핵심은 여기에 담겨 있습니다. 스타트업은 자원을 기존의 방식대로 결합하지 않습니다. 자원을 새롭게 결합해 새로운 비즈니스 모델을 만들어내는 것이 스타트업의 본분이니까 말입니다.

이외에도 기업가정신에 대한 정의는 많습니다. 무언가를 가리키는 것이 분명하지만 추상적이고 기준이 명료하지 않기 때문입니다. 다양하게 기술되는데도 기업가정신을 평가할 수 있는 방안은 없습니다. 이로 인해 다음과 같은 문제가 생깁니다. 창업주, 공동창업자, 투자자를 한 팀으로 볼 때 이들이 공동으로 추구하는 기업가정신이 무엇인지 불분명해집니다. 이때 회사의 기업가정신을 평가할 수 있는 하나의 척도로 기업가치를 들 수 있습니다. '창조적 파괴를 통해 수익 추구'를 한다는 점에서 기업가치는 기업가정신을 평가할 수 있는 객관적 잣대가 될 수 있습니다.

스타트업에서 유니콘 기업을 강조하는 것도 그 이유입니다. 기준을 삼을 수 있기 때문이지요. 유니콘은 창업한 지 10년 이내이면서 기업가치가 10억 달러 이상인 비상장기업을 뜻합니다. CB인사이트가 2022년 발표한 자료에 따르면 전 세계 1191개의 유니콘 기업이 있고 한국은 14개를 보유해 세계 10위를 기록했습니다. 순서를 보면 미국(488), 중국(170), 인도(55), 영국(37), 독일(25), 이스라엘(21), 프랑스(20), 캐나다(16), 브라질(15), 그리고 우리나라 순입니다(2023년 상반기를 기준으로 하면 우리나라 유니콘은 22개로 늘어납니다). 영토와 인구 규모로 볼 때 이스라엘의 선전이 두드러지지요. 흔히 이스라엘을 가리켜 창업강국이라고 부르는데 그만큼 기업가정신이 강하다고 볼 수 있겠습니다.

스타트업의 기업가치는 매출로 평가하지 않습니다. 투자를 얼마나 받았는가로 결정됩니다. 중후기 스타트업의 경우 뚜렷한 성과지표가 있기 때문에 계산식으로 토대로 기업가치를 구할 수 있지만 초기 스타트업은 매출이나 영업이익이 없습니다. 따라서 기업가치는 투자자와의 협상에서 나옵니다. 기업가치는 이렇게 도출됩니다. '투자금÷지분율=기업가치', 예컨대 A라는 스타트업이 투자금 10억 원을 받고 지분 10퍼센트를 넘겼다면 기업가치는 100억 원이 됩니다.

기업가정신의 관점에서 대학 창업을 바라보면 다음과 같이 정리할 수 있습니다. 교수 창업은 탁월한 기술과 노하우가 있지만 기업가정신이 낮습니다. 생업이 따로 있고 교육을 병행해야 하기 때문입니다. 높지 않은 헌신을 인정하고 들어가면 교수 창업의 경우 정말 좋은 팀빌딩을 할 수 있습니다. 학생 창업은 반대입니다. 기술과 노하우가 부족하지만 높은 헌신을 합니다. 기업가정신이 강하다고 할 수 있죠. 대학원생 창업은 중간입니다. 상당한 기술과 노하우가 있지만 헌신이 어정쩡하죠. 하지만 헌신도를 높인다면 가장 유리합니다. 재학 중 창업할 경우 투자가 들어오는 시점에 휴학을 고려해야 합니다. 학업과 사업은 병행하기가 쉽지 않습니다.

그렇다면 자신 안에 기업가정신이 있는지 알 수 있을까요? 기업가들이 설문에 응한 결과가 있습니다. 몇 가지만 볼까요? 1. 왜 창업을 했나? ① 돈을 벌려고 ② 독립하려고 ③ 직업을 가지려고 ④ 유명해지려고 ⑤ 사회적 기여를 하려고 ⑥ 자아성취하려고. 2. 창업에 성공하려면 무엇이 있어야 하나? ① 자금 ② 행운 ③ 성실 ④ 아이디어 ⑤ 앞엣것 모두. 3. 위험에 대한 당신의 태도는? ① 위험감수자 ② 어느 정도의 위험감수자 ③ 위험회피자.

정답은 없습니다. 많은 기업가들의 선택을 받은 항목이 있을 뿐입니다. 결과는 다음 꼭지 마지막에서.


### ● 자본주의의 마법, 사람과 자본이 완벽하게 융합되는 스타트업 시너지!

일반적인 기업도 마찬가지이지만 스타트업이 발생한 것은 자본주의 시스템 덕입니다. 인류가 기아와 질병에서 벗어나고 보편적 복지를 꿈꿀 수 있게 된 것은 모두 자본주의 사회가 이룩한 경제적 풍요 덕입니다. 자본주의에서 말하는 자본은 무엇을 가리키는 걸까요? 일상생활에서 자본은 여러 뜻으로 사용됩니다. 가령 "장사를 하려는데 자본이 부족해"라고 하면 돈(밑천)을 뜻합니다. 기업 재무제표를 작성할 때에도 자본이라는 말을 씁니다. 이때의 자본은 잉여자산을 가리킵니다. 부채를 빼고 남은 자산, 즉 '순자산'이라는 뜻입니다. 자산에는 현금화할 수 있는 유무형의 물품 및 권리가 포함됩니다. 가령 동산, 부동산, 집, 채권, 주식, 고가의 미술품도 자산에 속합니다. 외연이 확장되었지만 여전히 돈 냄새는 납니다.

인적자본이라는 말을 쓰면 돈의 속성은 완전히 사라집니다. 개인이 지닌 숙련도, 지식, 경험 등의 능력치를 가리키는 말로 노동의 질적 수준을 뜻합니다. 생산요소로서의 자본이라고 하면 의미가 또 달라집니다. 이때는 생산에 이용되는 기계, 설비, 건물 등을 뜻합니다. 화폐자본Capital과 구분하기 위해 자본재Capital goods라고도 하는데 엄격하게 나누지는 않습니다. 화폐자본은 언제든 자본재로 둔갑할 수 있고 자본재 역시 화폐자본으로 바뀔 수 있기 때문입니다. 중요한 것은 인적자본과 자본이 결합하면 매우 많은 일을 할 수 있다는 사실입니다. 스타트업을 하려는 사람들은 이 자본에 대한 이해가 있어야 합니다.

인류가 절대빈곤에서 벗어나기 시작한 시작점은 18세기 산업혁명입니다. 산업혁명을 거치면서 인류의 소득은 수직 상승했고 인구도 급증했습니다. 앞에서 본 생산요소로서의 자본이 발전한 덕입니다. 생산성이 향상되면서 대도약을 이뤄낸 것이지요. 그런데 자본은 고대에서도 자기 역할을 했습니다. 피케티가 분석한 자본수익률과 성장률을 보면 자본수익률은 예수님이 탄생한 서기 0에서부터 줄곧 4~5퍼센트 수준을 유지했습니다. 반면 생산성은 줄곧 하루 벌어 하루 먹는 0~1퍼센트 수준에 머무르다 산업혁명을 거쳐 1950~2012년에 와서야 비로소 4퍼센트에 근접한 것으로 나옵니다.

피케티의 분석은 자본이 고대에서부터 지금까지 계속 일을 했다는 것을 뜻합니다. 고대의 장사나 무역은 전부 자본이 있어야 가능합니다. 이 수익률이 4퍼센트 이상이었다는 겁니다. 이는 사람과 자본이 연결되었을 때 자본수익률이 늘 생산성을 앞질렀다는 이야기이기도 합니다. 중요한 것은 어떤 사람과 연결되느냐 하는 것입니다. 육체 노동자와 연결되면 건설 현장의 생산성을 만들어내고 코딩하는 사람과 연결되면 구글이나 아마존 같은 빅테크 기업이 되는 이치입니다.

그런데 '자본주의' 앞에는 따로 붙는 명명이 있습니다. 이는 해당 자본주의를 이끄는 핵심이라는 의미에서 붙이는 것입니다. 예컨대 18세기를 산업자본주의라고 합니다. 생산수단을 소유한 자본으로 대량생산과 분업을 특징으로 합니다. 19세기 중반까지 생산성 향상을 주도했습니다. 20세기에 접어들면 금융자본이 등장합니다. 산업자본이 축적한 자본을 활용해 부동산, 주식, 채권 등의 금융상품을 팔아 자본의 이익을 실현하는 세력입니다. 금융시장의 발전과 함께 성장하면서 산업자본의 크기를 넘어섰으며 지금은 산업자본보다 더 큰 영향력을 행사하고 있습니다.

21세기에 들면 새로운 자본이 등장합니다. 산업자본과 금융자본은 대략 5퍼센트의 수익을 목표로 합니다. 하지만 새로운 자본은 대체로 30퍼센트 이상의 수익을 내다봅니다. 초기 단계의 기업에 투자해 고위험·고수익 목표로 하는 벤처자본입니다. 20세기만 해도 대수롭지 않게 생각하다 이제는 금융자본도 벤처자본에 관심을 기울이고 있습니다. 전통적인 금융자본들까지 벤처자본에 뛰어들면서 새로운 형태의 자본세력으로 인정받고 있습니다.

비유하자면 이렇습니다. 대기업에 취직하면 산업자본과 결합하는 것이고 예금을 하거나 주식을 사게 되면 금융자본과 결합하게 됩니다. 벤처자본과 결합하려면 어떻게 해야 할까요? 일반인들이 벤처자본에 투자하려면 사모펀드나 벤처펀드를 만들어야 합니다. 개인이 하기에는 어렵습니다. 벤처자본과 결합하는 가장 좋은 방법은 창업입니다. 유튜브는 2006년 구글에 16억 5000만 달러에 인수되었을 때 직원이 80명이 채 되지 않는 작은 기업이었습니다. 하지만 창업 17개월 만에 직원들 모두 백만장자 반열에 올랐지요. 벤처금융과 결합했기에 가능한 일입니다.

앞에서 팀빌딩을 설명할 때 투자자들도 한 팀이라고 했습니다. 스타트업이 성공하려면 좋은 투자자들을 만나는 것이 중요합니다. 좋은 투자자는 안목이 뛰어납니다. 안목이 좋으면 성공시킨 스타트업도 많기에 자본력도 좋습니다. 단순히 기업가치를 높게 평가해준다고 해서 좋은 투자자라고 하지 않습니다. 좋은 투자자는 성급하지 않습니다. 스타트업의 성장을 기다릴 줄 압니다. 자신의 안목을 믿기 때문이죠.

더브이씨THE VC 사이트에 들어가면 국내에서 활동하는 벤처캐피털의 목록을 볼 수 있습니다. 운영자금과 주로 어떤 종목에 투자를 하는지 성향을 확인할 수 있습니다. 투자자의 능력을 보려면 키워낸 유니콘 기업의 수를 보면 됩니다.

창업경진대회나 프로그램에 참여하면 많은 VC들을 만날 수 있습니다. 가능성이 보이면 먼저 연락이 오기도 하고 여러분들이 적극적으로 찾아갈 수도 있습니다. 텀시트라고 해서 투자 주식 종류, 기업가치, 투자금액, 이해관계자의 권리와 의무 등 주요 투자 조건을 정리한 문서를 받게 되면 투자처를 결정하기 전에 멘토링을 하세요. 산뜻한 출발을 하는 비결입니다.


첫 번째 질문에서 가장 많은 답은 '독립하려고'입니다. 대부분이 창업해서 열심히 일하면 돈을 부수적으로 생기는 것으로 답했습니다. 두 번째 질문에는 '앞엣것 모두(자금, 행운, 성실, 아이디어)'를 꼽았습니다. 세 번째 질문에는 '어느 정도의 위험감수자'라고 답했습니다. 창업가는 극단적인 위험추구 성향도, 위험을 기피하는 사람도 아닙니다.

## ● 창업은 언제 해야 할까?

창업에 관심 있는 학생이라면 창업 강연이나 스타트업의 성공 스토리를 다룬 온라인 영상에서 "창업은 언제 하는 것이 좋은가?" 라는 질문이 나오는 것을 봤을 겁니다. 창업교육이나 보육활동을 해오면서 한 번도 창업 시기에 대해 이야기한 적은 없습니다. 오히려 신중하라, 다시 한번 생각해보라는 말을 더 많이 했었는데 오늘은 창업 시기에 대해 한번 이야기할까 합니다.

딱 잘라서 창업하기에 적절한 타이밍은 없습니다. 창업하기로 마음먹었다면 바로 그때가 적당한 시기입니다. 창업에 대한 오랜 편견이 있다면 어느 정도 사회생활을 경험한 30~40대가 가장 적합한 타이밍이라는 생각이죠. 대부분 인맥과 경험을 어느 정도 쌓고 시작하는 것이 유리하다고 생각하는 겁니다. 하지만 뒤집어놓고 생각하면 이는 실패에 대한 두려움, 안정적인 직장에 대한 미련, 자신감부족, 창업 관련 지식이 부족하지 않을까 하는 걱정 등에서 비롯되는 지연 심리일 수 있습니다. 나이를 먹고 공부가 쌓여간다고 이런 부분이 개선되는 것은 아닙니다.

스타트업의 흥망성쇠를 살펴보면 살아남은 사람들은 보통 냅다 일을 저지른 사람입니다. 계획하고 준비한 사람들이 오히려 돌발상황에 대비하지 못하는 경우를 많이 봤습니다. 창업은 결단력이 필요한 행동이라 '지금 이 순간'이라는 생각이 들었다면 과감해질 필요가 있습니다. 스타트업은 원래 평지풍파 속에서 성장하는 겁니다. 마음이 움직이는 그 시점에 뛰어드세요.

다만 이렇게 말씀드릴게요. 제가 이때까지 관찰한 바에 따르면 100개의 기업이 있다면 투자를 받아 성장하는 기업은 3~5년 사이에 1개 정도 나옵니다. J커브를 그리려고 하는 기업은 4개 정도, 어떻게든 버티는 기업은 15개 정도이고 근근이 생존은 하고 있지만 성장곡선이 나지 않는 기업은 30개입니다. 어떻게든 버티고 근근이 생존하는 것만으로도 창업가의 자질이 뛰어나다고 할 수 있습니다. 멘토가 훌륭했다고 할 수도 있고요. 나머지 50개의 가망성 없는 좀비기업에 비견한다면 말입니다.

그만큼 창업은 어려운 겁니다. 흔히 '하이 리스크 하이 리턴'이라고 말하지만 "어떻게든 되겠지"라고 하는 위험을 하이 리스크라고 부르지는 않습니다. 그러니 각오를 단단히 하셔야 합니다. 성공

스토리로 다뤄지는 기업들은 상상할 수 없는 하이 리스크를 이겨내고 하이 리턴을 돌려받은 겁니다. 그리고 하이 리스크를 없애는 방법은 결국에는 사람에게 달렸습니다. 창업하기 전 주변에 좋은 사람을 많이 만들어놓아야 합니다. 사업을 하려면 돈, 사람, 시간이 필요합니다. 창업하기 전 우리가 할 수 있는 일은 사람 사귀는 것밖에 없으니까요.

### ● 대표가 지녀야 할 자질과 미덕은 무엇일까?

만 명의 사람이 서로 다른 만 가지 이유로 창업을 합니다. 이들은 모두 서로 다른 성격을 가졌습니다. 그런데 누군가는 성공을 하고 누군가는 실패를 합니다. 성공하는 창업자에게 공통된 자질이 있는 것일까요? 공대 창업이니만큼 생각해볼 수 있는 건 먼저 기술적 자질이 있어야 하겠지요. 기술을 이해하고 제반 요소를 활용할 수 있어야 합니다. 두 번째는 인간적 자질을 갖춰야 합니다. 직원들에게 동기를 부여하고 효과적인 리더십을 발휘해야겠지요. 세 번째는 관리자적 자질로 조직의 목적과 개인의 목적을 잘 연결할 수 있어야 합니다.

하지만 이 세 가지 자질은 너무 기본적인 것 같아 밋밋합니다. 성공한 CEO라고 해서 인간적 매력이 높은 것은 아닙니다. 잡스는 짜증과 머릿속 생각을 여과 없이 말해 주변 사람을 적으로 만들기로 유명했고 빌 게이츠는 잦은 분노 폭발로 주변을 지옥으로 만들기 일쑤였습니다. 게다가 지금의 그를 있게 한 MS-DOS는 게리 알렌 킬달의 운영 프로그램 CP/M을 무단으로 도용한 카피라는 이야기도 있습니다. 기술적 자질이 있었는지도 의심스러운 것이죠.

그래서 저는 실패한 대표들에게는 무엇이 부족했던가에 주목해 성공한 CEO들의 공통점을 추려보았습니다. 실패한 사람에게는 그만한 이유가 있는 법이니까요. 첫 번째 꼽을 수 있는 것은 '위기관리 능력'입니다. 대다수의 기업들에게는 창업 후 투자를 받고 매출과 수익이 나는 행복한 시기가 한 번은 있습니다. 문제는 행복한 시기가 영원할 수 없다는 겁니다. 투자가 들어오지 않고 매출이 오르지 않을 때가 옵니다. 기술적 성과는 정체되고 자금은 말라버립니다. 잡스의 짜증과 빌 게이츠의 분노 폭발은 아마도 이런 시기였을지도 모릅니다. 이럴 때 대표가 내리는 결정 하나하나는 기업이 어디로 가느냐 하는 갈림길이 됩니다.

가장 위험한 것은 대표가 자기한테 유리한 결정을 하는 것입니다. 예컨대 파산한 위워크의 CEO 애덤 노이만은 회사가 적자의 늪에 빠졌을 때 자금을 끌어온다거나 새로운 매출구조를 설계한다거나 구조조정을 단행하는 등의 결단을 내리지 않고 재빨리 자기 지분을 팔아 개인적인 부를 축적했습니다. 회사에 위기가 닥쳤을 때 어떤 결정을 내리고 행동할 것인가? 이때 대표에게 요구되는 능력이 위기관리 능력입니다.

두 번째 자질은 '대표로서의 분명한 역할'입니다. 대표가 회사에 있는 이유와 직원이 회사에 있는 이유는 다릅니다. 대표에게는 대표로서 요구되는 역할이 있습니다. 대표는 회사를 이끌어가는 사람입니다. 월급을 제때 주지 못하면 대표로서 갖고 있는 모든 권위가 사라집니다. 자금 압박을 받게 되면 구조조정을 통해 회사를 살리는 것이 대표의 역할입니다.

대표가 모든 일을 다 잘할 필요는 없습니다. 한두 가지만 잘해도 됩니다. 어떤 역할도 상관없습니다. 대표가 자리에 없을지라도 무슨 일을 하고 있다는 신뢰를 직원들에게 주면 됩니다. 빌 게이츠의 장점은 문제가 생겼을 때 문제점이 어디인지 정확히 파악해 업무 지시를 한다는 것이었습니다. 또 비즈니스 협상을 잘하기로도 유명했습니다. 잡스는 직원들의 창의성을 존중했고 필요하다면 이득이 나지 않아도 사비를 털어 지원했습니다. 애니메이션 회사 '픽사'가 그렇게 해서 탄생한 기업입니다.

세 번째 자질은 '직원들과의 신뢰'입니다. 이 자질은 사업을 하는 사람이면 다들 동의합니다. 사람은 가장 마지막까지 지켜야 하는 자산입니다. 돈은 어떻게 해서든 벌리고 끌어올 수도 있지만 회사에 실망해 퇴사한 직원을 다시 불러올 수 없습니다. 대표의 생각과 달리 직원들은 대표의 일거수일투족을 훤히 꿰고 있습니다. 신뢰는 관계의 척도입니다. 대표가 직원들 존중하고 공명하게 다루고 공정한 행동을 할 때 신뢰가 쌓입니다. 위기 상황에서는 신뢰를 쌓기는 어렵습니다. 신뢰는 항상 '지금 시작'됩니다.

## ● 창업가가 지켜야 할 단 한 가지가 있다면?

창업가들이 창업을 하게 된 이유는 무엇일까요? 창업은 아이디어가 좋고 지식이 많아야 할 수 있는 것이 아닙니다. 투철한 의지와 역경을 딛고 일어설 수 있는 끈기, 그리고 기업가정신이라고 불리는 자질이 갖춰져 있지 않으면 창업을 결심하기가 어렵습니다. 또 통념과 달리 마흔에 창업하기는 쉽지 않습니다. 가정이 있으면 지켜야 할 것이 많기 때문입니다. 결혼을 하면 알게 됩니다. 마흔에 접어들면 가정으로 들어가는 돈이 서서히 많아집니다. 쓰일 부분은 정해져 있고 지출 내역은 해마다 증가합니다. 월급은 그만두지 못할, 딱 그만큼만 지급됩니다. 그러니 누구나 창업을 꿈꾸지만 실제로 저지르는 사람은 없습니다.

그럼에도 그 나이에 창업하는 사람들이 있습니다. 언제 창업을 하든 창업하는 사람은 정해져 있습니다. 그들에게 창업의 이유를 물으면 분명하게 대답을 합니다. "문제점을 해결하고 싶어서 했습니다." "시스템이 마음에 들지 않아서 고치고 싶었다." 하다못해 "먹고 살려고요"라고도 합니다. 백만 가지 이유가 있다면 잘못된 이유는 없습니다. 똑같은 이유를 갖고 있을지라도 대부분의 사람들은 그런 이유로 창업을 하지 않기 때문입니다.

1995년 노벨 경제학상을 받은 로버트 루카스는 "사람은 능력이 다 다르다. 그들 중 가장 능력이 뛰어난 사람은 기업가가 되고 능력 없는 자는 임금노동자가 된다"라는 말을 남겼지요. 무슨 이유로 창업을 하든 창업가는 1퍼센트에 속하는, 일반적인 사람들과는 생각이 다른 사람들이라고 할 수 있습니다.

능력이 뛰어난 사람이 창업을 한다고 하지만 창업가가 일상을 지켜내기란 생각보다 힘듭니다. 대학을 다니는 사람이라면 아무래도 학업을 병행하기가 쉽지 않습니다. 학업은 휴학이라는 안전장치가 있지만 40대가 창업을 하면 가정을 지키기가 어렵습니다. 창업하자마자 대박을 터트리는 경우는 극히 드문 사례이니 길고 긴 인고의 시간을 보내야 합니다.

창업을 결심한 사람에게 당부하고 싶은 말은 다른 것이 아닙니다. 어떤 선택을 하든 최선의 답안은 없습니다. 버텨내세요. 혹 성공을 못 하더라도 버텨내야 합니다. 반드시 끝을 보세요. 실패를 하더라도 완결을 보아야 합니다. 그렇지 않으면 다음 순간으로 넘어갈 수 없습니다. 새로운 걸 시작할 수 있는 사업가는 흐지부지하지 않기 때문입니다. "Winter is coming." 왕좌의 게임에 나오는 대사죠. 겨울의 끝을 봐야 봄을 맞이할 수 있습니다.


## ● 사업계획서 작성, 무엇부터 시작할까?

예비창업패키지, 초기창업패키지 등에 지원을 하려면 사업계획서를 작성해야 합니다. 처음 하는 일이라 다들 막막하게 여기죠. 대개들 비슷하게 진행합니다. 사업 아이템을 기획한 후 남들은 어떻게 했는지 찾기 시작하는 겁니다. 검색도 하고 멘토링 신청도 하고 동영상 플랫폼에서 영상도 찾아 듣습니다. 이제 줄거리가 잡혔다 싶어

펜을 들면 어떻게 작성해야 하는지 다시 깜깜해집니다.

사업계획서 작성이 어려운 이유는 '남의 이야기'를 듣고 그대로 따라 하려는 것에서부터 시작됩니다. 어떤 사람이 무슨 조언을 했다고 해서 그대로 따라 할 필요는 없습니다. 결국엔 여러분이 지원하는 것이고 여러분이 책임지는 것입니다. 그 사람이 겪은 경험은 그 사람에게만 한정된 진실이라고 생각하세요. 여러분에게도 적용되는 사례가 아닙니다. 누군가 자신의 경험을 말해준다면 '그는 왜 그런 일을 겪었는가?'라고 생각하는 것이 올바른 접근법입니다.

예창패, 초창패 시즌이 오면 수많은 후기가 사이트에 올라옵니다. 창업에 관심이 있는 여러분은 글을 읽고 심사위원들이 주로 이런 질문을 던지는구나 하고 생각할 겁니다. 하지만 창업 아이템 발표는 모범답안이나 질문의 패턴이 없습니다. 심사위원은 사업계획서에서 설명이 부족한 부분을 찾아 질문을 던집니다. 대부분의 사업계획서가 부족한 부분이 비슷하기에 비슷한 유형의 질문이 있을 뿐입니다. 예컨대 비즈니스 모델에 대해 물었다면 BM을 제대로 쓰지 못한 경우입니다. 팀빌딩에 대한 질문이 나왔다면 팀원이 없거나 부족하다고 생각한 겁니다. 심사위원이 시제품의 중요성을 강조했다면 시제품이 안 나오면 답이 없는 사업이라고 판단했다는 뜻입니다. 자금 활용계획에 대해 물었다면 예산계획이 부실하다는 이야기입니다.

위와 같은 질문은 안 나와야 합니다. 어떻게 돈을 벌고 회사를 운영할 것인지 명확하게 쓰고 당장 팀원이 없어도 어떻게 사업을 이끌어갈지, 혹은 단계별로 인원을 어떻게 확충할 것인지 분명히 해야 합니다. 시제품을 지금부터 만들어도 좋은 사업이라는 것을 보이고 예산계획과 자금조달 방안을 명확하게 제시하는 것이 사업계획서 작성 요령입니다.

그렇다면 어떤 질문이 나와야 바람직할 걸까요? 기술, 시장, 사업에 대해 궁금해하며 대표자를 전문가로 대하는 질문이 나와야 합니다. "NFT 요즘 핫한데 대표님 사업영역 안에서 시장이 어떻게 돌아가고 있는지 설명해줄 수 있을까요?" "쉽지 않은 기술인데 이를 실현하기 위해서 어떤 계획을 갖고 있으세요?" 예창패, 초창패에서는 극히 드문 사례이지만 이런 식의 질문이 나와야 합니다.

그럼 지원사업 경험자들이 많이 받는 피드백 유형 10가지를 정리하도록 하지요. ① BM 보완이 필요하다. ② 수익구조가 불분명하다. ③ 목표고객을 구체적으로 제시하라. ④ 목표시장이 한정적이다. ⑤ 사업확장 가능성이 낮다. ⑥ 초기 시장진입 전략을 구체화할 것. ⑦ 매출 실현 가능성이 낮다. ⑧ 유사·경쟁 상품 대비 차별성이 부족하다. ⑨ 시제품을 통한 검증이 필요하다. ⑩ 기술에 대한 구체적 설명이 필요하다.

①~⑦까지의 피드백은 수익성이 없다고 판단될 때 나오는 피드백입니다. ⑧은 시장에서 살아남을 수 없을 듯하다는 이야기입니다. ⑨는 되는 기술인지 모르겠다는 이야기이고 ⑩은 무슨 이야기를 하고 있는지 이해가 되지 않을 때 심사위원에게서 나오는 말입니다. 이런 피드백들이 나왔다면 해결책은 하나입니다. 처음부터 다시 써

야 합니다. 쉽지는 않을 겁니다. 처음 작성한 원고가 여러분들이 했던 최선이었기 때문입니다. 문제점을 파악하고 개선하기 위해선 제대로 된 멘토링을 받는 것도 요령입니다.

이제 정리를 하도록 하지요. 사업계획서를 쓰기 전 세 가지를 명심하세요. 첫째, 사업계획서는 내가 아닌 남이 보는 것입니다. 내게는 당연한 사실이지만 남에게는 아닐 수 있습니다. 사업계획서만으로 투자가 결정됩니다. 투자자는 전문가가 아닐 수 있습니다. 전문 용어를 줄이고 쉽게 쓰세요. 둘째, 고객 스스로도 알지 못하는 것을 내가 안다고 생각하는 것은 자만입니다. 헨리 포드가 다음과 같이 말한 적이 있습니다. "고객에게 원하는 것이 무엇인지 물었다면 더 빠른 말이라고 했을 것이다." 자신이 원하는 것이 무엇인지 모르는 곳이 시장입니다. 틀림없다고 생각했는데 크게 실패하고 이게 될까 싶었던 것이 히트를 칩니다. 사업하기 어려운 이유입니다. 분명한 건 고객 입장을 생각하면 사업계획서가 달라집니다. 셋째, 대표자는 다음과 같은 자세를 가져야 합니다. '하고 싶은 일을 명확하게 표현하자.' 열정과 의지는 강조한다고 생겨나지 않습니다. 팩트로만 승부하세요.

## ● 나는 정말 사업을 하고 있는 걸까?
### 정부지원사업과 좀비기업

예비창업패키지가 끝이 나고 창업 2년 차에 접어들면 초기창업패키지가 시작됩니다. 여기에 선정되면 자금 걱정 없이 한 해를 넘길 수 있습니다. 초창패 다음에 있는 것은 디딤돌지원사업입니다. 기술 스타트업에 주어지는 R&D 지원사업이니까 시제품이 나오면 대략 끝납니다. 디딤돌 이후 전략형 창업과제가 있고 이다음 만나는 것은 TIPS 프로그램입니다. 여기까지가 창업성장기술개발사업이고 이것이 끝이 나면 또 매출액 20억 이상의 중소기업을 대상으로 하는 중소기업기술혁신사업이라는 단계별 정부지원사업이 시작됩니다.

정부지원사업에 의존하는 것은 나쁜 일이 아닙니다. 창업 활성화를 위해 나라에서 지원하는 자금인데 최대한 받는 것이 좋습니다. 하지만 정부지원사업에 의존하다 좀비화되는 기업이 많습니다. 전체의 50퍼센트가량 나옵니다. 반면 정부지원사업에 번번이 떨어졌지만 어렵사리 투자를 받아 근근이 성장하는 기업도 있습니다.

문제는 5000만 원 지원사업을 받는 것보다 5000만 원 매출을 내는 것이 백배는 더 어렵다는 겁니다. 지원사업은 서류로 평가하는 것이고 매출은 시장에서 고객의 평가를 받는 것입니다. 지원사업을 받아 단계를 밟아가면 어느 순간 매출이 나올 것 같지만 이두 개는 생각만큼 매칭이 되지 않습니다. 사업계획서와 결과를 놓고 비교하면 절반 이상은 맞지 않을 겁니다.

사업은 예측불허에다 운까지 따라야 하는 것이기에 매출을 내는 방안을 치열하게 고민해야 합니다. 하지만 그 매출을 올리려고 온갖 방법을 동원하는 것보다 정부지원사업에 지원하는 것이 더 편

합니다. 이쪽 길로 가다 보면 돈 버는 방법을 익히지 못합니다. 예창패→피봇→초창패, 이런 식으로 진행하며 연명합니다. 첫해부터 매출을 내지 않더라도 자립하기 위한 노력을 해야 합니다. 지원사업은 사업에 도움이 되는 방향으로 쓸 수 있어야 하는데, 그릇된 사업 가치관을 가진 컨설턴트와 멘토에 의존하면서 지원사업에만 매달리는 좀비기업이 생각보다 정말 많습니다.

다만 주의할 것은 매출이 나지 않고 지원사업에 의존한다고 그들 모두를 좀비기업이라 일컫지는 않는다는 것입니다. 예창패, 초창패, 디딤돌지원사업, 창업도약패키지 순서로 테크트리를 타는 스타트업 가운데에서도 매출이 나지 않는 경우가 정말 많습니다. 대신 이들은 각 단계를 넘어갈 때마다 발전하고 학습하고 결과를 내려는 기업입니다. 실제 제가 알고 있는 한 기업은 코스닥 상장을 했는데 상장하기 전 20여 개의 사업 성장 단계를 모두 지원사업에 의존했습니다.

차이는 하나죠. '버티는 기업'과 '연명하는 기업'입니다. 버티는 기업은 정부 지원을 받으면서 악착같이 회사의 가치를 키워나갑니다. 정부지원사업이 회사의 마일스톤이 되면 그 회사는 미래가 없습니다. 사업계획서 쓸 때 표가 납니다. 몇 번 성공하다 보면 사업계획서를 어떻게 써야 지원을 받을 수 있는지에 요령을 알게 됩니다. 창업자금은 누구에게나 필요합니다. 정부지원사업은 창업자금 조달의 한 창구이지 연명수단이 아닙니다. 진짜 사업을 하는 사람들은 회사의 자립을 목표로 합니다.

실리콘밸리와 달리 몇몇 예외적인 경우를 제외하면 우리나라 기술 스타트업들은 2~3년 안에 매출이 나지 않으면 기업가치를 입증하기 힘들어집니다. 무조건 매출부터 올리라고 말하는 것은 아닙니다. 기업을 유지할 수 있는 매출은 나오지 않아도 우리가 가진 아이템이나 기술이 시장에서 의미가 있다는 매출은 나와야 합니다. 그렇지 않으면 성장하기 힘들다는 신호입니다. 이런 신호가 오면 기술 스타트업들은 회사의 방향에 대해 고민을 해야 합니다. 다만 기술 기반 스타트업은 기술력 확보가 더 중요하니 매출은 묻어갈 수 있도록 해야 합니다.

## ● 창업기업, 전문성이 없다고요?

실제로 사업계획서를 쓰면 처음이다 보니 어딘가에서 빈틈이 생깁니다. 이 빈틈을 해결하는 가장 좋은 방법은 관련 분야의 전문가와 접촉하거나 여러분 스스로 전문지식을 갖는 것입니다. 그런데 예비창업자가 전문성을 갖추기엔 현실적으로 어렵지요. 발표장에서 어떻게 넘어갔다고 하더라도 전문성에 대한 질문은 나오게 되어 있습니다. "관련 전문가가 없는데 사업화가 가능할까요?" "개발자가 없는데 아이템 구현을 어떻게 할 생각이세요?" 그러면 외주로 하겠다고 할 수밖에 없습니다. 예컨대 심리치료 앱을 만들려는 개발자라면 심리학에 대한 전문성은 외부에서 찾으려 할 겁니다.

그동안 창업자들을 만나 멘토링을 한 결과 전문성이라는 것을 여러분에게 재정의할 필요가 있다는 생각을 했습니다. 전문성이 부족하다고 고민하는 이유는 대략 두 가지에서 기인합니다. 첫째, 관심도 많고 공부도 많이 했지만 서류상으로 증빙 가능한 이력이 없을 때 전문성이 부족하다고 생각합니다. 둘째, 아이디어로 창업을 시작하지만 정작 이를 개발할 수 있는 역량이 없을 때 전문성이 약하다고 생각합니다.

하지만 이 두 가지 약점을 갖고도 스타트업을 성공시킨 사례는 많습니다. 그런데 이게 자신의 문제가 되면 달라지는 것이지요. 잘할 수 있다는 것을 입증할 수 없기에 심사위원들 앞에 서면 고민이 깊어집니다. 사실 스타트업들은 기술 아이템의 상당 부분을 외주로 해결하는 경우가 많아요. 여러분은 잘 모르겠지만 그런 여러분을 앞에 두고 대면평가를 할 때 심사위원들끼리 이런 얘기를 나누고는 합니다. "인적자원 수급이 힘들 것 같은데 저 친구 말하는 것 보니까 어떻게든 사업을 구체화시킬 수 있을 것 같다." 이런 이야기가 나왔다는 것은 이미 전문성을 높게 평가했다는 이야기입니다.

전문성은 단순히 사업역량, 기술역량을 뜻하는 것이 아닙니다. 조금 더 근본적인 역량을 가리킵니다. 사업이라는 카테고리 안에서의 전문성은 조금 더 깊고 심오한 역량을 뜻합니다. 여러분이 어떤 사업 아이템을 생각하게 된 것은 분명 그만한 이유가 있습니다. 본인은 모르고 있는 재능, 숨은 잠재력이 있기에 가능한 것이지요. 이런 자질은 1~2회 멘토링으로 알 수 있는 것도 아닙니다. 전문성이란 다른 것이 아닙니다. 돈을 버는 방법은 생각보다 다양합니다. 하고많은 방법 중 그 아이템을 떠올리고는 이걸로 사업을 해야겠다고 판단한 시점부터 전문성은 키워나가는 것입니다.

여기서 제 이야기를 하면 이해가 될지 모르겠네요. 저는 기계공학과에서 학사와 석사를 졸업하고 도쿄대학에서 정밀공학을 전공했습니다. 졸업 후 프랑스 IEMN에서 박사연구원을 했고 현재 기계항공공학부 BK조교수로 재직하고 있습니다. 모두 창업과 무관한 이력이죠. 이제부터 창업과 관련된 이력을 적어보겠습니다. 기술보증기금과 이크레더블 기술가치평가 외부 전문가로 활동했고 현재 유튜브 창업보육채널 MNL을 운영하고 있으며 2020년엔 경기도 창업 활성화 유공자 표창장을 수상했습니다. 세 줄 정도 되는 이력이지만 보통 창업교육을 하는 다른 사람들은 이보다 더 엄청난 이력을 갖고 있다는 걸 말씀드리지요.

실제 세 줄을 지우면 저는 창업과 무관한 사람입니다. 그럼 저의 전문성은 어디에서 오는 걸까요? 경영, 회계, 특허에 관한 컨설팅도 합니다. 공부해서 합니다. 그렇다고 회계사, 변리사와 같은 전문성을 가진 것은 아닐 겁니다. 하지만 제가 전문성에 자신감을 갖는 것은 이런 것들을 예비창업가들에게 어떻게 전달할 것인가에 대해 끊임없이 고민하기 때문입니다. 실제 제가 운영하고 있는 창업보육 채널은 유튜브에 흔한 콘텐츠가 아닙니다.

다시 예를 하나 들죠. 스타벅스의 CEO 하워드 슐츠는 복사기로 유명한 제록스와 스웨덴계 가구회사 출신입니다. 시애틀에 출장을 갔을 때 그는 처음 스타벅스와 만나 좋은 인상을 받습니다. 1983년 가구회사 부사장직을 그만둔 그는 마케팅 담당으로 스타벅스에 입사합니다. 대기업에서 조그만 카페테리아로 이직한 것이니 입사라고 할 것도 없지만 마케팅이 필요 없다는 점주에게 애걸복걸(?)했다고 합니다. 그리고 그는 우리가 아는 지금의 스타벅스를 건설합니다. 커피와 무관했던 사람이 한 일입니다. 현장 실사를 다니면 이런 사례는 수도 없이 만납니다. 영업을 뛰다 반짝이는 아이디어가 생겨 외주로 시제품을 만들어 대박을 낸 사례도 있습니다. 엔지니어만이 제품 기반 스타트업을 시작할 수 있다는 편견을 깨버린 사례이지요.

사업계획서만으로 예비창업패키지에 선정되는 사람은 생각 외로 많습니다. 반면 전문성을 갖춘 팀임에도 서류심사에서 떨어지는 경우도 비일비재합니다. 기술도, 전문성도, 개발자도 없고 시제품도 제시하지 못했는데 왜 되었을까요? 자기가 가장 잘할 수 있는 것을 어필하고 부족한 부분은 앞으로 채워나가겠다는 것을 보여준 겁니다. 지금 여러분이 갖고 있지 않은 것은 시간이 해결해줍니다. 지금 갖고 있는 것에 집중하는 것으로도 충분합니다. 누군가의 도움을 받아야 하는 영역은 도움을 받으면 그만이죠. 그것을 예비창업패키지, 초기창업패키지에 녹여내면 차별요소가 되는 것이지요.

조금 지난 통계지만 2020년 창업기업은 140만 개였습니다. 예창패의 지원을 받을 수 있는 기술기반 창업은 대략 22만 8949개였는데 지원자는 약 2만 3000명이었고 선정된 사람은 2300명이었습니다. 일반 분야 1100명, 특화 600명, 비대면 특화 600명 이렇게 선정되었습니다. 창업하겠다고 생각하고 실행에 옮긴 사람 중 실제로 사업계획서를 쓴 사람은 약 2만 3000명이라는 이야기입니다. 그리고 선정된 2300명은 2만 3000명 중에서도 내가 왜 정부지원사업의 지원을 받아야 하는지를 어필한 사람들입니다. 예비창업패키지가 요구하는 전문성은 이것입니다.


## ● 정부지원 사업계획서, 우리 회사의 매력을 어떻게 어필할까?

여기서는 사업계획서를 쓰기 전 여러분 회사의 가치와 매력을 어떻게 설정해야 하는지에 대해 이야기하도록 하겠습니다. 이 이야기를 하려면 매력적인 회사, 매력적인 사업은 어떤 것을 말하는지 먼저 알아야 합니다. 멘토링을 하게 되면 지원사업에 응모하기 전 창업 아이템 목록을 뽑아오라고 합니다. 리스트업list up을 보다 보면 어떤 아이템은 지원사업에 선정되기에 부적합한 경우가 있습니다. 아이템이 나쁘다는 것이 아니라 사업적 매력을 어필하기 쉽지 않다는 이야기입니다.

사업적 매력을 어필하기 쉽지 않다는 것은 미래가치가 보이지 않는다는 뜻입니다. 오해하지 말아야 할 것은 사업적 매력은 창업 아이템에서 나오는 것이 아니라 사람으로부터 나온다는 것입니다. 정확히는 이 아이템으로 사업자가 어떤 미래를 그리고 있는가에 달려 있습니다. 투자자들에게 미래에 대한 확신을 줄 수 있으면 그때부터 아이템은 그렇게 중요하지 않습니다.

시작하는 단계인데 벌써 미래를 생각한다? 처음에는 방향성에 대해 생각하지 않아도 됩니다. 하지만 생각보다 일찍 선택의 기로에 서게 됩니다. 어떤 선택을 하느냐에 따라 회사는 '백년기업(50년 동안 순익 연간 2억)'으로 갈 수도 있고 '벤처(5년 후 M&A 100억)'로 성장할 수도 있습니다. 이 둘은 사업계획서가 다릅니다. 백년기업은 꾸준함과 끈기가 필요하고 벤처를 지향한다면 리스크 관리를 해야 합니다. 백년기업이라면 안정적인 매출과 튼튼한 재무구조를 가져가야 하고 벤처라면 재무구조가 불안하더라도 투자를 이끌어내며 J커브 곡선을 그려야 합니다.

예컨대 호주 기업으로 햄도그Hamdog라는 회사가 있습니다. 창업주가 햄버그와 핫도그를 같이 먹고 싶어서 창안한 아이템입니다. 검색하면 동그란 햄버거에 양쪽으로 길쭉한 핫도그가 결합한 모양이 나올 겁니다. 창업 심사에서 혹평을 받았습니다. 하지만 이 기업은 창업 두 달 후 호주 전역을 휩쓰는 프랜차이즈로 성장했습니다. 15초에 하나 팔린다고 합니다. 상식적으로 생각했을 때 동네 명물 정도로 끝날 수 있는 창업 아이템입니다. 그런데 우후죽순으로 퍼져 프랜차이즈가 되었습니다. 푸드 스타트업의 길을 걸은 것이죠. 이 반대의 사례도 있어요. 제가 멘토링했던 기업 중 하나는 다이어트 플랫폼을 꿈꾸었지만 그냥 꾸준히 매출을 올리는 기업으로 안착한 경우도 있습니다.

회사의 매력은 근거를 들어 설득하는 것에 달려 있지 않습니다. 대개 대표자의 신념과 의지가 아이템에 얼마나 반영되어 있는가로 결정됩니다. 아이템이 시장에서 어떻게 팔릴 것인가는 아이템 자체가 하는 일이 아니라 사람이 하는 일이기 때문이죠. 그렇기에 시장에 대한 폭넓은 이해와 관심을 갖고 있어야 합니다. 뜻대로 되지 않을 때의 플랜B도 고려하고 있어야 합니다. 사업계획서에는 이것까지 녹여내야 합니다. 이렇게 할 수 있어야 사람이 돋보이게 됩니다. 기업에 대한 믿음도 생깁니다.

정리를 하면 이렇습니다. 사업계획서를 쓰기 전에 다음을 생각해야 합니다. "회사가 그리는 미래는 무엇인가?" "이 미래를 위해 어디에 우선순위를 둘 것인가? 사람인가? 자금 확보인가? 안정적인 재무구조인가?" 사업계획서에 이 내용들을 쓸 필요는 없습니다. 그리고 예창패와 초창패를 위해 가장 중요한 질문은 이렇습니다. "내 사업의 출발점은 어디인가?" "출발하기 위해 가장 먼저 확보해야 할 자원은 무엇인가?(시제품, 마케팅, 인재영입 등등)" 이런 것들이 머릿속에 정리가 되어야 사업계획서가 명료해집니다. 사업의 매력도를 돋보이게 합니다.

## ● 건설환경공학부

1960년대 이후 산업 발전과 함께 건설환경공학부 출신들은 토목, 철도, 교량, 조선, 환경, IT, 교육 등 다양한 분야의 기업을 설립했다. 신동수 회장은 한강교 복구 등을 거쳐 ㈜동명기술공단을 창업, 국내 교량 및 도로 설계 분야에서 선두주자로 자리매김했다. 황해근 회장의 동일기술공사와 전긍렬 회장의 유신은 각각 도로, 항만, 지하철 및 대형 국내외 프로젝트를 성공적으로 수행하며 업계를 이끌었다.

최근에는 기술 진보와 사회 변화에 발맞춰 새로운 창업 동향이 나타나고 있다. 특히 IT 및 부동산 분야에서 눈에 띄는 성장을 보이고 있다. 예를 들어 토스랩은 국내 No.1 업무협업 툴 JANDI를 운영하며 아시아 시장으로의 확장을 모색 중이다. 코티에이블은 역세권과 대학가 중심으로 셰어하우스를 운영하며 새로운 주거 문화를 선도하고 있다. 또한 AI 기반 부동산 서비스를 제공하는 위티는 사용자와 중개인을 연결하는 혁신적인 방식으로 주목받고 있다.

건설 분야에서도 혁신이 이어지고 있다. 넥시빌은 반복적인 설계 업무를 자동화하는 SaaS를 개발하여 업계의 효율성을 높이고 있다. 또한 토목 엔지니어링 분야에서는 ㈜웹솔루스가 수자원 관리 시스템을 구축하여 최적의 운영 솔루션을 제공하고 있으며, ㈜지오모니터링은 항공측량 데이터를 활용한 지리정보시스템 개발로 새로운 시장을 개척하고 있다.

이러한 창업 동향은 건설환경공학부 출신들이 단순한 기술개발을 넘어 사회적·경제적 가치를 창출하는 다양한 분야에서 리더십을 발휘하고 있음을 보여준다. 이는 기술과 혁신을 통해 사회 변화에 기여하려는 서울대 출신 엔지니어들의 노력과 성과를 반영한다.


## ● 건축학과

서울대학교 건축학과 출신의 창업 역사는 1950년대부터 현재까지 이어져 오며, 특히 2000년대 이후 4차 산업혁명 기술을 접목한 혁신적 창업이 두드러진다. 초기에는 김중업, 김수근 등의 건축가가 모더니즘과 한국 전통을 결합한 작품으로 현대 건축의 기반을 마련했다. 이후 이영희 동문이 희림종합건축사사무소를, 조창걸 동문이

한샘을 창립하며 건축설계와 가구산업에 큰 발자취를 남겼다.

1980년대부터는 건축 구조, 설비, 사업관리, 부동산개발 등 다양한 분야로 창업이 확장되었다. 이창남 동문의 센구조연구소, 김종호 동문의 창민우구조컨설턴트, 김종훈 동문의 한미글로벌 등이 대표적이다. 이들은 국내외 주요 프로젝트를 성공적으로 이끌며 건축산업의 발전에 기여했다.

2000년대 이후에는 BIMBuilding Information Modeling(건축 정보 모델), AI 등 최신 기술을 활용한 창업이 주목받고 있다. 김치경 동문의 창소프트 I&I는 BIM 솔루션으로 건축 데이터 관리의 효율성을 극대화했으며, 스페이스워크와 공간의가치 등은 AI를 활용해 부동산개발 최적화와 데이터 기반 서비스를 제공하고 있다. 이러한 기술 기반 창업은 건축 및 부동산 분야에 새로운 패러다임을 제시하며, 서울대 건축학과의 교육 프로그램이 AI 및 디지털 기술에 더욱 초점을 맞추고 창업을 적극 독려하는 방향으로 진화하고 있음을 반영한다. 이는 건축산업에 큰 변화의 바람을 불러일으키고 있으며, 서울대 출신 창업가들이 이끄는 혁신적인 기업들은 앞으로도 지속적으로 업계를 선도할 것으로 기대된다.

## ● 기계공학부

1989년 이찬진 동문이 서울대 컴퓨터 동아리 출신들과 만든 아래아한글은 대표적인 국산 소프트웨어로 성장했으며, 1996년 코스닥에 상장되어 현재 시가총액 4000억 원에 이른다. 다산네트웍스와 인포뱅크는 각각 통신, 인터넷 장비 및 이동통신, 인터넷 메시지 전달 분야에서 성공적인 벤처로 성장했다. SNU프레시젼은 서울대 실험실 1호 벤처기업으로, 박희재 교수가 창업하여 코스닥에 상장했다.

2000년대부터 2010년대에는 IT와 휴대폰 분야의 창업이 활발했다. AP위성은 위성휴대폰 시장에서 글로벌 3위 기업으로 성장했고, 로보로보는 교육용 로봇 기업으로 코스닥에 상장했다. 파트론은 삼성전기에서 분사하여 휴대폰 부품 사업을 성공적으로 이끌었다.

2010년 이후에는 인공지능AI, 블록체인, 플랫폼, 의료 분야에서 창업이 이루어졌다. 수아랩은 AI 기반 불량품 검사용 소프트웨어 '수아킷'을 개발하여 코그넥스에 인수되었고, 스몰머신즈는 의료 진단 장비개발 업체로 성장했다. 트릿지는 신선식품의 B2B 무역 거래 플랫폼으로 유니콘에 등극했으며, 디스이즈엔지니어는 드론과 플라잉카 기술 개발에 주력하고 있다. 매드업은 애드테크 기반 광고대행 에이전시로, 세이지리서치와 큐리오칩스는 각각 머신비전 SW 및 인체조직 칩 기술을 개발하며 주목받고 있다. 원프레딕트는 산업 AI 기술을 바탕으로 설비 진단 및 유지 보수 소프트웨어를 제공한다.

이외에도 델바인, 누트컴퍼니, 이마고웍스, 메디인테크, 플러그링크, 레브잇, 엑스퀘어 등 다양한 분야에서 혁신적인 스타트업들이 탄생했다. 프라이머사제파트너스는 한국인 스타트업에만 투자하는 벤처캐피털로, 미국 실리콘밸리에서 활동하며 한인 창업 네트워크를 확장하고 있다.

## ● 산업공학과

1990년대부터 2000년대 초반, 인터넷 기술의 부상과 함께 컴퓨터 시스템 통합, 소프트웨어 개발, 온라인 비즈니스 분야에서 창업이 활발했다. 한국정보공학, 오픈베이스, 소만사, 한게임 등이 대표적인 예로, 이들 기업은 기술혁신과 함께 코스닥 상장 등으로 큰 성공을 거두었다. 1998년에는 본격적인 인터넷 시대가 펼쳐짐에 따라 카카오의 김범수 의장이 한게임을 창업하여 네이버와 합병(2000년)을 하면서 네이버를 폭발적으로 성장시켰다.

2000년대부터 2010년대에는 게임, 소프트웨어 개발, 경영 상담, 플랫폼 등 다양한 분야로 창업 영역이 확장되었다. 엠비즈네트웍스, SK엔카, 디알텍, 코나투스 등이 이 시기의 주요 창업 사례로, 이들은 각각의 분야에서 혁신적인 서비스를 제공하며 시장을 선도했다. 김범수 의장은 2010년 카카오톡을 국민 메신저로 만들고 다음을 합병하면서 현재의 카카오로 성장시켰다. 이러한 성공담은 동문들에게 크게 영향을 끼치면서 인터넷 기반 서비스업들이 많이 창업되었다.

2010년 이후에는 블록체인, 암호화폐, AI, 의약품 제조, 푸드 헬스케어 등으로 창업 분야가 더욱 다양해졌다. 알마덴디자인리서치,

서울소셜스탠다드, 인테이크, 스톤브릿지파트너스, 파두, 올블랑TV, 아이오트러스트, 리그 오브 트레이더스, 젤리랩, 아밀로이드솔루션 등이 이 시기의 대표적인 창업 사례로, 각각의 분야에서 혁신적인 아이디어와 기술로 시장에 새로운 바람을 일으켰다.


## ● 에너지자원공학과

에너지자원공학과 출신들은 대규모 투입자본이 필요한 분야임에도 불구하고 다양한 분야에서 창업에 성공했다. 1975년 윤우석 대표가 창업한 진성산업은 중장비 부품 제조업체로 성장했으며, 1979년 송명호 대표는 잉거솔랜드Ingersoll Rand의 공작용 기계 및 장비 수입업체 수도상사를 설립했다. 1990년대부터 2000년대 초에는 인포뱅크가 정보통신과 식품 분야에서 주목받았다. 2000년대부터 2010년대에는 전자상거래와 교육사업 분야에서 G마켓 창업자 구영배 대표와 넥스큐브코퍼레이션 창업자 고승재 대표가 활약했다.

최근에는 인터넷게임, 아웃도어 분야에서 코쿤게임즈의 이정욱 대표와 스푼라디오의 최혁준 대표가 성공적인 창업을 이루었다. 이들의 활동은 에너지자원공학과 출신들이 기술창업 분야에서도 두각을 나타내고 있음을 보여준다. 국내 최대 믹스커피 제조회사(2021년 기준 조제커피 소매점 매출 점유율 88%)로 회사를 성장시킨 동서식품(1968년 설립)의 김석수 동문은 동서식품(주) 부사장, 회장을 역임하며 식품시장을 이끌어갔으며, 기술창업 인재 육성과 학문 연구의 큰 뜻으로 기술창업의 허브 역할을 담당할 SNU기술창업플라자-공존34 건립 등 서울대학교 스타트업 발전에 크게 기여하고 있다.


### ● 원자핵공학과

원자력 분야는 국가 주도의 사업이 많고 개인 창업이 어려운 환경임에도 불구하고, 원자력 전공자들이 신재생에너지, 원자력, AI 등 다양한 분야에서 의미 있는 창업을 이루었다. 1990년대부터 2000년대에는 원자력발전소 및 의료기관에 방사선 안전관리 제품과 서비스를 제공하는 선광T&S, 원자력 엔지니어링 서비스를 제공하는 미래와도전, 디지털 인프라 구출 솔루션을 제공하는 IT 전문기업 인성정보 등이 창업되었다.

최근에는 AI 프로그램 개발 회사 초록소프트와 치매 초기 진단 솔루션을 제공하는 뷰브레인헬스케어 등이 창업되었다. 이러한 창업들은 원자력 분야의 전문 지식을 바탕으로 한 혁신적인 사업 모델을 구축하고 있다.


### ● 재료공학부

재료공학부 출신들은 시대와 산업구조 변화에 따라 다양한 분야에서 창업을 이루었다. 1960년대부터 1990년대에는 섬유, 금속, 무기재료 분야에서 주요 기업들이 탄생했다. 일진금속공업사, 이화다이아몬드공업, 유풍실업, 우인웨이브, 코리아니켈, 종로학원 등이 창업되어 각 분야에서 성장했다. 1990년대부터 2000년대에는 인터넷, 통신, 휴대폰 산업의 발달로 아모텍, 사파이어테크놀러지, 덴티움, 홀루테크, 와이아이케이, 비아트론, 에이치앤이루자, 나무앤 등이 창업되었다.

최근에는 원진금속, 넵튠, 하이퍼커넥트, 어썸레이 등이 창업되었다. 또한 서울대 내에서도 그래핀스퀘어, 에스엔디스플레이, 에스그래핀 등의 창업이 이루어졌다. 이러한 창업들은 재료공학 분야의 전문 지식을 바탕으로 한 혁신적인 사업 모델을 구축하고 있다.

## ● 전기·정보공학부

1980년 이전부터 현재까지 서울대 전자공학과 출신들은 다양한 분야에서 혁신적인 창업을 이루었다. 1965년 김정식 회장이 설립한 대덕전자는 PCB 전문업체로 성장했으며, 이달우 동문의 케이씨코트렐, 김재한 동문의 케이제이전자주식회사 등도 전자산업 발전에 기여했다. 1980년대부터 2000년대에는 메디슨, 솔브레인, 휴맥스 등이 창업되어 의료기기, 반도체, 정보가전 분야에서 성장했다. 2000년대부터 2010년대에는 IT 벤처 붐에 힘입어 엔씨소프트, 게임빌, 티엘아이, 코아로직 등이 창업되어 IT 및 반도체 산업 발전에 기여했다.

최근에는 매스프레소, 파두, 하이비 등이 4차 산업혁명을 이끌어나갈 혁신적인 기술을 개발하며 창업 붐을 이어가고 있다. 이러한 창업들은 전자공학 분야의 전문 지식을 바탕으로 한 혁신적인 사업 모델을 구축하고 있다.

## ● 조선해양공학과

조선해양공학 분야의 창업은 대한민국의 공업 발전 역사와 밀접하게 연관되어 있으며, 시대별로 다양하게 발전해왔다. 1980년 이전에는 주로 목선에서 철강 선박으로의 전환기에 단순 선박 건조 및 기자재 수리 중심으로 창업이 이루어졌다. 이 시기 대표적인 조선소로는 1937년 설립된 조선중공업이 있다. 1970년대 초반 정부의 중화학공업 육성계획에 따라 현대조선, 삼성조선, 대우조선 등 대형 조선소가 설립되었고, 이와 함께 한국해사기술과 같은 기술 중심 스타트업도 창업되었다.

1980년대부터 2000년대에는 대형 조선소 중심으로 국제 경쟁력을 확보하면서, 블록 생산업체 중심의 창업이 이루어졌다. 이 시기에는 하이에어코리아, 어드밴스트마린테크, 크리에이텍 등 전문 엔지니어링을 중심으로 한 창업이 증가했다. 또한 외국 기자재 및 기술 업체의 에이전트로서 이지그라프, 티엠마린 등이 창업되었다.

2010년 이후에는 조선해양 기술 및 산업과 관련 없는 분야의 창업이 나타나고 있다. 이는 디지털 변환, 인공지능 기술의 보편화와 같은 4차 산업 시대의 공통적인 경향과 맞물려 있다. 이 시기에는 올시데이터, 울산랩 등이 창업되어 오랜 경험과 고도화된 기술력을 바탕으로 한 창업 사례를 보여준다.

### ● 컴퓨터공학부

컴퓨터공학부는 디지털 시대의 중심에 서 있으며, 1990년대부터 수많은 창업자를 배출해왔다. 1990년대에는 대기업 정보 시스템화와 중대형 컴퓨터 시스템 소프트웨어 개발을 주도했으며, 2000년대에는 인터넷 통신 발달로 다양한 응용 소프트웨어를 개발했다. 2010년대 이후에는 블록체인과 가상화폐 시장이 성장하며 새로운 기업들이 등장했다.

중요한 창업 사례로는 넥슨의 김정주, 네이버의 이해진, 업비트 운영사 두나무의 송치형, 몰로코의 안익진, 센드버드Sendbird의 김동신 등이 있다. 이들은 각각 온라인 게임, 인터넷 포털, 가상화폐 거래소, 모바일 광고, 기업용 커뮤니케이션 솔루션 분야에서 혁신을 이끌었다.

또한 AI와 빅데이터 처리 분야에서도 컴퓨터공학 출신의 창업가들이 활약하고 있다. 코난테크놀로지, 스켈터랩스, 다이닝코드, 스탠다임 등은 AI, 빅데이터 분석, 신약 개발 등 다양한 분야에서 선도적인 역할을 하고 있다. 이외에도 에듀테크, 반도체, 드론 등 다양한 분야에서 컴퓨터공학 출신의 창업가들이 활동하며 디지털 트랜스포메이션을 이끌고 있다.

## ● 항공우주공학과

항공우주공학과 졸업생들은 주로 정부, 기관, 연구소, 기업에 취업하며, 최근에는 인공위성, 항공우주로봇, 차세대 드론 등의 분야에서 스타트업이 확장되고 있다.

1990년대 이전에는 삼성항공 출신 이영필 대표가 리앤목특허법인을 창업하여 대형 특허법인으로 성장시켰다. 1990년대에는 이동통신 분야의 싸이버뱅크가 주목받았고, 2000년대에는 항공터보엔진 기술기반의 뉴로스와 항공기 설계 엔지니어링 업체 에이엠시스템이 성장했다.

2010년 이후에는 전자상거래 분야의 비즈엠알오, 아파트 ERP 솔루션 제공업체 이지스엔터프라이즈, 의료 정밀기계 분야의 리센스메디칼 등 다양한 분야에서 항공우주공학과 출신의 창업가들이 활약하고 있다. 이들 기업은 각각 전문 분야에서 중요한 역할을 하며 성장하고 있다.

## ● 화학생물공학부

화학생물공학 분야의 창업은 대한민국 산업 발전과 함께 다양하게 성장해왔다. 1960년대 이후 중화학공업 육성정책에 따라 화학 산업 창업이 시작되었고, 1980년대 컴퓨터 및 반도체 산업의 성장으로 관련 분야 창업이 이어졌다. 2000년대부터는 4차 산업, 소프트웨어, 생물공학 등으로 창업 분야가 확장되었다.

1980년 이전에는 반도체, 디스플레이, 에너지 재료 제조업체 동진쎄미켐, 자동차 및 전자용 고무부품 제조업체 태성고무화학, 엔지니어링 회사 전엔지니어링 등이 창업되었다. 1980년대부터 2000년대에는 환경·에너지 솔루션 열린기술, 반도체용 화학제품 이엔에프테크놀로지, 세포치료제 개발 테고사이언스 등이 등장했다.

2010년 이후에는 온라인 교육 사이트 이투스 창업 후 다시 창업한 스마투스, 파도 에너지 솔루션을 제공하는 인진, 인테리어 커머스 플랫폼 버킷플레이스, 육류 커머스 설로인, 불가사리를 이용한 제설제와 화장품 원료 개발 스타스테크, 부동산 공동투자 플랫폼 엘리시아, AI 학습 플랫폼 튜링, 메타버스 패션기술 에이아이바 등 다양한 분야에서 혁신적인 스타트업들이 창업되었다.

## 서울공대 창업자 명단 오류 수정 방법 안내

다음 740명의 창업 인재 명단은 개인의 사생활 보호를 위해 공공 미디어에 노출된 정보만 참고하여 최초로 수집 정리된 자료입니다. 그런 한계로 인하여 현재는 많은 오류와 누락된 데이터가 존재할 것으로 사료됩니다. 만일 자료의 수정을 원하시는 경우 아래 이메일 연락처로 연락해주시면 확인 후 원 자료를 수정하고 차기 출판에 반영하도록 하겠습니다. 유형별 수정 신청 방법은 다음과 같습니다. (이메일: snuecc@snu.ac.kr, SNU공학 컨설팅센터)

1. 본인 명단 삭제를 희망하는 경우: 본인의 신분을 증명할 수 있는 자료(예: 신분증 사본 등)를 첨부하여 삭제 희망 이메일 발송.
2. 본인 명단 내용 수정을 희망하는 경우: 본인의 신분을 증명할 수 있는 자료(예: 신분증 사본 등) 및 수정 근거 자료 (예: 졸업증명서 등)를 첨부하여 수정 희망 이메일 발송.
3. 본인 명단 누락으로 인하여 추가를 희망하는 경우: 본인의 신분을 증명할 수 있는 자료(예: 신분증 사본 등) 및 명 단 추가 근거 자료(예: 창업확인 가능 증빙 등)를 첨부하여 추가 희망 이메일 발송.
4. 기타: 네이버 인물정보 등록을 하신 경우, 해당 자료 관련 내용은 모두 수정 가능하오니, 원하시는 내용을 네이 버 인물정보에 등록이나 수정하신 후 요청하시면, 언제든지 수정 보완 가능합니다.

감사합니다.

# 1. 건설환경공학부 동문 스타트업 목록

(배열 기준: 창업 연도)

| 연번 | 통·폐합 학과명 | 대표 이름 | 기업명 | 창업 연도 | 기업 분야(업종·업태) |
|---|---|---|---|---|---|
| 1 | 토목공학과 | 신동수 | 동명기술공단 | 1962 | 종합 엔지니어링 기업 |
| 2 | 토목공학과 | 故 이경형 | 문운당 | 1962 | 학술도서 전문출판사 |
| 3 | 토목공학과 | 황해근 | 동일기술공사 | 1965 | 토목공사 현장감리, 기술용역 |
| 4 | 토목공학과 | 故 전긍렬 | 유신코퍼레이션 | 1966 | 철도설계 감리 특수설계 |
| 5 | 토목공학과 | 故 김형주 | 삼안코퍼레이션 | 1967 | 건설 엔지니어링 전문업체 |
| 6 | 토목공학과 | 이무진 | 영풍제지 | 1970 | 제지산업 |
| 7 | 토목공학과 | 문재경 | 우림콘크리트공업 | 1971 | 레미콘, 콘크리트제품 제조/토목공사 |
| 8 | 토목공학과 | 故 서립규 | 우림콘크리트공업 | 1971 | 레미콘, 콘크리트제품 제조/토목공사 |
| 9 | 토목공학과 | 이종호 | 삼호개발 | 1976 | 토목공사사업 |
| 10 | 토목공학과 | 안철호 | 범아 엔지니어링 | 1977 | 토목 엔지니어링, 일반측량, 지적측량 |
| 11 | 토목공학과 | 곽영필 | 영엔지니어링 | 1978 | 토목설계회사 |
| 12 | 토목공학과 | 이환범 | 대영엔지니어링 | 1980 | 조선소 건립, 항만건설사업 등 설계, 감리 |
| 13 | 토목공학과 | 변재용 | 한솔교육 | 1982 | 학습지 방문 교육 학원 |

| 14 | 토목공학과 | 강호익 | 한창산업 | 1985 | 아연말, 인산아연 제조 및 판매업 |
|---|---|---|---|---|---|
| 15 | 토목학과 | 염병대 | 제일엔지니어링 | 1988 | 토목설계사업(토목구조, 토질, 기초설계, 도로 및 공항, 철도 및 지하철 외) |
| 16 | 토목공학과 | 최진택 | 제일엔지니어링 | 1988 | 종합 엔지니어링 기업 |
| 17 | 토목공학과 | 황광웅 | 건화 | 1990 | 건설 엔지니어링 분야 종합 컨설팅 |
| 18 | 토목공학과 | 최기철 | 토문건축사사무소 | 1990 | 건축설계업 |
| 19 | 토목공학과 | 심만석 | 바우컨설탄트 | 1995 | 토목설계 전문회사 |
| 20 | 토목공학과 | 박찬호 | 유구엔지니어링 | 1995 | 기타 엔지니어링 서비스업 |
| 21 | 토목공학과 | 김근택 | 비엔지컨설턴트 | 1996 | 교량 상부공 시공 및 설계 |
| 22 | 토목공학과 | 정대열 | 에메랄드 소프트 | 1996 | CAD/CAE |
| 23 | 토목공학과 | 변광욱 | 이지소프트컨설팅 | 1996 | 건설 분야 소프트웨어 솔루션 제공업체 |
| 24 | 토목공학과 도시전공 | 한녹희 | 효명이씨에스 | 1996 | 토목 전문 건설기업 |
| 25 | 토목공학과 | 홍성영 | 스마텍엔지니어링 | 1997 | 건물 및 토목 엔지니어링 서비스업 |
| 26 | 토목공학과 | 최상진 | 이엔텍 | 1997 | 화학공학/환경연구, 폐수처리장치 제조, 플랜트 관련 엔지니어링 용역 |
| 27 | 토목공학과 | 김선원 | 비엔에스엔지니어링 | 1998 | 교량설계 엔지니어링 |
| 28 | 토목공학과 | 김우종 | DM엔지니어링 | 1999 | 교량구조설계 전문 기업 |
| 29 | 토목공학과 | 한만엽 | 인터컨스텍 | 1999 | 교량건설 전문기업 (IPC거더교, 2010년 매각) |
| 30 | 토목공학과 | 김남일 | 웹솔루스 | 2001 | 시스템 소프트웨어 개발 및 공급업 |
| 31 | 토목공학과 | 김홍식 | 웹솔루스 | 2001 | 시스템 소프트웨어 개발 및 공급업 |
| 32 | 토목공학과 | 강우영 | EPS솔루션 | 2002 | 환경 관련 엔지니어링 서비스업 |
| 33 | 토목공학과 도시전공 | 이재철 | 컴투티비 | 2002 | 응용 소프트웨어 개발 및 공급업 |
| 34 | 토목공학과 | 한만엽 | 써포텍 | 2003 | 토공 전문기업(IPS 가시설 공법) |
| 35 | 토목공학과 | 이창수 | 다익특수건설 | 2004 | 지질조사, 기초 및 연약지반 설계 |
| 36 | 토목공학과 | 김선웅 | 지오모니터링 | 2004 | 계기, 측량기 도소매, 제조/측량, 지리정보시스템 개발 |
| 37 | 토목공학과 | 김용한 | 아이디엠 | 2007 | BIM/ 토목 엔지니어링 |
| 38 | 토목공학과 | 박경식 | 코리아워터텍 | 2007 | 환경설비설치공사 / 환경에너지 기술개발 |
| 39 | 토목공학과 | 김성모 | DIKE | 2010 | 마케팅 |
| 40 | 지구환경시스템공학부 | 윤성혁 | 에스티유니타스 | 2010 | 기타 교육지원서비스업(영단기/공단기) |
| 41 | 토목공학과 | 한만엽 | 창건 | 2013 | 토공 전문 엔지니어링 기업 |
| 42 | 도시공학과 | 김대현 | 토스랩 | 2014 | 기업용 사내 메신저 서비스(잔디) |
| 43 | 지구환경시스템공학부 | 이동준 | 아토스터디 | 2014 | 시간관리 프로그램을 도입한 프리미엄 독서실 '그린램프라이브러리' 운영 |
| 44 | 건설환경공학부 | 이훈구 | 위티 | 2016 | 전월세 부동산 정보 검색 및 중개서비스 애플리케이션 서비스 제공 |
| 45 | 도시계획 | 안혜린 | 코티에이블 | 2016 | 캠퍼스 지역 글로벌 셰어하우스 |
| 46 | 토목공학과 | 임정현 | 넥시빌 | 2018 | 설계업무 웹서비스 개발 공급업 |

| 47 | 도시 및 지역계획전공 | 이상욱 | 쉐어원프로퍼티 | 2018 | 코리빙, 코워킹 등 일상공간 개발 운영 |
|----|------|------|------|------|------|
| 48 | 건설환경공학부 | 박지현 | 쓰리제이 | 2019 | 병검사 키트 및 비대면 진료 앱 서비스 |
| 49 | 토목공학과 | 문종훈 | 택한 | 2019 | 기초(말뚝)설계 / 토목 엔지니어링 |
| 50 | 건설환경공학부 | 박정원 | 플랫가든 | 2019 | 자연어 이해를 활용한 비대면 입시/진로 질의응답 및 콘텐츠 추천 인공지능 서비스 |
| 51 | 환경계획학과 | 소윤상 | 휠사이드킥 | 2019 | RNN을 이용한 참여형 공유 교통수단 재배치 솔루션 |
| 52 | 건설환경공학부 | 황정빈 | 사이트비전 | 2021 | CCTV 영상 데이터 자동 분석을 통한 실시간 현장관리 시스템 |
| 53 | 건설환경공학부 | 이영수 | 제로폴 | 2022 | 실내공기 오염물질 정화 서비스 개발 |
| 54 | 토목공학과 | 최상진 | 바투환경기술 | 2004년 이전 | 환경설비 전문업체 |

## 2. 건축학과 동문 스타트업 목록

(배열 기준: 창업 연도)

| 연번 | 통·폐합 학과명 | 대표 이름 | 기업명 | 창업 연도 | 기업 분야(업종·업태) |
|----|------|------|------|------|------|
| 1 | 건축학과 | 故 김중업 | 김중업종합건축사사무소 | 1956 | 건축설계업 |
| 2 | 건축학과 | 故 김수근 | 공간 | 1966 | 문화예술종합잡지출판업 |
| 3 | 건축공학과 | 故 문정규 | 남흥건설 | 1969 | 냉동창고 건축, 숙박시설업 |
| 4 | 건축학과 | 김태수 | 태수김파트너스 | 1970 | 건축설계업 |
| 5 | 건축학과 | 이영희 | 희림종합건축사사무소 | 1970 | 건축설계업 |
| 6 | 건축공학과 | 조창걸 | 한샘 | 1970 | 생활용 가구 도매업 |
| 7 | 건축학과 | 황일인 | 일건종합건축사사무소 | 1974 | 건축설계업 |
| 8 | 건축학과 | 안호준 | 범아엔지니어링 | 1976 | 건축설계업 |
| 9 | 건축학과 | 송주훈 | 정일엔지니어링건축사사무소 | 1977 | 건축설계업 |
| 10 | 건축학과 | 故 신국범 | 서한건축사사무소 | 1978 | 건축설계업 |
| 11 | 건축학과 | 이창남 | 센구조연구소 | 1978 | 건축설계업 |
| 12 | 건축학과 | 전상백 | 한국종합건축사사무소 | 1979 | 건축설계업 |
| 13 | 건축학과 | 故 김정훈 | 아키플랜종합건축사사무소 | 1983 | 건축설계업 |
| 14 | 건축학과 | 故 원정수 | 간삼건축종합건축사사무소 | 1983 | 건축설계업 |
| 15 | 건축학과 | 故 지순 | 간삼건축종합건축사사무소 | 1983 | 건축설계업 |
| 16 | 건축학과 | 김우성 | 아키플랜종합건축사사무소 | 1983 | 건축설계업 |
| 17 | 건축학과 | 양재현 | 종합건축사사무소건원 | 1983 | 건축설계업 |
| 18 | 건축학과 | 김명흥 | 범건축종합건축사사무소 | 1984 | 건축설계업 |

| 19 | 건축학과 | 김병현 | 창조종합건축사사무소 | 1984 | 건축설계업 |
|---|---|---|---|---|---|
| 20 | 건축학과 | 박영건 | 범건축종합건축사사무소 | 1984 | 건축설계업 |
| 21 | 건축학과 | 원형준 | 범건축종합건축사사무소 | 1984 | 건축설계업 |
| 22 | 건축학과 | 박영우 | 무영종합건축사사무소 | 1985 | 건축설계업 |
| 23 | 건축학과 | 김종호 | 창민우구조컨설턴트 | 1989 | 건축구조컨설턴트 |
| 24 | 건축학과 | 승효상 | 이로재건축사무소 | 1989 | 건축설계사무소 |
| 25 | 공업교육학과 | 이영호 | 그룹윈 | 1989 | 가동원전 구조물 진단 및<br>시험기기 내진검증 등 |
| 26 | 건축학과 | 조기식 | 휴다임건축사사무소 | 1989 | 건축설계업 |
| 27 | 건축학과 | 부대진 | 진아건축도시종합건축사사무소 | 1990 | 건축설계업 |
| 28 | 건축학과 | 윤세한 | 해안종합건축사사무소 | 1990 | 건축설계업 |
| 29 | 건축학과 | 한대수 | 토문엔지니어링건축사사무소 | 1990 | 건축설계업 |
| 30 | 건축학과 | 김상락 | 한길종합건축사사무소엔지니어링 | 1991 | 건축설계업 |
| 31 | 건축학과 | 차정만 | 에코프렌드 | 1991 | 주거용 건문개발 및 공급업 |
| 32 | 건축공학과 | 민현식 | 건축사사무소기오헌 | 1992 | 건축설계업 |
| 33 | 건축학과 | 한상규 | 전인씨엠건축사사무소 | 1992 | 건축설계업 |
| 34 | 건축학과 | 김한준 | 포스트미디어 | 1993 | 시스템 소프트웨어 개발 및 공급업 |
| 35 | 건축학과 | 박춘봉 | 부원광학 | 1993 | 쌍안경, 광학부품 제조 / 부동산 임대업 |
| 36 | 건축학과 | 박형기 | 부원광학 | 1993 | 쌍안경, 광학부품 제조 / 부동산 임대업 |
| 37 | 건축학과 | 홍승모 | 포스트미디어 | 1993 | 시스템 소프트웨어 개발 및 공급업 |
| 38 | 건축학과 | 양화섭 | 종합건축사사무소송현 | 1994 | 건축설계업 |
| 39 | 건축학과 | 박성준 | 건축사사무소우리공간 | 1995 | 건축설계업 |
| 40 | 건축학과 | 이성관 | 건축사사무소한올건축 | 1995 | 건축설계업 |
| 41 | 건축학과 | 임동범 | 혜원까치종합건축사사무소 | 1995 | 건축설계업 |
| 42 | 건축학과 | 김수원 | 나우동인건축사사무소 | 1996 | 건축설계업 |
| 43 | 건축학과 | 김종훈 | 한미글로벌 | 1996 | 건설사업관리 전문기업 |
| 44 | 건축학과 | 박병욱 | 나우동인건축사사무소 | 1996 | 건축설계업 |
| 45 | 건축학과 | 신동재 | 다올건축사무소 | 1996 | 건축설계 관련 서비스업 |
| 46 | 건축학과 | 강원필 | 경영위치건축사무소 | 1997 | 건축설계업 |
| 47 | 건축학과 | 고영회 | 성창특허법률사무소 | 1997 | 특허, 실용신안, 디자인,<br>상표 지식재산권 보호업무 |
| 48 | 건축학과 | 문홍길 | 하우드엔지니어링종합건축 | 1997 | 건축설계 및 도시설계, 감리 외 |
| 49 | 건축학과 | 김용인 | 나우설비기술 | 1999 | 건축기계설비설계, 소방설비설계 |
| 50 | 건축학과 | 나정서 | 나우설비기술 | 1999 | 건축기계설비설계, 소방설비설계 |
| 51 | 건축학과 | 김성현 | 아이패밀리에스씨 | 2000 | 화장품 제조업 |
| 52 | 건축학과 | 장윤규 | 운생동건축그룹 | 2000 | 아이디어 기반 건축가사무소 |
| 53 | 건축학과 | 조영돈 | 유선엔지니어링건축사무소 | 2000 | 건축설계업 |
| 54 | 건축학과 | 황두진 | 황두진건축사사무소 | 2000 | 건축설계 감리 인테리어 |
| 55 | 건축학과 | 김현호 | 디에이그룹엔지니어링종합건축사<br>사무소 | 2001 | 건축설계업 |

| 56 | 건축학과 | 남승한 | 플러스코나키 | 2001 | 도배, 실내장식 및 내장 목공사업 |
|---|---|---|---|---|---|
| 57 | 건축학과 | 부창렬 | 미래씨앤알 | 2001 | 시설물 유지관리 공사업 |
| 58 | 건축학과 | 안우성 | 종합건축사사무소온고당 | 2001 | 건축설계업 |
| 59 | 건축학과 | 이형욱 | 종합건축사사무소도가에이앤디 | 2001 | 건축설계업 |
| 60 | 건축학과 | 김상갑 | 수성컨설팅 | 2002 | 건축설계업 |
| 61 | 건축학과 | 최관영 | 일건씨엔씨건축사사무소 | 2002 | 건축설계업 |
| 62 | 건축학과 | 김승배 | 피데스개발 | 2003 | 주거용 건물 개발 및 공급업 |
| 63 | 건축학과 | 이장수 | 메쯔 | 2003 | 비주거용 건물 개발 및 공급업 |
| 64 | 건축학과 | 차정만 | 클레이맥스 | 2003 | 타일 및 유사 비내화 요업제품 제조업 |
| 65 | 건축학과 | 김종규 | 이안알앤씨 | 2004 | 건축공사(주택, 근생, 업무시설) |
| 66 | 건축학과 | 박성택 | 지준시스템 | 2004 | 정보통신공사, 유지보수,<br>통신배선 공사업체 |
| 67 | 건축학과 | 길연진 | 팜파트너스 | 2005 | 부동산 중개 및 대리업 |
| 68 | 건축학과 | 민현준 | 건축사사무소엠피아트 | 2005 | 건설, 건축, 토목, 시공업 |
| 69 | 건축학과 | 오섬훈 | 건축사사무소어반엑스 | 2005 | 건축설계업 |
| 70 | 건축학과 | 이창남 | 센벡스 | 2006 | 구조설계 및 안전진단 연구개발 |
| 71 | 건축학과 | 문진호 | 종합건축사사무소디자인캠프문박<br>디엠피 | 2007 | 건축설계업 |
| 72 | 건축학과 | 임창일 | 피데스피엠씨 | 2007 | 주택 분양 등 주거용 건물 개발 및<br>공급업체 |
| 73 | 건축학과 | 김주경 | 오우재건축사사무소 | 2008 | 건축설계업 |
| 74 | 건축구조공학 | 김치경 | 창소프트아이앤아이 | 2008 | BIM(Building Information Modeling, 건축 정보<br>모델) 솔루션 제공 |
| 75 | 건축학과 | 신승수 | 디자인그룹오즈건축사사무소 | 2008 | 건축설계, 감리, 연구개발업, 도시설계,<br>디자인업 |
| 76 | 건축학과 | 박인수 | 파크이즈건축사사무소 | 2010 | 건축설계업 |
| 77 | 건축학과 | 허성윤 | ES연구소 | 2010 | 건축설계 및 관련 서비스업 |
| 78 | 건축학과 | 원영근 | 에이타스리얼에스테이트 | 2011 | 부동산 기반 금융컨설팅, 개발, 임대업 |
| 79 | 건축학과 | 최준식 | 단이엔씨 | 2011 | 건축구조설계 및 안전진단 외 |
| 80 | 건축학과 | 문주호 | 경계없는작업실건축사사무소 | 2013 | 복합주거공간, 테트리스하우스 설계 |
| 81 | 건축학과 | 임지환 | 경계없는작업실건축사사무소 | 2013 | 복합주거공간, 테트리스하우스 설계 |
| 82 | 건축학과 | 조성현 | 경계없는작업실건축사사무소 | 2013 | 복합주거공간, 테트리스하우스 설계 |
| 83 | 건축학과 | 임재용 | 건축사사무소오씨에이 | 2014 | 건축설계업 |
| 84 | 건축학과 | 이용운 | 공부선배 | 2015 | 컴퓨터 프로그래밍 서비스업 |
| 85 | 건축학과 | 최인석 | 콜래브래랩 | 2015 | 응용 소프트웨어 개발 및 공급업 |
| 86 | 건축학과 | 조성현 | 스페이스워크 | 2016 | 인공지능 부동산개발 |
| 87 | 건축학과 | 김태훈 | 파라스타 | 2017 | 소셜네트워크플랫폼 개발운영 |
| 88 | 건축학과 | 최재원 | 서울플로건축사사무소 | 2017 | 건축설계업 |
| 89 | 건축학과 | 박성식 | 공간의가치 | 2019 | 부동산 자동평가 금융 서비스 |
| 90 | 건축학과 | 이민홍 | 카펜스트리트 | 2019 | 3D 편집툴 에이블러(에이콘3D) 개발<br>글로벌 플랫폼 |

| 91 | 건축학과 | 정재식 | 쉬퍼셀러 | 2019 | 컴퓨터 및 정보시스템 관련 컴퓨터 프로그래밍 |
| 92 | 건축학과 | 최현곤 | 시상종합건축사사무소 | 2019 | 건축설계업 |
| 93 | 건축학과 | 김태훈 | 공부자존감 | 2020 | 교육분석 자동화 프로그램 서비스 제공 |
| 94 | 건축학과 | 정재헌 | 에스엘즈 | 2020 | 건설용 스마트 라우팅 및 소프트웨어, AI 솔루션 개발업 |
| 95 | 건축학과 | 김덕환 | 플루비오스 | 2021 | 연성 및 기타 인쇄회로기판 제조업 |
| 96 | 건축학과 | 류건희 | 피플즈리그 | 2021 | 기계 관련직 로봇 조작 및 전기, 전자장비 제조 |
| 97 | 건축학과 | 박영록 | 고릴라밤 | 2021 | 서비스업 |
| 98 | 건축학과 | 오승환 | 다파다 | 2021 | AI 및 데이터 분석 기술 관련 전문업체 |
| 99 | 건축학과 | 민병호 | 행림종합건축사사무소 | - | 건축설계업 |
| 100 | 건축학과 | 최은석 | 뱅드부티크 | - | 주류 도소매업 |

## 3. 기계공학부 동문 스타트업 목록

(배열 기준: 창업 연도)

| 연번 | 통·폐합 학과명 | 대표 이름 | 기업명 | 창업 연도 | 기업 분야(업종·업태) |
|---|---|---|---|---|---|
| 1 | 기계공학부 | 신춘식 | 대열보일러 | 1970 | 노통연관식, 관류식, 수관식 보일러, 콘덴싱 보일러 제작 |
| 2 | 기계공학과 | 최상홍 | 한일엠이씨 | 1970 | 건축설비설계기업 |
| 3 | 기계공학부 | 이창우 | 제세산업 | 1974 | 기계조립 및 무역업 |
| 4 | 기계공학부 | 오원석 | 코리아에프티 | 1987 | 자동차 규제부품기술개발 |
| 5 | 기계공학부 | 채경호 | 우영유압 | 1988 | 압축식 기관 및 원동기, 펌프 및 압력기기 |
| 6 | 기계공학부 | 우인성 | 인터비즈시스템 | 1989 | 인사 컨설팅 및 HR 아웃소싱 전문기업 |
| 7 | 기계설계학과 | 최상기 | 네스테크 | 1990 | 자동차 진단기기 생산 및 레저문화사업 카맨샵, 카맨아이 |
| 8 | 기계공학부 | 유해성 | 장한기술 | 1990 | 금속탱크, 펌프, 압축기, 증기발생기, 열교환기 제조 |
| 9 | 기계공학과 | 이찬진 | 한글과컴퓨터 | 1990 | 문서작성 프로그램 |
| 10 | 기계공학과 | 남민우 | 다산네트웍스, 코리아레디시스템 | 1991 | 통신장비 |
| 11 | 기계항공공학부 | 김진오 | 로봇앤드디자인 | 1993 | 반도체 로봇 전문기업 |
| 12 | 기계공학과 | 이봉주 | 한돌펌프 | 1993 | 유압기기 제조업 |
| 13 | 기계공학부 | 장준호 | 인포뱅크 | 1995 | 이동통신, 인터넷 정보서비스업. 메시징 (기업용 문자메시지 MT), 모바일 서비스 |
| 14 | 기계공학부 | 임병진 | 성진씨앤씨 | 1997 | 디지털 비디오 레코더(DVR) 기술개발·제조·판매 |
| 15 | 기계항공공학부 | 김태용 | 세나테크노로지 | 1998 | 디바이스 네트워킹 및 임베디드 웹서버, 터미널 서버 솔루션 제공 |

| 16 | 기계항공공학부 | 박희재 | 에스엔유프리시젼 | 1998 | 반도체 LCD 제조장비 측정 |
|---|---|---|---|---|---|
| 17 | 기계공학부 | 조용태 | 밀레니엄포스 | 1999 | 소프트웨어 개발, 철강재 도매(국내 생산 스테인리스 스틸 총원료물량의 40% 가까이를 공급) |
| 18 | 기계항공공학부 | 이중호 | 상연산업 | 1999 | 차량부품 수출 및 산업설비 수입 |
| 19 | 기계공학부 | 신기범 | 세스텍 | 1999 | 산업용 로봇, 반도체, LCD 제조장비 제조, 유지보수 / 소프트웨어 개발 |
| 20 | 기계공학부 | 김용일 | 저스텍 | 1999 | 전동기 및 발전기 제조업 |
| 21 | 기계설계학과 | 최영석 | 로보로보 | 2000 | 교육용 로봇, 생활가전용 로봇 제조, 도소매, 전자상거래 |
| 22 | 기계공학부 | 민태기 | 에스엔에이치 | 2000 | 우주발사체 엔진용 터보펌프 및 초소형 제트엔진 생산업 |
| 23 | 기계공학부 | 류장수 | 에이피위성 | 2000 | 위성통신 단말기 제조, 도소매 |
| 24 | 기계공학과 | 김종구 | 파트론 | 2003 | 이동통신 안테나 기타 전자부품 제조업 |
| 25 | 기계항공공학부 | 김윤규 | 아천글로벌코퍼레이션 | 2006 | 기타 산업용 농산물 도매업 |
| 26 | 기계공학과 | 강성태 | 공부의신 | 2008 | 교육 웹사이트 |
| 27 | 기계설계학과 | 최재권 | 테너지 | 2008 | 엔진 개발 전문 엔지니어링 전문업체 |
| 28 | 기계공학부 | 김재학 | 하이젠모터 | 2008 | 산업용 전동기(범용모터, 서보모터·드라이브, 권상기, 전기차용(E/V) 모터) 제조 |
| 29 | 기계항공공학과 | 조민희 | 로켓펀치 | 2012 | 비즈니스 네트워킹 플랫폼 |
| 30 | 기계항공공학부 | 김영진 | 마이스스타 | 2012 | 웹 기반 관광행사 대행업체 |
| 31 | 기계항공공학과 | 전동수 | 토룩 | 2012 | 인공지능 휴먼로봇 전문업체 |
| 32 | 기계항공우주공학부 | 정호석 | 법무법인세움 | 2013 | 벤처, 스타트업 법률 서비스 제공업 |
| 33 | 기계항공공학부 | 송기영 | 수아랩 | 2013 | 딥러닝 기반의 제조공정 불량품 검사용 소프트웨어 |
| 34 | 기계항공공학부 | 서교혁 | 엔티유 | 2013 | 페이스북 게임 운영 및 블록체인 프로젝트 |
| 35 | 기계설계학 | 안성준 | 커프서프 | 2013 | 개발자 도구 FindSurface SDK 개발 글로벌 비즈니스업 |
| 36 | 기계항공공학부 | 이민규 | 켄코아에어로스페이스 | 2013 | 항공기용 부품 제조업 |
| 37 | 기계항공공학부 | 고경표 | 펠루 | 2014 | 플립 라디오 |
| 38 | 기계항공공학부 | 최준규 | 스몰머신즈 | 2014 | 의료진단장비개발 제조업 |
| 39 | 기계공학부 | 김화곤 | 아스코엔지니어링 | 2014 | 엔지니어링, 무역업 등 기타 엔지니어링 서비스업체 |
| 40 | 기계항공공학부 | 임현 | 유비파이 | 2014 | 마이크로소프트 드론 기술개발 |
| 41 | 기계항공공학부 | 이주민 | 매드업 | 2015 | 앱 마케팅 대행 서비스 |
| 42 | 기계항공공학과 | 이경수 | 스마트모빌리티랩 | 2015 | 자율주행 알고리즘 개발 |
| 43 | 기계항공공학부 | 신호식 | 트릿지 | 2015 | 식품산업 전문 글로벌 소싱 플랫폼 |
| 44 | 기계공학부 | 박승환 | 파이헬스케어 | 2015 | 헬스케어 하드웨어, 소프트웨어 솔루션 개발 |
| 45 | 기계항공공학부 | 이성준 | 팡세 | 2015 | 세포의 적층 성형이 가능한 3D 바이오 프린터 |
| 46 | 기계설계학과 | 이기하 | 프라이머사제파트너스 | 2015 | 비니지스 네트워크 벤처캐피털 |

| 47 | 기계설계학과 | 김재섭 | 두산공장기계 | 2016 | 전자 응용 절삭기계 제조업, 공작기계, 제도, 도매 |
|---|---|---|---|---|---|
| 48 | 기계항공공학부 | 홍유정 | 디스이즈엔지니어링 | 2016 | 차별화된 조종방식의 FHD급 동영상 촬영, 영상 인식 부분 자율주행 드론 |
| 49 | 기계항공공학부 | 박종우 | 세이지리서치 | 2016 | 소프트웨어 개발 및 공급업 |
| 50 | 기계항공공학부 | 곽세혁 | 에이비씨스튜디오 | 2016 | 베트남, 동남아시아 스타일 테크 쇼핑 정보앱 |
| 51 | 기계공학부 | 윤병동 | 원프레딕트 | 2016 | 산업 인공지능 기술기반 설비 디지털 트윈 제공 |
| 52 | 기계항공공학부 | 전누리 | 큐리오칩스 | 2016 | 혈관 네트워크 구조를 가진 종양 미세환경을 구현한 칩 |
| 53 | 기계항공공학부 | 조성민 | 델바인 | 2017 | 스마트한 몰입형 증강현실 HMD(Immersive Augmented Reality Headset) 개발 |
| 54 | 기계항공공학부 | 박현우 | 미친익스프레스코리아 | 2017 | 쇼핑몰을 위한 모바일앱 제작 솔루션 |
| 55 | 기계공학부 | 한동수 | 지이모션 | 2017 | 의상디자인 시뮬레이션 솔루션 |
| 56 | 기계설계학과 | 이정훈 | 텔로팜 | 2017 | 미세전자기계시스템 적용 스마트팜 |
| 57 | 기계항공공학부 | 김윤영 | 프로젝트삼삼 | 2017 | 이미지 디자인 제작 및 공급업 |
| 58 | 기계항공공학부 | 김은일 | 프로젝트삼삼 | 2017 | 이미지 디자인 제작 및 공급업 |
| 59 | 기계공학부 | 신동환 | 누트컴퍼니 | 2018 | 페이퍼리스 라이프를 위한 디지털 문방구 |
| 60 | 기계항공공학부 | 윤호 | 라이드플럭스 | 2018 | 자율주행 소프트웨어 연구개발 |
| 61 | 기계항공공학 | 정보경 | 엑스퀘어 | 2018 | 에너지 발전 사업자에 필요한 사업 자금의 조달을 지원하는 에너지 금융 플랫폼 |
| 62 | 기계항공공학부 | 이경태 | 프로젝트노아 | 2018 (CTO 합류) | 대나무를 활용한 친환경 칫솔 닥터노아 제조사 |
| 63 | 기계공학부 | 윤정현 | 블루시그넘 | 2019 | 인지행동치료를 기반으로 한 셀프 심리치료 앱 |
| 64 | 기계항공공학부 | 엄태웅 | 아트랩 | 2019 | AI 기반 화장품 기획 및 제조 솔루션 |
| 65 | 기계항공공학부 | 김영준 | 이마고웍스 | 2019 | 인공지능 및 클라우드 기반 3차원 치과용/의료용 소프트웨어 전문기업 |
| 66 | 기계항공공학부 | 황용신 | 파셀 | 2019 | 54kw급 탄소 복합체 분리판을 적용한 스택 개발사 |
| 67 | 기계항공공학부 | 김푸른 | 포브 | 2019 | 응용 소프트웨어 개발 및 공급업 |
| 68 | 기계항공공학부 | 이치원 | 메디인테크 | 2020 | 의료용 내시경 기술개발 |
| 69 | 기계공학부 | 김진모 | 뉴마핏 | 2021 | 유산소 운동 전용 웨어러블 디바이스 개발, 서비스 제공 |
| 70 | 기계항공공학부 | 박상우 | 레브잇 | 2021 | 식품 및 생필품 직거래 공동구매 커머스 (올웨이즈) |
| 71 | 기계항공공학부 | 정보경 | 에너지엑스 | 2021 | 온라인 에너지 마켓플레이스 플랫폼 서비스 |
| 72 | 기계공학부 | 정우균 | 엠파파 | 2021 | 의류 제조 스마트팩토리 플랫폼 및 솔루션 |
| 73 | 기계공학부 | 이재원 | 엠파파 | 2021 | 의류 제조 스마트팩토리 플랫폼 및 솔루션(CTO) |
| 74 | 기계항공공학부 | 정성민 | 이지에어즈 | 2021 | 차세대 공기질 향상 솔루션, 공기정화기 술개발 및 제조업 |

| 75 | 기계항공공학부 | 이민 | 탄소중립연구원 | 2021 | 온실가스 배출량 진단 및 맞춤업 감축사업 플랫폼 |
| 76 | 기계항공공학부 | 강인철 | 플러그링크 | 2021 | 전용 주차구역에 제한되지 않는 천장형 전기차 충전기 시스템 |
| 77 | 기계항공공학부 | 이한석 | 에프에스케이 | 2022 | - |
| 78 | 기계공학부 | 임혁순 | 파일러니어 | 2022 | 저비용 모세전력 모니터링 시스템(팀원) |
| 79 | 기계공학부 | 정구엽 | 파일러니어 | 2022 | 저비용 모세전력 모니터링 시스템(팀원) |
| 80 | 기계공학부 | 배승환 | 파일러니어 | 2022 | 저비용 모세전력 모니터링 시스템(대표) |
| 81 | 기계항공공학부 | 김태원 | 비브이에이씨 | - | 엑셀러레이터 및 엔젤투자 |

## 4. 산업공학과 동문 스타트업 목록

(배열 기준: 창업 연도)

| 연번 | 통·폐합 학과명 | 대표 이름 | 기업명 | 창업 연도 | 기업 분야(업종·업태) |
|---|---|---|---|---|---|
| 1 | 산업공학과 | 유용석 | 한국정보공학 | 1990 | 종합정보관리시스템 |
| 2 | 산업공학과 | 정진섭 | 오픈베이스 | 1992 | 컴퓨터 시스템 통합 자문 및 구축 서비스업체 |
| 3 | 산업공학과 | 박태형 | 인포뱅크 | 1995 | 기업용 메시징 서비스 |
| 4 | 산업공학과 | 박주석 | 투이컨설팅 | 1996 | IT 컨설팅 |
| 5 | 산업공학과 | 이종수 | 디지픽스엔터테인먼트 | 1997 | 게임보드 및 소프트웨어 개발 |
| 6 | 산업공학과 | 김대환 | 소만사 | 1997 | 보안 소프트웨어 |
| 7 | 산업공학과 | 이중한 | 엠비즈네트웍스 | 1997 | 모바일 유무선 콘텐츠 전문업체 |
| 8 | 산업공학과 | 김범수 | 한게임, 카카오 | 1998 | 온라인 게임 퍼블리싱 웹사이트 |
| 9 | 산업공학과 | 최승관 | 이씨뱅크 | 1999 | 응용 소프트웨어 개발 및 공급업 |
| 10 | 산업공학과 | 박성철 | SK엔카, 케이카 | 2000 | 1세대 온오프라인 중고차 거래 플랫폼 |
| 11 | 산업공학과 | 유석규 | VMS Solutions | 2000 | Supply Chain Management 전문업체 |
| 12 | 산업공학과 | 김길조 | 에이비앤아이 | 2000 | IT 컨설팅 |
| 13 | 산업공학과 | 안유석 | 처음소프트 | 2000 | 소프트웨어 개발사업 |
| 14 | 산업공학과 | 김창호 | 아템포 | 2004 | 솔루션·SI·CRM·ERP 소프트웨어 개발 공급업 |
| 15 | 산업공학과 | 양길섭 | 아큐브 | 2006 | 음향기기 제조업 |
| 16 | 산업공학과 | 하영식 | 바임컨설팅 | 2008 | 사업 및 경영 상담업 |
| 17 | 산업공학과 | 조창규 | 알마덴디자인리서치 | 2011 | 경영 컨설팅, 스타트업 인큐베이팅 |
| 18 | 산업공학과 | 이재후 | 번개장터 | 2011 | 모바일 중고거래 플랫폼 번개장터 |
| 19 | 산업공학과 | 김하나 | 서울소셜스탠다드 | 2012 | 1인 가구 맞춤형 공유주택 개발 운영업 |
| 20 | 산업공학과 | 조영일 | 인테이크 | 2013 | 대체식품 푸드테크 기업 |
| 21 | 산업공학과 | 안성현 | 디알텍 | 2015 | 운반용 엑스레이 촬영시스템 |

| 22 | 산업공학과 | 심민용 | 스톤브릿지파트너스 | 2015 | IT 비즈니스를 중심 Executive Search 및 커리어 코치 |
|----|----------|--------|---------------------|------|---------------------------------------------------|
| 23 | 산업공학과 | 이지효 | 파두 | 2015 | 휘발성 메모리 인터페이스(NVMe) 기반의 SSD 컨트롤러 반도체 |
| 24 | 산업공학과 | 조가혜 | 오니스파이브 | 2016 | 클라우드 기반 커뮤니케이션 서비스 개발업 - 오큐파이 |
| 25 | 산업공학과 | 고일성 | 큐브라임경영컨설팅 | 2016 | 경영 컨설팅 |
| 26 | 산업공학과 | 황영석 | 싸이프 | 2017 | 전자상거래업, 패션디자인 |
| 27 | 산업공학과 | 장진태 | 아밀로이드솔루션 | 2017 | 의학 및 약학 연구개발(알츠하이머 치료제) |
| 28 | 산업공학과 | 유민호 | 아이오트러스트 | 2017 | 하드웨어 타입의 암호화폐 지갑(디센트) |
| 29 | 산업공학과 | 여주엽 | 올블랑 | 2017 | 홈트레이닝 콘텐츠 제작업 |
| 30 | 산업공학과 | 조민규 | 위즈페이스 | 2017 | EOS 기반 탈중앙화 거래소 |
| 31 | 산업공학과 | 유나리 | 젤리랩 | 2017 | 만성질환 홈케어 시스템 개발사 |
| 32 | 산업공학과 | 문현지 | 넥스트옵트 | 2018 | 컴퓨터 시스템 통합 자문 및 서비스 구축 |
| 33 | 산업공학과 | 윤영민 | 뉴로코어 | 2018 | 응용 소프트웨어 개발 및 공급업 |
| 34 | 산업공학과 | 정민하 | 복덕판 | 2018 | 실투자금 기반의 부동산 투자 검색 서비스 |
| 35 | 산업공학과 | 성기석 | 알티엠 | 2018 | AI 기반 제조공정 진단 솔루션 |
| 36 | 산업공학과 | 이지훈 | 웨이브릿지 | 2018 | 투자자 핀테크 솔루션 제공(퀀트) |
| 37 | 산업공학과 | 김기동 | 코나투스 | 2018 | 자동차, 택시, 카풀 비즈니스 분야 스타트업 |
| 38 | 산업공학과 | 조현상 | 데이터뱅크 | 2019 | AI 기반 영어 말하기·쓰기 자동채점 서비스 |
| 39 | 산업공학과 | 최유환 | 디토파트너스그룹 | 2019 | 스타트업 전문전략 컨설팅 |
| 40 | 산업공학과 | 최예림 | 에이아이닷컴 | 2019 | 이커머스 인공지능 전문기업 |
| 41 | 산업공학과 | 이우종 | 엔젤식스플러스 | 2019 | 경영 컨설팅, 스타트업 인큐베이팅 |
| 42 | 산업공학과 | 이광호 | 이온메디칼 | 2019 | 최신형 플라스마 의료기기 제조업 |
| 43 | 산업공학과 | 백상엽 | 카카오엔터프라이즈 | 2019 | 응용 소프트웨어 개발 및 공급업 |
| 44 | 산업공학과 | 허경석 | 페이앱 | 2019 | 베트남 온라인 전자상거래 서비스 (슬립온, 리엔몰) |
| 45 | 산업공학과 | 오종관 | 빅스텝에듀케이션 | 2020 | 온라인 취업 교육 플랫폼 |
| 46 | 산업공학과 | 한송원 | 빌리뷰 | 2020 | 쇼핑몰 리뷰 데이터 분석 솔루션 |
| 47 | 산업공학과 | 김도윤 | 지오인포테크이노베이션 | 2020 | 퍼스널 모빌리티 사업 마이크로킥보드 도매/무역/소프트웨어 개발용역업 |
| 48 | 산업공학과 | 김현용 | 프리즘삼구 | 2020 | 퀀트 투자자를 위한 B2B 금융 데이터 플랫폼 서비스 |
| 49 | 산업공학과 | 김용희 | 프리즘삼구 | 2020 | 퀀트 투자자를 위한 B2B 금융 데이터 플랫폼 서비스 |
| 50 | 산업공학과 | 길경환 | 집꾸미기 | 2020 (취임) | 원스톱 인테리어 플랫폼 |
| 51 | 산업공학과 | 이창환 | 마음영양 | 2021 | 푸드 헬스케어, 온라인 식품 처방 플랫폼 IMMFOOD와 세로토닌 브랜드 |
| 52 | 산업공학과 | 육태선 | 에이아이젠 | 2021 | 의약품 제조 |
| 53 | 산업공학과 | 서우성 | 잇타고 | 2021 | 커넥트 NFT: 기업 대상 맞춤 NFT 솔루션 제공 |

| 54 | 산업공학과 | 김기정 | 콕스웨이브 | 2021 | AI 제품 분석 소프트웨어 |
|---|---|---|---|---|---|
| 55 | 산업공학과 | 이재영 | 킬링턴머티리얼즈 | 2021 | 2차전지 음극재 기소재 연구개발업 |
| 56 | 산업공학과 | 송주봉 | 플러그링크 | 2021 | 전용 주차구역에 제한되지 않는 천장형 전기차 충전기 시스템 |
| 57 | 산업공학과 | 안재관 | 스위트앤데이터 | 2022 | 생성형 AI 기반 디지털 포트폴리오 관리 및 프로필 사진 제작 서비스 |
| 58 | 산업공학과 | 최용우 | 온아웃 | 2022 | AI 기반 D2C 재고판매 / 고객관리 솔루션 |

## 5. 에너지자원공학과 동문 스타트업 목록

(배열 기준: 창업 연도)

| 연번 | 통·폐합 학과명 | 대표 이름 | 기업명 | 창업 연도 | 기업 분야(업종·업태) |
|---|---|---|---|---|---|
| 1 | 자원공학과 | 김석수 | 동서식품 | 1968 | 인스턴트커피, 시리얼 등 식품생산 전문기업(2008년 회장직 역임) |
| 2 | 광산공학과 | 윤우석 | 진성티이씨(前 진성산업) | 1975 | 건설 중장비 부품생산 |
| 3 | 자원공학과 | 송명호 | 수도씨에이씨 (前 수도상사) | 1983 | 에어공구 도매 / 의류 소매 / 부동산 임대 / 컴퓨터 프로그램 개발, 기계건설기술용역 |
| 4 | 에너지자원 공학과 | 김대욱 | 티엠마린 | 1990 | 유럽 조선 기자재 업체 제품 에이전트 |
| 5 | 에너지자원 공학과 | 김상수 | 엘코마 | 1994 | 상품조합 무역 도매업 |
| 6 | 자원공학과 | 박태형 | 인포뱅크 | 1995 | 이동통신, 인터넷 정보 서비스업. 메시징 (기업용 문자메시지 MT), 모바일 서비스 |
| 7 | 지구환경공학과 | 배장영 | 오이코스 | 2000 | 나노기술(NT)과 바이오기술(BT)을 이용한 응용기술개발 |
| 8 | 자원공학과 | 김학수 | 지오제니컨설턴트 | 2000 | 광산 프로젝트 평가, 자원탐사, 채광, 토목공사 |
| 9 | 지구환경시스템 공학부 | 고승재 | 넥스큐브코퍼레이션 | 2003 | 교육지도, 교육경영 컨설팅 |
| 10 | 자원공학과 | 구영배 | 지마켓, 큐텐 | 2003, 2010 | 오픈마켓 온라인 쇼핑몰, 블록체인 도입 온라인 쇼핑몰 |
| 11 | 자원공학과 | 박용수 | RG자산운용 | 2008 | 해외자원 개발 전문 자산운용 |
| 12 | 지구환경시스템 공학과 | 윤성혁 | 에스티유니타스 | 2010 | 기타 교육지원 서비스업(영단기/공단기) |
| 13 | 자원공학과 | 이수환 | 윤봉에너지 | 2011 | 무역(자원), 마케팅 대행, 시장조사 |
| 14 | 지구환경시스템 공학과 | 이정욱 | 코쿤게임즈 | 2013 | 모바일 전략 전쟁 게임 |
| 15 | 에너지자원 공학과 | 최혁준 | 스푼라디오, 데얼스 | 2015, 2022 | 오디오 라이브 방송 플랫폼, 아웃도어 커머스 플랫폼 |
| 16 | 지구환경시스템 공학부 | 이재윤 | 집토스 | 2016 | 중개수수료 없는 부동산 중개 서비스 |

| 연번 | 통·폐합<br>학과명 | 대표 이름 | 기업명 | 창업<br>연도 | 기업 분야(업종·업태) |
|---|---|---|---|---|---|
| 17 | 에너지자원<br>공학과 | 최혁준 | 데얼스 | 2018 | 아웃도어 커뮤니티 & 커머스 |
| 18 | 지구환경과학과 | 이재호 | 엘앤비공간정보 | 2018 | 블록체인 기반 자산 공동투자 분배<br>플랫폼 |
| 19 | 전기정보공학<br>복수전공 | 왕신조 | 에너자이 | 2019 | Edge Device에서 독립적으로<br>구현할 수 있는 Edge AI 솔루션 |
| 20 | 자원공학과 | 김민기 | 가우스앤 | 2020 | 핀테크 주식/증권분석 자산관리 |
| 21 | 에너지자원<br>공학과 | 고재경 | 어반판다 | 2020 | 아웃도어 미디어 플랫폼 |

## 6. 원자핵공학과 동문 스타트업 목록

(배열 기준: 창업 연도)

| 연번 | 통·폐합<br>학과명 | 대표 이름 | 기업명 | 창업<br>연도 | 기업 분야(업종·업태) |
|---|---|---|---|---|---|
| 1 | 원자핵공학과 | 원종윤 | 인성정보 | 1992 | 컨설팅, IT 인프라 솔루션, 시스템 통합<br>구축, 유지보수, 아웃소싱, 소프트웨어<br>개발 외 |
| 2 | 원자력공학과 | 조준호 | 선광티앤에스 | 1998 | 장사선 관리용역, 방사선 관련<br>기타 엔지니어링 서비스업체 |
| 3 | 원자핵공학과 | 이병철 | 미래와도전 | 2000 | 원전 운영 및 설계 엔지니어링 용역,<br>원자력발전 응용 안전성 평가기술 용역,<br>광섬유 개발 |
| 4 | 원자핵공학과 | 백광현 | 플라즈닉스 | 2001 | 운송장비용 조명장치 제조업 |
| 5 | 원자핵공학과 | 송수준 | 에스엔 | 2011 | 데이터 수집장치, 전력 모니터링 시스템<br>등 ICT 융합 전력기기 솔루션 기업 |
| 6 | 원자핵공학과 | 한성봉 | 코아시스 | 2014 | 원자력 신재생에너지 공학용<br>소프트웨어 개발 |
| 7 | 원자핵공학과 | 김명락 | 초록소프트 | 2015 | 'Big Data Deep Learning' 응용기술개발 |
| 8 | 원자핵공학과 | 장동인 | 에이아이비비랩 | 2019 | AI 코딩스쿨 제작운영 |
| 9 | 원자핵공학과 | 김재학 | 뷰브레인헬스케어 | 2022 | 치매 조기진단 솔루션 기술개발 |

## 7. 재료공학부 동문 스타트업 목록

(배열 기준: 창업 연도)

| 연번 | 통·폐합<br>학과명 | 대표 이름 | 기업명 | 창업<br>연도 | 기업 분야(업종·업태) |
|---|---|---|---|---|---|
| 1 | 섬유공학과 | 김종의 | 백광산업 | 1954 | 국내 최초로 이온 교환 멤브레인<br>전해기술을 도입 무기화학 전문기업 |
| 2 | 금속공학과 | 허진규 | 일진그룹 | 1968 | 전기금속 분야 위주 40여 개의 계열사 |

| 3 | 금속공학과 | 공병채 | 지엔에스 | 1971 | 자동차 소성 엔진부품 제조업 |
|---|---|---|---|---|---|
| 4 | 섬유고분자학과 | 조병우 | 유풍실업 | 1972 | 섬유, 의복, 모피 |
| 5 | 금속공학과 | 김수광 | 이화다이아몬드공업 | 1975 | 다이아몬드공구 제조, 도소매 |
| 6 | 금속공학과 | 유용선 | 대호산업 | 1981 | 주철, 주강 및 비철금속 주조 주물 부자재 제조 개발 |
| 7 | 섬유공학과 | 변응헌 | 우인웨이브 | 1982 | 수영복 제조, 생산업 |
| 8 | 금속공학과 | 최창영 | 코리아니켈 | 1987 | 기타 비철금속 제련, 정련 및 합금 제조업 |
| 9 | 금속공학과 | 맹섭 | 크로바스포츠 | 1987 | 골프 가방 제조업 |
| 10 | 금속공학과 | 최명배 | 와이아이케이 | 1991 | 반도체 테스트 장비업 |
| 11 | 금속공학과 | 김병규 | 아모텍 | 1994 | 신기술기반 신소재 부품업체 정전기 방지 세라믹 제조업 |
| 12 | 재료공학부 | 김정수 | 에이엠알텍 | 1996 | 전자식 전력량계용 디지털 필터 개발 |
| 13 | 무기재료공학과 | 강종봉 | 쎄노텍 | 1999 | 0.1mm 초소형 세라믹 비드 개발 |
| 14 | 섬유공학과 | 류동식 | 자이오넥스 | 1999 | 시스템 소프트웨어 개발 및 공급업 |
| 15 | 금속공학과 | 손계욱 | 한세엔지니어링 | 1999 | 농협 미곡처리 생산시설 현대화 (설계, 시공, 진단) |
| 16 | 재료공학부 | 강희택 | 덴티움 | 2000 | 치과용 임플란트 의료기기 제조업 |
| 17 | 재료공학부 | 이희춘 | 사파이어테크놀로지 | 2000 | 사파이어 잉곳 제조 |
| 18 | 금속공학과 | 정인조 | 글로벌이십일 | 2001 | 공장 신설과 설비 품질 안전성 점검 검사·감리업체 |
| 19 | 금속공학과 | 김형준 | 비아트론 | 2001 | 디스플레이용 열처리 장비 전문업체 |
| 20 | 금속공학과 | 최명배 | 엑시콘 | 2001 | 반도체 테스트 장비개발업 |
| 21 | 금속공학과 | 강남식 | 홀루테크 | 2001 | 건설기계, 산업기계, 선박기계 무역업 |
| 22 | 재료공학부 | 이태우 | 에스엔디스플레이 | 2001 | 반도체, 광학, LCD |
| 23 | 금속공학과 | 이효종 | 알엔투테크놀로지 | 2002 | 기타 전자부품 제조업 |
| 24 | 재료공학부 | 김양기 | 나노아이오닉스코리아 | 2005 | 세라믹 전자부품, 소프트웨어 자문, 개발 및 공급 |
| 25 | 재료공학부 | 최유진 | 쌤씨엔에스 | 2007 | 반도체 검사장비 부품 전문 |
| 26 | 재료공학부 | 송원 | 에이치앤이루자 | 2007 | 디스플레이 제조설비 |
| 27 | 금속공학과 | 김중현 | 지식노마드 | 2007 | 일반서적 출판업 |
| 28 | 재료공학부 | 목승환 | 나무앤 | 2009 | 게임 개발업(시티오브크라임) |
| 29 | 재료공학부 | 정경인 | 펄어비스 | 2010 | 모바일게임업 |
| 30 | 재료공학부 | 홍병희 | 그래핀스퀘어 | 2012 | 기타 화학물질 및 화학제품 도매업 |
| 31 | 무기재료공학과 | 정욱 | 넵튠 | 2012 | 모바일게임 개발 |
| 32 | 섬유공학과 | 이시연 | 원진금속 | 2012 | 비철금속 제조, 수도꼭지/황동밸브부품 도소매 등 |
| 33 | 재료공학부 | 김현 | 펀플웍스 | 2012 | 온라인게임 아이템 선불카드 유통 O2O 플랫폼 |
| 34 | 재료공학부 | 정세영 | 엔트리움 | 2013 | 나노소재 도전성 입자 생산, 연구 |
| 35 | 요업공학과 | 김인태 | 써모텍 | 2014 | 가전제품 및 부품 도매업, 차량 냉난방기, 특장차 |
| 36 | 재료공학과 | 안상일 | 하이퍼커넥트 | 2014 | 글로벌 영상 기술 기업(동영상 채팅앱 아자르) |

| 37 | 금속공학과 | 박철순 | 와이젯 | 2015 | 능동 Beam-forming 기술 구현을 위한 초저지연 광대역 통신 반도체 및 Antenna-in-package 개발 |
| 38 | 재료공학부 | 박승환 | 태그솔루션 | 2015 | 디지털 사이니지용 투명 LED 디스플레이 |
| 39 | 재료공학부 | 이지선 | 엔젤스윙 | 2016 | 드론 플랫폼 개발 및 서비스 |
| 40 | 재료공학부 | 정승호 | 더캡슐 | 2017 | 프라이버시가 보장되는 휴식공간 및 숙박업 |
| 41 | 재료공학부 | 박재홍 | 나노인 | 2018 | 연구개발(기능성 재료/코팅/필름) 공학 연구 개발업체 |
| 42 | 재료공학부 | 김기태 | 불편한사람들 | 2018 | 몰래카메라 탐지기 |
| 43 | 재료공학부 | 김세훈 | 어썸레이 | 2018 | 탄소나노튜브 섬유를 이용한 X-선 공기정화장치 |
| 44 | 재료공학부 | 유일혁 | 팔루썸니 | 2018 | 데이터베이스 및 온라인 정보제공업, 김박사넷 서비스 |
| 45 | 재료공학부 | 윤영채 | 필인 | 2018 | 소프트웨어 개발 및 공급, 웹사이트 개발, IT 서비스 |
| 46 | 재료공학부 | 양현 | 버바검프 | 2019 | 반려동물 반려인 소셜 플랫폼 개발 |
| 47 | 재료공학부 | 박승철 | 라브컴퍼니 | 2020 | 부동산 빅데이터, 부동산개발 및 컨설팅 |
| 48 | 재료공학부 | 이관형 | 에스그래핀 | 2020 | 반도체소자, 그래핀, 2차원 물질 제조 |
| 49 | 재료공학부 | 유동훈 | 마이스 | 2021 | 고등영어 필수 애플리케이션 체리 |
| 50 | 금속공학과 | 성기숙 | 솔라미션 | 2021 | 일반용 전기 조명장치 제조업 |

## 8. 전기정보공학부 동문 스타트업 목록

(배열 기준· 창업 연도)

| 연번 | 통·폐합 학과명 | 대표 이름 | 기업명 | 창업 연도 | 기업 분야(업종·업태) |
|---|---|---|---|---|---|
| 1 | 전기공학과 | 김창식 | 오공본드 | 1962 | 수성, 유성, 핫멜트, 실란트 등 접착제 생산기업 |
| 2 | 전자통신학 | 김정식 | 대덕전자 | 1965 | 인쇄회로기판(PCB) 전문업체 |
| 3 | 전자공학과 | 성기상 | 푸드웰 | 1968 | 가공식품 제조업체 |
| 4 | 전기공학과 | 이달우 | 케이씨코트렐 | 1973 | 집진장치 전문업체, 탈황·탈질, 유해가스 처리설비, 소각설비, 폐수처리 설비 |
| 5 | 전자공학과 | 김재한 | 케이제이전자 | 1975 | 기타 무선통신장비 제조업 |
| 6 | 전기공학과 | 故 이영섭 | 진합 | 1978 | 자동차용 파스너 및 정밀단조품 생산 전문기업 |
| 7 | 전기정보공학부 | 박성훈 | 모간 | 1978 | 전기용 탄소제품 및 절연제품 제조업 |
| 8 | 전자공학과 | 이범천 | 큐닉스컴퓨터 | 1981 | 컴퓨터 주변기기 생산 |
| 9 | 전기공학과 | 이상호 | 서호전기 | 1981 | 구동 제어시스템 전문업체 |
| 10 | 전자공학과 | 이민화 | 메디슨 | 1985 | 디지털 MRI 촬영제품 개발 |
| 11 | 전자공학과 | 손동준 | 동일기연 | 1986 | 전자부품(EMI 필터, 노이즈 필터, 픽업, 세라믹 압전 트랜스, 전자식, 압전 세라믹변 압기용) 제조, 도매 |

| 12 | 전기정보공학부 | 정지완 | 솔브레인 | 1986 | 반도체, 디스플레이, 2차전지용 재료 제조 및 공급 |
|---|---|---|---|---|---|
| 13 | 전자공학과 | 김만식 | 청람디지털 | 1989 | 차량용 오디오 앰프, 위성방송 수신기 수출업 |
| 14 | 제어계측공학과 | 변대규 | 건인, 휴맥스 | 1989 | 정보가전 멀티미디어 |
| 15 | 전기공학과 | 성규동 | 이오테크닉스 | 1989 | 레이저 반도체, 디스플레이, LED, SOLAS 관련 산업 레이저 응용장비 개발/생산 |
| 16 | 전자공학과 | 김광수 | 두인전자 | 1990 | 컴퓨터용 멀티미디어 |
| 17 | 제어계측학과 | 김용훈 | 파인디지털 | 1992 | 내비게이션, 블랙박스, 골프 거리측정기, 하이패스, 디지털 광중계기, RF 감시장치 |
| 18 | 전기공학과 | 임성훈 | 바텍 | 1992 | 인쇄회로기판 테스트 전문업체 |
| 19 | 전기공학과 | 장세창 | 파워맥스 | 1992 | 산업기계제품 도매 / 부동산 임대 |
| 20 | 제어계측공학과 | 김덕우 | 우리기술 | 1993 | 디지털 가전과 로봇 개발 전문업체 |
| 21 | 전자공학과 | 장인경 | 마리텔레콤 | 1994 | 온라인 게임개발(아크메이지) |
| 22 | 제어계측공학과 | 박남규 | 코원시스템 | 1995 | 전자기기, 기타 화학물질 및 화학제품 도매업, 소프트웨어 개발 |
| 23 | 전자공학과 | 정덕균 | 실리콘이미지 | 1995 | 평판 디스플레이 인터페이스 기술개발 |
| 24 | 전자공학과 | 김홍선 | 시큐어소프트 | 1996 | 기타 소프트웨어 자문, 개발 및 공급업체 |
| 25 | 전자공학과 | 장성익 | 쓰리알 | 1996 | 디지털 비디오 레코더(DVR) 개발/판매 |
| 26 | 전기공학과 | 김덕근 | 코리아모터테크놀로지 | 1997 | 첨단 모터 제조업체 |
| 27 | 제어계측공학과 | 김상기 | 감마누 | 1997 | 무선 기지국 안테나, 중계기 안테나 제조, 도소매 |
| 28 | 전자공학과 | 김진범 | 팅크웨어 | 1997 | 차량용 내비게이션 소프트웨어, 단말기, 위치기반서비스 전문기업(아이나비) |
| 29 | 전자공학과 | 김택진 | 엔씨소프트 | 1997 | 온라인 모바일 MMO RPG |
| 30 | 전자공학과 | 박현석 | 마크로젠 | 1997 | 정밀의학 생명공학기업 |
| 31 | 전자공학과 | 김달수 | 티엘아이 | 1998 | 메모리용 전자 집적회로 제조업 |
| 32 | 전기공학과 | 김완섭 | 코마로직 | 1998 | 반도체, 광학, 디스플레이 카메라폰 부품 제조업체 |
| 33 | 전기공학과 | 성환호 | 피에스텍 | 1998 | 산업용 전원장치 설계 및 제작 |
| 34 | 제어계측공학과 | 이용철 | 토필드 | 1998 | 디지털 셋톱박스, 개인용 영상 저장장치 개발 및 제작 |
| 35 | 전기정보공학부 | 이흥규 | 아이솔테크놀로지 | 1998 | 전자 의료기기(자기공명영상진단장치), 골밀도측정기 |
| 36 | 전기공학과 | 정규철 | 현대디지탈테크 | 1998 | 비디오 및 기타 영상기기 제조업 |
| 37 | 전기공학과 | 정익주 | 제이씨텍 | 1998 | 금고용 디지털락, 헬스케어용 의료기기·가전용 디스플레이 생산 |
| 38 | 전자공학과 | 정준 | 쏠리드(쏠리테크) | 1998 | 유무선통신장비 |
| 39 | 전자공학과 | 최두환 | 네오웨이브 | 1998 | 유무선 통신 및 광인터넷 접속장치 생산 |
| 40 | 전기공학과 | 김태훈 | 알티캐스트 | 1999 | 국제표준 양방향 디지털 데이터 방송 토털 솔루션 개발업체 |
| 41 | 전기공학과 | 서민호 | 텔레칩스 | 1999 | 전자부품, 통신장비 제조업체 |
| 42 | 전기공학과 | 이홍배 | 씨에스 | 1999 | 정보통신기기 및 부품 제조도매 |
| 43 | 제어계측학과 | 김정렬 | 에이엘테크 | 2000 | 방송 및 무선통신장비 제조업 |
| 44 | 전기공학부 | 김홍규 | 애니파크 | 2000 | 온라인 야구 게임 마구마구 제작사 |

| 45 | 전기공학과 | 민동진 | 멜파스 | 2000 | 정전용량 지문인식 기술 터치스크린 기술 솔루션 기업 |
|---|---|---|---|---|---|
| 46 | 전자공학과 | 이덕수 | 네오피델리티 | 2000 | 디지털 오디오 앰프칩 개발 제조 |
| 47 | 전기공학과 | 이재원 | 슈프리마 | 2000 | 바이오 인식장치 기술개발, 장비 제조업체 |
| 48 | 전기공학부 | 이홍복 | 유비벨록스 | 2000 | 자바(Java) 기반으로 휴대폰, 셋톱박스 등에 적합한 임베디드 소프트웨어 개발 |
| 49 | 전기공학과 | 조규곤 | 파수닷컴 | 2000 | 문서 보안 솔루션 및 프로그램 정적 오류 분석기 개발 |
| 50 | 제어계측공학과 | 조영철 | 파이오링크 | 2000 | 데이터센터 보안 솔루션 기업 |
| 51 | 전기정보공학부 | 차상균 | 티아이엠 | 2000 | 메모리 반도체 기술개발업 |
| 52 | 전기공학과 | 최영진 | 테크프로 | 2000 | 전기 공급용 제어장치, 전기용 기계장비 제조/무역/기계 개발 |
| 53 | 전기공학부 | 박재홍 | 나노트로닉스 | 2001 | 정밀계측장비, 자동제어기, 소프트웨어 개발 제조판매 |
| 54 | 전기공학과 | 송병준 | 게임빌, 컴투스홀딩스 | 2001 | 액션 RPG |
| 55 | 계측제어공학과 | 정학영 | 마이크로인피니티 | 2001 | 무인항공기 위치자세 측정장치 개발 |
| 56 | 전기공학과 | 고광일 | 고영테크놀러지 | 2002 | 지능형 3차원 측정 및 검사기 개발 |
| 57 | 전기공학과 | 고우성 | 토크아이티 | 2002 | 시스템 소프트웨어 자문, 개발, 공급 / 인터넷 교육 |
| 58 | 전자공학과 | 이경호 | 아나패스 | 2002 | 디스플레이 시스템, 무선통신 반도체 분야 코스닥 상장사 |
| 59 | 전자공학과 | 임일택 | 키네마스터 | 2002 | 모바일 동영상 편집앱, 동영상 플레이어 제작 |
| 60 | 전자공학과 | 최혁 | 인포마크 | 2002 | 통신기기 제조업 |
| 61 | 전자공학과 | 김대영 | 네이블커뮤니케이션즈 | 2003 | IP 기반 커뮤니케이션 솔루션 |
| 62 | 제어계측학과 | 김종일 | 맥시안 | 2003 | PMP 기기 개발 전문업체 |
| 63 | 전자공학과 | 이준원 | 네이블커뮤니케이션즈 | 2003 | IP 기반 커뮤니케이션 솔루션 |
| 64 | 전기컴퓨터공학부 | 양정하 | 이지위드 | 2006 | 사업시설 관리, 사업지원 및 임대서비스업 |
| 65 | 전기정보공학부 | 이혁재 | 나노스퀘어 | 2006 | NT 산업화 연구개발 전문회사 |
| 66 | 제어계측공학과 | 박홍성 | 엠젠 | 2007 | 기타 의료용 기기 제조업 |
| 67 | 전자공학과 | 허염 | 실리콘마이터스 | 2007 | 디스플레이 및 모바일 전원 관리용 솔루션 칩 생산 |
| 68 | 전기정보공학부 | 배기식 | 리디 | 2008 | 모바일 전자책 뷰 서비스 |
| 69 | 전자공학과 | 이회국 | 실트론 | 2008 | 실리콘 웨이퍼 생산 |
| 70 | 전자공학과 | 용환석 | 페트라투자자문 | 2009 | 기업가치투자 전문기업 |
| 71 | 제어계측학과 | 정기로 | 에이피시스템 | 2009 | 능동형 유기발광다이오드(AMOLED), 반도체 생산 등 글로벌 종합장비기업 |
| 72 | 전기공학부 | 정성은 | 위버스마인드 | 2009 | 응용 소프트웨어 개발 및 공급업(뇌새김) |
| 73 | 전자공학과 | 이석중 | 라온피플 | 2010 | AI 머신비전 |
| 74 | 제어계측공학과 | 이용훈 | 셀레믹스 | 2010 | 유전자 분석 서비스 전문벤처 |
| 75 | 전자공학과 | 정일모 | 유니모테크놀로지 | 2010 | 디지털 산업용 무전기 전문업 |
| 76 | 전자공학과 | 진대제 | 스카이레이크인베스트 먼트 | 2010 | PEF 운용사 |

| 77 | 전기정보공학부 | 권성훈 | 퀀타매트릭스 | 2011 | 미생물 패혈증 진단기술 장비개발 |
|---|---|---|---|---|---|
| 78 | 전기공학과 | 박재욱 | 브이씨엔씨 | 2011 | 택시 호출 서비스(타다), 커플을 위한 소셜네트워크서비스(비트윈) |
| 79 | 제어계측공학과 | 신대진 | 이드웨어 | 2011 | 음성인식 전문기업 |
| 80 | 전자공학과 | 류정원 | 힐세리온 | 2012 | 휴대용 무선 초음파 진단기 |
| 81 | 전기공학과 | 이제형 | 스트라티오 | 2013 | 휴대용 분광기 및 근적외선 이미지 센서 원천기술개발(링크스퀘어(LinkSquare)) |
| 82 | 전기공학과 | 이진형 | 엘비스 | 2013 | 뇌 질환 치료제 개발 바이오 기업 |
| 83 | 전기정보공학부 | 장병욱 | 해보카프로젝트 | 2013 | 뮤지컬, 연극 등 공연예술 연출업 |
| 84 | 전기공학부 | 정인영 | 디셈버앤컴퍼니 | 2013 | 금융투자 서비스, 소프트웨어 개발 공급 |
| 85 | 전기정보공학부 | 김수환 | 크레파스테크놀러지스 | 2014 | 스마트폰용 근접 센서 반도체 개발 |
| 86 | 전기컴퓨터 공학부 | 박태림 | 이노온 | 2014 | 도시 시설물 관리를 위한 진동 및 기울기 감지 IoT 솔루션 |
| 87 | 전기공학부 | 석윤찬 | 비주얼캠프 | 2014 | 시선추적기술개발 |
| 88 | 전기정보공학부 | 신상훈 | 아만다 | 2014 | 데이팅 애플리케이션 서비스 제공업 |
| 89 | 전기공학부 | 이충희 | 브레이브팝스컴퍼니 | 2014 | 선생님을 위한 학생 관리 서비스 |
| 90 | 전기공학과 | 계동경 | 토르드라이브 | 2015 | 도심형 자율주행 기술 풀스택 개발 |
| 91 | 전기컴퓨터 공학부 | 김경환 | 노을 | 2015 | 랩온어칩, 인공지능 기술기반 말라리아 진단키트 |
| 92 | 전기컴퓨터 공학부 | 남이현 | 파두 | 2015 | 휘발성 메모리 인터페이스(NVMe) 기반의 SSD 컨트롤러 반도체 |
| 93 | 전기컴퓨터 공학부 | 민규식 | 토닥 | 2015 | 차세대 인공와우(달팽이관)용 32채널 신경 자극 집적회로 |
| 94 | 전기공학부 | 박성준 | 펀다 | 2015 | P2P 소상공인 대출형 서비스 제공 |
| 95 | 전기정보공학부 | 신영민 | 노을 | 2015 | 랩온어칩, 인공지능 기술기반 말라리아 진단키트 |
| 96 | 전기공학부 | 이영호 | 엔라이튼 | 2015 | 태양광 발전소 컨설팅 관리 시스템 플랫폼 |
| 97 | 전기정보공학부 | 이용재 | 콴다 | 2015 | 인공지능 기반 수학 문제풀이 앱 (매스프레소) |
| 98 | 전기정보공학부 | 이용환 | 하이비 | 2015 | 대규모 무선 IoT 네트워크의 구축과 통신 기능을 안정적으로 제공할 수 있는 System-on-Chip(SoC) |
| 99 | 전기정보공학부 | 최민석 | 무브 | 2015 | 국내외 여행, 출장 시 전용기사 및 차량 대여 플랫폼 |
| 100 | 제어계측공학과 | 강상구 | 메디사피엔스 | 2016 | 응용 소프트웨어 개발 및 공급업 |
| 101 | 전기공학부 | 김형식 | 크래프트 테크놀로지스 | 2016 | 응용 소프트웨어 개발 및 공급원 (AI 핀테크, 자산관리) |
| 102 | 전자공학과 | 이민재 | 에이코닉 | 2016 | OLED 디스플레이용 고감도 터치 센싱 IC |
| 103 | 전기정보공학부 | 이재성 | 브라이토닉스이미징 | 2016 | 물질검사, 측정 및 분석기구 제조업 |
| 104 | 전기정보공학부 | 이지화 | 액션파워 | 2016 | AI 기반 음성인식 텍스트 자동변환 서비스 |
| 105 | 전기공학부 | 장세영 | 머니브레인 | 2016 | AI 기반 가상인물 제작 솔루션, 인공지능 챗봇 플랫폼 |
| 106 | 전기컴퓨터 공학부 | 전상호 | 버키 | 2016 | 한의학 소프트웨어 플랫폼 |

| 107 | 전기정보공학부 | 김균태 | 해시드 | 2017 | 블록체인 전문 벤처펀드 |
|---|---|---|---|---|---|
| 108 | 전기정보공학부 | 김은서 | 커널로그 | 2017 | 태양광 패널에 설치하는 IoT 장치 |
| 109 | 전자공학과 | 김학균 | 퀀텀벤처스코리아 | 2017 | 기술투자 분야 벤처캐피털 |
| 110 | 전기공학부 | 신상훈 | 그린랩스 | 2017 | 농가 생산-유통을 위한 원스톱 서비스 |
| 111 | 전기공학부 | 오종환 | 랩투아이 | 2017 | 스포츠 AI 솔루션 및 데이터 분석 |
| 112 | 전기정보공학부 | 이우석 | 스와치온 | 2017 | 글로벌 패션 브랜드 제작 판매 관리 플랫폼 |
| 113 | 전기정보공학부 | 이정우 | 호두에이아이 | 2017 | AI 개발 플랫폼 기업 |
| 114 | 전기정보공학부 | 천인섭 | 서플라이스 | 2017 | 헬스용품, 헬스장, 음식점 브랜드 론칭 및 전자상거래업 |
| 115 | 전기공학과 | 최종호 | 키튼플래닛 | 2017 | 덴탈케어 소프트웨어 및 개발공급업 |
| 116 | 전기정보공학부 | 강지홍 | 로민 | 2018 | 인공지능 문서인식(AI OCR) 기술을 활용한 문서 기반 업무 자동화 |
| 117 | 전기정보공학부 | 김수환 | 관악아날로그테크놀러 지스 | 2018 | 반도체 제품 도소매업 |
| 118 | 전기정보공학부 | 김재하 | 사이언티픽아날로그랩 스 | 2018 | 전기·전자공학 연구개발업 |
| 119 | 전기공학과 | 김종만 | 소테리아시스템 | 2018 | 변조 불가 분산 저장장치 및 선제적 인공지능 예방 보안 시스템 |
| 120 | 전기정보공학부 | 김종호 | 해치랩스 | 2018 | 블록체인 보안 프로토콜 제공 |
| 121 | 전자공학 | 김창현 | 원세미콘 | 2018 | 서버용 DRAM 모듈의 고속/고용량 동작을 위한 RCD 개발 및 판매 |
| 122 | 전기공학부 | 도현수 | 프로비트 | 2018 | 암호화폐 거래 플랫폼 |
| 123 | 전기컴퓨터 공학부 | 박건우 | 네트워크디파인즈 | 2018 | 유선 온라인 게임 소프트웨어 개발 및 공급업 |
| 124 | 전기정보공학부 | 손명균 | 디어코퍼레이션 | 2018 | 전동킥보드 공유 서비스 |
| 125 | 전기공학부 | 송석민 | 드림포라 | 2018 | 목표 관리도구 및 소셜 커뮤니티 서비스 개발 |
| 126 | 전기공학부 | 우경식 | 엠블랩스 | 2018 | 블록체인 기반 모빌리티 플랫폼 |
| 127 | 전기컴퓨터 공학부 | 윤일오 | 에너닷 | 2018 | 에너지와 데이터, 서비스가 연결된 신재생에너지 통합 자산관리 서비스 |
| 128 | 전기정보공학부 | 이성현 | 오픈엣지 | 2018 | Neural Processing Unit 개발 및 판매업체 |
| 129 | 전기컴퓨터 공학부 | 이재은 | 비트센싱 | 2018 | AI 솔루션 레이더센서 전문업체 |
| 130 | 전기정보공학부 | 이진구 | 에어스메디컬 | 2018 | 의료 AI 솔루션 개발, 공급(MRI 압축 솔루션) |
| 131 | 전기정보공학부 | 임비 | 로민 | 2018 | 인공지능 컴퓨터 비전 기술 제품 개발 |
| 132 | 전자공학전공 | 임준호 | 펫나우 | 2018 | AI 개체인식 기반 반려동물 플랫폼 |
| 133 | 전기정보공학부 | 정윤호 | 프라이빗노트 | 2018 | 최상위권 학생 전문 온라인 교육 플랫폼 |
| 134 | 전기공학부 | 정중호 | 필로포스 | 2018 | 광학기술기반 휴대용 망막질환 진단기기 |
| 135 | 전기공학부 | 최영우 | 올룰로 | 2018 | 전동 킥보드 공유 서비스 |
| 136 | 전기컴퓨터 공학부 | 홍두화 | 엑스쿼어 | 2018 | 에너지 발전 사업자에 필요한 사업 자금의 조달을 지원하는 에너지 금융 플랫폼 |
| 137 | 전기공학부 | 김성무 | 데이터라이즈 | 2019 | Divers B2B SaaS 데이터 솔루션 개발 |
| 138 | 전기공학부 | 김영욱 | 프록시헬스케어 | 2019 | 전자기파를 이용한 칫솔 개발 |
| 139 | 전기정보공학부 | 김주혁 | 휴식스 | 2019 | 오픽, 토익 스피킹 AI 평가 서비스 |

| 140 | 전기공학과 | 김지홍 | 이웃벤처 | 2019 | 아파트 호텔 청소 서비스 |
|---|---|---|---|---|---|
| 141 | 전기공학과 | 남창원 | 트리니들 | 2019 | 라이브 방송 크리에이터 시청자 후원 서비스 스티카밤 개발 |
| 142 | 전기정보공학부 | 박종화 | 뇌음악연구소 | 2019 | 뇌음악 및 그 관련 콘텐츠 제작 |
| 143 | 전기전자공학부 | 심충보 | 버즈앤비 | 2019 | 유튜버 마케팅 분석 플랫폼 |
| 144 | 전기공학부 | 윤경민 | 세컨핸즈 | 2019 | 중고 명품 온라인 커머스 |
| 145 | 전자공학과 | 이승민 | 인 기술컨설팅 | 2019 | 기술 연구소 설립 컨설팅업 |
| 146 | 전기공학부 | 이재영 | 에스앤피랩 | 2019 | 데이터 및 정보보안 관련 |
| 147 | 전자공학과 | 조명현 | 세미파이브 | 2019 | RISC−V CPU Core IP 및 반도체 디자인 플랫폼 개발, 1660억 원 투자 유치 |
| 148 | 전기공학부 | 조현보 | 알세미 | 2019 | 인공지능 기술기반 반도체 모델링 솔루션 |
| 149 | 전기공학과 | 주은환 | 익스플레인 | 2019 | 소셜 경제 미디어 |
| 150 | 전기공학부 | 최영빈 | 투바이오스 | 2019 | 의료용품 및 기타 의약 관련 제품 제조업 |
| 151 | 전기공학부 | 김성운 | 피트릭스 | 2020 | 사용자 스스로 보디 측정을 통해 최적의 코칭 피드백을 받을 수 있는 스마트 기기 |
| 152 | 제어계측공학과 | 김인태 | 모이아띠 | 2020 | 유럽 디자인 가구 마켓플레이스 업체 |
| 153 | 전기정보공학부 | 김혜린 | 하얀에이아이 | 2020 | 규칙을 정하면 자동으로 데이터 가공을 해주는 고객용 SaaS '예티' |
| 154 | 전기공학부 | 김홍규 | 블러체인저 | 2020 | 블록체인 기반 비즈니스 컴퍼니빌더 |
| 155 | 제어계측공학과 | 박성준 | 퍼스트게이트 | 2020 | 기술 스타트업 투자 전문 엑셀러레이터 |
| 156 | 전기정보공학부 | 박형기 | 라포랩스 | 2020 | 4050 여성들을 위한 패션 브랜드 큐레이션 앱(퀸잇) |
| 157 | 전자공학과 | 윤여환 | 농방 | 2020 | 농축산업 데이터 분석 및 스마트팜 구축 IT 소프트웨어 사업 |
| 158 | 전기공학부 | 이교구 | 수퍼톤 | 2020 | AI 기반 가창·음성 합성 솔루션 |
| 159 | 전기정보공학부 | 허훈 | 수퍼톤 | 2020 | AI 기반 가창·음성 합성 솔루션 |
| 160 | 전기컴퓨터 공학부 | 홍석범 | 파인더스에이아이 | 2020 | 컴퓨터 비전 기반 완전 매장 무인화 기술 선도기업 |
| 161 | 전기정보공학부 | 강재윤 | 레브잇 | 2021 | 식품 및 생필품 직거래 공동구매 커머스 (올웨이즈) |
| 162 | 전기정보공학부 | 김재윤 | 슈퍼블록 | 2021 | 풀 노드 서비스에 의존하지 않고 안정적인 서비스 제공이 가능한 메인넷 |
| 163 | 전기공학부 | 김현호 | 칠일 | 2021 | 한의학 학술대회 / 교육 전문 영상 스트리밍 서비스 |
| 164 | 전기공학부 | 손창원 | 치즈에이드 | 2021 | 가시광 통신 활용 오프라인 다이나믹 프라이싱 솔루션 개발 |
| 165 | 전자공학과 | 전병곤 | 프랜들리에이아이 | 2021 | 초거대 AI 개발 플랫폼 제공 |
| 166 | 전기정보공학부 | 김장우 | 망고부스트 | 2022 | 데이터 처리 가속기 설계 시스템 반도체 업체 |
| 167 | 전기공학부 | 최형우 | 엑서체인 | 2022 | 블록체인 기술 활용 헬스케어 유틸리티 제공 |
| 168 | 전기공학부 | 최형우 | 지우브로스 | 2022 | 재테크 비즈니스 플랫폼 개발 |

## 9. 조선해양공학과 동문 스타트업 목록

(배열 기준: 창업 연도)

| 연번 | 통·폐합 학과명 | 대표 이름 | 기업명 | 창업 연도 | 기업 분야(업종·업태) |
|---|---|---|---|---|---|
| 1 | 조선해양공학과 | 김재백 | 대상해운, 대상오션 | 1951 | 해운업, 수중공사업, 항만시설 운영 및 관리 |
| 2 | 조선공학과 | 신동식 | 한국해사기술 | 1969 | 민간 선박기술 설계감리업 |
| 3 | 조선공학과 | 구자영 | 케이티이 | 1979 | 선박용 전기 및 제어기기 제조업체 |
| 4 | 조선해양공학과 | 김근배 | 하이에어코리아 | 1988 | 선박용 에어컨, 팬, 프로비전, 공기조절 시스템 제조, 도매 |
| 5 | 조선해양공학과 | 임중현 | 이지그라프 | 1998 | 선박 설계 및 생산 시스템 개발업체 |
| 6 | 조선해양공학과 | 이상홍 | 어드밴스트 마린테크 | 1999 | 기타 선박 건조업 |
| 7 | 조선해양공학과 | 김일수 | 위즈도메인 | 1999 | 특허 검색 분석 솔루션 |
| 8 | 조선해양공학과 | 조대승 | 크리에이텍 | 2000 | 엔지니어링 및 SW 개발 |
| 9 | 조선해양공학과 | 양재창 | 선택인터내셔널 | 2001 | IT(전기전자/제조판매) |
| 10 | 조선해양공학과 | 김대규 | 시뮬레이션테크 | 2001 | 선박 기자재 개발, 생산 |
| 11 | 조선해양공학과 | 최형순 | 인포겟시스템 | 2001 | 시스템 소프트웨어 개발 및 공급업 |
| 12 | 조선해양공학과 | 고영화 | 인포뱅크차이나 | 2002 | 기업 메시징 서비스 전문기업(챗봇, 알림톡, 문자메시지 MT 등) |
| 13 | 조선해양공학과 | 최양열 | 지노스 | 2002 | 조선해양 기반의 엔지니어링 업체 |
| 14 | 조선해양공학과 | 이재봉 | 코스텍 조선해양 | 2009 | 조선 기술 컨설팅, 수소선박 수출, 조선 설계, 조선 설비, 조선 기자재 수출 |
| 15 | 조선해양공학과 | 손창욱 | 미투온 | 2010 | 유선 온라인 게임 소프트웨어 개발 및 공급업 |
| 16 | 조선해양공학과 | 공인영 | 세이프텍리서치 | 2012 | 사업 서비스업(기술용역, 연구용역) |
| 17 | 조선해양공학과 | 최재민 | 세무법인 자성(코엑스 강남3지점) | 2013 | 세무사업 |
| 18 | 조선해양공학과 | 주상돈 | 웨딩북(前 하우투메리) | 2014 | IT 기반 웨딩 종합 서비스 |
| 19 | 조선해양공학과 | 우중구 | Factory IMS | 2014 | 자율운항 무인선박 개발, 제작 |
| 20 | 조선해양공학과 | 김선용 | 열정팩토리 | 2014 | 다이어트 코칭 챗봇 다이어트 프렌즈 개발, 서비스업 |
| 21 | 조선해양공학과 | 이기군 | 이룸세무법인 | 2014 | 회계 및 세무 관련 서비스업 |
| 22 | 조선해양공학과 | 조상래 | 울산랩 | 2018 | 서비스업(기술용역, 연구용역) |
| 23 | 조선해양공학과 | 김용재 | 블루싱크 | 2018 | HW 개발 분야 Firmware, Hardware-design, PCB Artwork |
| 24 | 조선해양공학과 | 엄항섭 | 올시데이터 | 2019 | 정보통신업/조선해운 빅데이터/산업용 빅데이터/공급망 분석 |
| 25 | 조선해양공학과 | 이상우 | 라스트네오 | 2020 | 메타버스 캐릭터 설계(NFT, 블록체인) |
| 26 | 조선해양공학과 | 이예호 | 마르스자산운용 | 2020 | 금융업/집합투자업 |
| 27 | 조선해양공학과 | 이철원 | 에이엘 | 2020 | 정보통신업 |
| 28 | 조선해양공학과 | 우성남 | 네고시오 | 2021 | 부동산 가격 협상 및 거래 플랫폼 |
| 29 | 조선해양공학과 | 조주형 | 로아컨설팅그룹 | 2021 | 정보통신업, 데이터베이스 및 온라인 정보 제공업 |

| 30 | 조선해양공학과 | 전용원 | 메타지 | 2021 | 글로벌 컬렉티블 P2E NFT 게임 프로젝트, CyberWave 개발 |
|---|---|---|---|---|---|
| 31 | 조선해양공학과 | 강병석 | 쓰리디엠씨(3DmC) | 2021 | 정보통신업/응용 SW 개발, 디지털 트윈 협업 플랫폼 |
| 32 | 조선해양공학과 | 정해성 | 플러그링크 | 2021 | 전용 주차구역에 제한되지 않는 천장형 전기차 충전기 시스템 |
| 33 | 조선해양공학과 | 류기수 | 리수엔지니어링 | 2022 | 기타 엔지니어링 서비스업 / 전문, 과학 및 기술서비스업 |

# 10. 컴퓨터공학부 동문 스타트업 목록

(배열 기준 : 창업 연도)

| 연번 | 통·폐합 학과명 | 대표 이름 | 기업명 | 창업 연도 | 기업 분야(업종·업태) |
|---|---|---|---|---|---|
| 1 | 컴퓨터공학부 | 이문현 | 서울정보시스템 | 1984 | 시스템 소프트웨어 개발 및 공급업 |
| 2 | 컴퓨터공학부 | 김승범 | 나다텔 | 1992 | 유선 통신장비 제조업 |
| 3 | 컴퓨터공학과 | 故 김정주 | 넥슨코리아 | 1994 | 온라인 게임 퍼블리싱 플랫폼 |
| 4 | 컴퓨터공학부 | 이영찬 | 세라시스템 | 1994 | 응용 소프트웨어 개발 및 공급업 |
| 5 | 컴퓨터공학부 | 홍삼표 | 엠케이일렉트로닉스 | 1994 | 전자부품 및 조명 제조업체 |
| 6 | 컴퓨터공학부 | 김만기 | 블루인포시스 | 1995 | 컴퓨터시스템 통합 자문 및 구축 서비스업 |
| 7 | 컴퓨터공학부 | 최성호 | 키스톤 테크놀로지 | 1995 | B2B 소프트웨어 |
| 8 | 컴퓨터공학부 | 김득권 | 아이엠디비 | 1997 | 응용 소프트웨어 개발 및 공급업 |
| 9 | 컴퓨터공학부 | 김중강 | 넷사랑컴퓨터 | 1998 | 응용 소프트웨어 개발 및 공급업 |
| 10 | 컴퓨터공학부 | 천성록 | 콘트로닉스 | 1998 | 의료기기 도매업 |
| 11 | 컴퓨터공학부 | 김성관 | 지인정보기술 | 1999 | 컴퓨터 프로그래밍 서비스업 |
| 12 | 컴퓨터공학부 | 양승현 | 코난테크놀로지 | 1999 | 비정형 빅데이터 분석 원천기술 디지털 비즈니스 |
| 13 | 컴퓨터공학과 | 이해진 | 엔에이치엔, 네이버 | 1999 | 인터넷 검색 포털 서비스 |
| 14 | 컴퓨터공학부 | 한문수 | 위트넷 | 1999 | 응용 소프트웨어 개발 및 공급업 |
| 15 | 컴퓨터공학부 | 박기정 | 스몰소프트 | 2000 | 응용 소프트웨어 개발 및 공급업 |
| 16 | 컴퓨터공학부 | 성원용 | 테크노니아 | 2000 | 모바일 및 멀티미디어 시스템 개발업체 |
| 17 | 컴퓨터공학부 | 이양동 | 어헤드모바일 | 2000 | 응용 소프트웨어 개발 및 공급업 |
| 18 | 컴퓨터공학부 | 전우직 | 라오넷 | 2000 | 응용 소프트웨어 개발 및 공급업 |
| 19 | 컴퓨터공학부 | 문병로 | 옵투스자산운용 | 2001 | 투자 자문업 및 투자 일임업 |
| 20 | 컴퓨터공학부 | 이승찬 | 위젯 | 2001 | 게임 개발업(메이플스토리) |
| 21 | 컴퓨터공학부 | 최병홍 | 듀어텔 | 2001 | 시스템 소프트웨어 개발 및 공급업 |
| 22 | 컴퓨터공학부 | 오상헌 | 메트릭스솔루션 | 2002 | 응용 소프트웨어 개발 및 공급업 |

| 23 | 컴퓨터공학부 | 이종산 | 시큐러스아이엔씨 | 2002 | 방송장비 제조업 |
|----|------------|--------|------------------|------|-----------------|
| 24 | 컴퓨터공학과 | 송재경 | 엑스엘게임즈 | 2003 | 온라인 RPG |
| 25 | 컴퓨터공학부 | 최진욱 | 젠다소프트 | 2003 | 시스템 소프트웨어 개발 및 공급업 |
| 26 | 컴퓨터공학부 | 조용섭 | 네오이노 | 2004 | 기타 반도체소자 제조업 |
| 27 | 컴퓨터공학부 | 조남호 | 스터디코드 | 2005 | 교육업 |
| 28 | 컴퓨터공학부 | 고재용 | 아이볼타 | 2006 | 응용 소프트웨어 개발 및 공급업 |
| 29 | 컴퓨터공학부 | 김범수 | 인디링스 | 2006 | 반도체 제조용 기계 제조업 |
| 30 | 컴퓨터공학부 | 오한웅 | 한마리곰미디어 | 2008 | 홍보/바이럴 영상 제작, 유튜브 채널 운영, 보드게임 제작 |
| 31 | 컴퓨터공학부 | 이비호 | 스피킹 맥스 | 2008 | 온라인 영어교육 |
| 32 | 컴퓨터공학부 | 박선호 | CRZ 테크놀로지 | 2009 | 전자부품, 전자상거래, 소프트웨어 개발 |
| 33 | 컴퓨터공학부 | 조세원 | 워터베어소프트 | 2010 | 토익 영단어 앱 |
| 34 | 컴퓨터공학과 | 김동신 | 센드버드 | 2012 | 모바일, 웹사이트 기업간 인앱 IT 소프트웨어 |
| 35 | 컴퓨터공학부 | 박정호 | 매니코어소프트 | 2012 | 고성능 컴퓨팅 시스템 설계, 제작, 개발업 |
| 36 | 컴퓨터공학부 | 송치형 | 두나무 | 2012 | 카카오톡 기반 소셜 증권투자 앱 서비스 (증권플러스, 업비트) |
| 37 | 컴퓨터공학과 | 김진수 | 베스파 | 2013 | 모바일 RPG, 스마트폰용 게임 |
| 38 | 컴퓨터공학부 | 안익진 | 몰로코 | 2013 | 기업 데이터 분석 서비스 |
| 39 | 컴퓨터공학부 | 양봉열 | 로그프레소 | 2013 | 실시간 빅데이터 분석 플랫폼 |
| 40 | 컴퓨터공학부 | 이두희 | 멋쟁이 사자처럼 | 2013 | 프로그래밍 교육업 |
| 41 | 컴퓨터공학부 | 이확영 | 그렙 | 2013 | 프로그래밍 교육 서비스 |
| 42 | 컴퓨터공학부 | 황원근 | 이디엄 | 2013 | 실시간 빅데이터 분석 플랫폼 로그프레소 |
| 43 | 컴퓨터공학부 | 노희명 | 댄디라이언 | 2014 | 게임 소프트웨어 개발 |
| 44 | 컴퓨터공학부 | 박재성 | 싱타 | 2014 | 모바일게임 개발업 |
| 45 | 컴퓨터공학부 | 신효섭 | 다이닝코드 | 2014 | 빅데이터 분석 맛집 검색 서비스 |
| 46 | 컴퓨터공학부 | 임준석 | 싱타 | 2014 | 모바일게임 개발업 |
| 47 | 컴퓨터공학부 | 김경모 | 시큐리티플랫폼 | 2015 | 소프트웨어 개발 및 공급업, IoT 보안 |
| 48 | 컴퓨터공학부 | 김진한 | 스탠다임 | 2015 | AI 신약 개발 |
| 49 | 전기컴퓨터 공학부 | 남이현 | 파두 | 2015 | 휘발성 메모리 인터페이스(NVMe) 기반의 SSD 컨트롤러 반도체 |
| 50 | 컴퓨터공학부 | 박수상 | 앵커리어 | 2015 | 자기소개서 작성 서비스 |
| 51 | 컴퓨터공학부 | 박종현 | 레벨소프트 | 2015 | 의료영상 소프트웨어 전문 개발사 |
| 52 | 컴퓨터공학부 | 박주령 | 플링크 | 2015 | 온라인 커뮤니케이션 소프트웨어 개발 |
| 53 | 컴퓨터공학부 | 변강섭 | 매이블러 | 2015 | 정보 서비스, 교육 서비스 |
| 54 | 컴퓨터공학부 | 이성원 | 사십이컴퍼니 | 2015 | 잠금화면 리워드 앱 |
| 55 | 컴퓨터공학부 | 장병탁 | 써로마인드 | 2015 | 머신러닝, 딥러닝, 인공지능 |
| 56 | 컴퓨터공학부 | 장혁 | 폴라리언트 | 2015 | 빛의 편광을 이용한 실내 정밀 위치 측정 솔루션인 PLS(Polarized Light Sensing) 솔루션 개발 |

| 57 | 컴퓨터공학부 | 조원규 | 스켈터랩스 | 2015 | 인공지능 기반 대화(자연어 이해 및 음성), 초개인화(예측 모델링, 행동 모델링) |
|---|---|---|---|---|---|
| 58 | 컴퓨터공학과 | 최성호 | 법무법인 비트 | 2015 | 정보통신 및 벤처 특화 로펌 |
| 59 | 컴퓨터공학부 | 황호성 | 사십이컴퍼니 | 2015 | 잠금화면 리워드 앱 |
| 60 | 컴퓨터공학과 | 서영택 | 밀리의서재 | 2016 | 전자책 서비스업 |
| 61 | 컴퓨터공학부 | 손동현 | 에스프레스토 | 2016 | AI 비전 기반 불법(몰래) 카메라 탐지 및 공유 SNS |
| 62 | 컴퓨터공학부 | 이동우 | 바이올렛 | 2016 | 비디오 매거진 앱 |
| 63 | 컴퓨터공학부 | 김영훈 | 메이사 | 2017 | 드론 제어앱 통합 서비스 제공업 |
| 64 | 컴퓨터공학부 | 박성찬 | 인텔리시스 | 2017 | 소프트웨어 개발 및 공급업 |
| 65 | 컴퓨터공학부 | 서희수 | 플로바 | 2017 | 소셜 Q&A 플랫폼 |
| 66 | 컴퓨터공학부 | 이상구 | 인텔리시스 | 2017 | 소프트웨어 개발 및 공급업 |
| 67 | 컴퓨터공학부 | 천세린 | 옴니아트 | 2017 | 예술작품, 캐릭터, 기업 로고를 원하는 제품에 주문 제작할 수 있는 서비스 |
| 68 | 컴퓨터공학부 | 최새미 | 메이코더스 | 2017 | 데이터 기반 크로스보더 솔루션 개발 |
| 69 | 컴퓨터공학과 | 하정우 | 베어로보틱스코리아 | 2017 | 외식업 서빙 로봇 개발 |
| 70 | 컴퓨터공학부 | 강유 | 딥트레이드 | 2018 | 자산관리, 인공지능, 로보어드바이저 |
| 71 | 컴퓨터공학부 | 김건희 | 리플에이아이 | 2018 | 인공지능 마케팅 솔루션 |
| 72 | 전기공학부 | 도현수 | 프로비트 | 2018 | 암호화폐 거래 플랫폼 |
| 73 | 컴퓨터공학부 | 이수현 | 케이디에듀 | 2018 | 온라인 모바일게임 소프트웨어 개발 및 공급업 |
| 74 | 컴퓨터공학부 | 이현우 | 크로스앵글 | 2018 | 글로벌 가상자산(Virtual Assets) 공시 플랫폼 |
| 75 | 컴퓨터공학부 | 전태훈 | 리치드 | 2018 | 블록체인/암호화폐 소셜미디어 플랫폼 |
| 76 | 컴퓨터공학부 | 조기덕 | 네트워크디파인즈 | 2018 | 유선 온라인게임 소프트웨어 개발 및 공급업 |
| 77 | 컴퓨터공학부 | 최석원 | 카르타 | 2018 | 건설용 데이터 분석 플랫폼 |
| 78 | 컴퓨터공학부 | 한두균 | 네트워크디파인즈 | 2018 | 유선 온라인게임 소프트웨어 개발 및 공급업 |
| 79 | 컴퓨터공학부 | 계준석 | 커미터 | 2019 | 취업 컨설팅 기업 |
| 80 | 컴퓨터공학부 | 문귀환 | 옴니스랩스 | 2019 | 클라우드 인프라 소프트웨어 개발업 |
| 81 | 컴퓨터공학부 | 이용근 | 모아이스 | 2019 | 인공지능 기반 스포츠 자세 분석 서비스 |
| 82 | 컴퓨터공학부 | 최재식 | 인이지 | 2019 | 정보 서비스/SW |
| 83 | 컴퓨터공학부 | CHIRAGJ AIN | 텍스티파이 | 2020 | AI 및 자연어 처리 언어 관련 솔루션 개발업 |
| 84 | 컴퓨터공학부 | 구본영 | 에브리바이크 | 2020 | 공유 자전거 서비스 및 공유 마이크로 모빌리티 AI 통합자원 솔루션 제공 |
| 85 | 컴퓨터공학부 | 김범준 | 테아트룸 | 2020 | 음악 공연 플랫폼 라이블리 |
| 86 | 컴퓨터공학부 | 박상철 | 알파그래픽스 | 2020 | 소프트웨어 개발 |
| 87 | 컴퓨터공학부 | 박상현 | 만든다 | 2020 | 게이미피케이션 전문그룹 (레벨업 히어로 개발) |
| 88 | 컴퓨터공학부 | 박형순 | 스웨트 | 2020 | 건강습관 기록 관리 앱 서비스 |
| 89 | 컴퓨터공학부 | 변강섭 | 모이하우 | 2020 | 인터넷 정보 매개 서비스, 전자상거래, 온라인 교육학원 |

| 90 | 컴퓨터공학부 | 송현오 | 딥메트릭스 | 2020 | AI 기반 맥파(PPG)로부터 동맥혈압(ABP)을 추정하여 심장판막 질환을 분류하는 솔루션 |
|---|---|---|---|---|---|
| 91 | 컴퓨터공학부 | 양영석 | 미르니 | 2020 | NFT 거래소 플랫폼 |
| 92 | 컴퓨터공학부 | 오현옥 | 지크립토 | 2020 | 영지식 증명(정보통신업) |
| 93 | 컴퓨터공학부 | 이성우 | 어크로스비 | 2020 | 정보통신/응용 소프트웨어 개발 |
| 94 | 컴퓨터공학부 | 정재식 | 넥스트에디션 | 2020 | 캠핑 플랫폼 '캠핏' 운영사 |
| 95 | 컴퓨터공학부 | 조강원 | 모레 | 2020 | 기업 메가존 클라우드, AI 메가존 클라우드, AL 인프라 솔루션 전문기업 |
| 96 | 컴퓨터공학부 | 최용철 | 엔트로피패러독스 | 2020 | 소프트웨어 개발 및 컨설팅 |
| 97 | 컴퓨터공학부 | 최재우 | 에브리데이톡 | 2020 | TV 전용 커뮤니티 서비스 |
| 98 | 컴퓨터공학부 | 황길환 | 지로(두둠) | 2020 | 영상 데이터 기반 영상 제작사 매칭 서비스 |
| 99 | 컴퓨터공학부 | 공완식 | 스카이링크 | 2021 | 자동화 소프트웨어 개발 노코드 툴 웨이온 운영 |
| 100 | 컴퓨터공학부 | 김선 | 아이겐드럭 | 2021 | 소프트웨어 개발 및 서비스업 |
| 101 | 컴퓨터공학부 | 김지인 | 메드키트 | 2021 | 정보통신(디지털 치료제 개발) |
| 102 | 컴퓨터공학부 | 김진혁 | 팬세이션 | 2021 | 소프트웨어 개발 및 오픈소스 |
| 103 | 컴퓨터공학부 | 명재석 | 데이탄소프트 | 2021 | 관리형 인공지능 API 서비스 |
| 104 | 컴퓨터공학부 | 우경구 | growdle | 2021 | 자연어 딥러닝 기술기반 협업을 위한 디지털 지능 개발 |
| 105 | 컴퓨터공학부 | 이승용 | 브랜치앤바운드 | 2021 | 정보통신업 / 응용 소프트웨어 개발 및 공급업 |
| 106 | 컴퓨터공학부 | 이창건 | 3RInnovation | 2021 | 소프트웨어 IT 서비스 |
| 107 | 컴퓨터공학부 | 전병곤 | 프렌들리AI | 2021 | 소프트웨어 개발 및 공급업 |
| 108 | 컴퓨터공학부 | 한태영 | 네온시티, 텅스텐에이아이 | 2021 | 시각 AI 기반 모빌리티 광고 및 스마트시티 플랫폼, AI 개발도구 |
| 109 | 컴퓨터공학부 | 김태원 | 블록누커 | 2022 | 글로벌 블록체인 게임 개발사 |
| 110 | 컴퓨터공학부 | 이민석 | 쿳션 | 2022 | 정보통신업 |

## 11. 항공우주공학과 동문 스타트업 목록

(배열 기준: 창업 연도)

| 연번 | 통·폐합 학과명 | 대표 이름 | 기업명 | 창업 연도 | 기업 분야(업종·업태) |
|---|---|---|---|---|---|
| 1 | 항공공학과 | 이영필 | 리앤목특허법인사무소 | 1985 | 변리사업 |
| 2 | 항공우주공학과 | 조영선 | 싸이버뱅크 | 1999 | 무선통신 및 정보 단말기 분야 연구개발 전문기업 |
| 3 | 항공공학과 | 김승우 | 뉴로스 | 2000 | 항공 터보 엔진 기술기반 산업용 터보기기 생산업 |

| 4 | 항공우주공학과 | 이강덕 | 비즈엠알오 | 2000 | MRO 구매대행 전자상거래업 |
|---|---|---|---|---|---|
| 5 | 항공우주공학과 | 최병인 | 이지스엔터프라이즈 | 2000 | 아파트 전사자원관리(ERP) 프로그램 개발업 |
| 6 | 항공우주공학과 | 최승호 | 아이비에스지 | 2009 | 인도네시아 전자상거래 및 산업용 배터리 관련 사업 |
| 7 | 항공공학과 | 김영익 | 에이엠시스템 | 2011 | 항공기 엔지니어링 및 산업용 복합재 부품 연구개발업 |
| 8 | 항공우주공학과 | 김건호 | 리센스메디컬 | 2016 | 초고속 무약품 마취기기 제조, 정밀 냉각 저온기 및 치료기기 제조 |
| 9 | 기계항공공학 | 여재익 | 바즈바이오메딕 | 2017 | 무바늘 약물 전달기기 연구개발 및 제조업 |
| 10 | 항공우주공학과 | 이재상 | 젠트로피 | 2018 | Electric Mobility 에너지 공급 플랫폼 기술개발사 |
| 11 | 항공공학과 | 정한설 | 캑터스피이 | 2018 | PEF 운용사 |
| 12 | 항공우주기계공학부 | 최용준 | 두에이아이 | 2018 | AI와 나노 라만 바이오센서 융합기술 이용한 암 조기진단 솔루션 |
| 13 | 기계항공공학 | 송영욱 | 튠잇 | 2019 | 디지털 커넥티드 키 개발, 제작, 판매 |

## 12. 화학생물공학부 동문 스타트업 목록

(배열 기준: 창업 연도)

| 연번 | 통·폐합 학과명 | 대표 이름 | 기업명 | 창업 연도 | 기업 분야(업종·업태) |
|---|---|---|---|---|---|
| 1 | 화학공학과 | 홍창식 | 미원상사 | 1959 | 계면활성제, 분향, 황산, 도료 첨가제, 라스틱 첨가제 제조 |
| 2 | 화학공학과 | 이부섭 | 동진쎄미캠 | 1967 | 반도체 및 디스플레이 재료 |
| 3 | 화학공학과 | 정석규 | 태성고무화학 | 1967 | 자동차 및 전자용 고무부품 생산 |
| 4 | 화학공학부 | 故 마경석 | 호마기술 | 1968 | 플라스틱 제품 제조업 |
| 5 | 화학공학부 | 故 전민제 | 전엔지니어링 | 1971 | 정유공장 설계업 |
| 6 | 응용화학과 | 정철수 | 일신화학공업 | 1972 | 플라스틱 필름 제조업 |
| 7 | 화학공학부 | 故 전민제 | 신한기공 | 1973 | 정유공장 건설업 |
| 8 | 화학공학과 | 임무현 | 대주전자재료 | 1981 | 전자부품용 소재, 수절연도료 등 제조 |
| 9 | 화학공학과 | 최정옥 | 오봉인터내셔널 | 1982 | 시멘트 공장설비 및 요업공장 기자재 수출입업 |
| 10 | 화학공학과 | 故 김창원 | 엠코(AMKORE A&E) | 1982 | 종합건설 엔지니어링 업체 |
| 11 | 화학공학과 | 차원갑 | 세원텍상사 | 1992 | 화학재료 수입 판매 및 디스플레이용 사업재료 판매 |
| 12 | 공업화학과 | 박준호 | 열린기술 | 1998 | 컴퓨터 프로그래밍 서비스업, 소프트웨어 개발, 배관 및 냉난방 공사업, 건물용 기계장비 설치 공사업, 일반전기 공사업 |
| 13 | 화학공학과 | 강희신 | 이엔에프테크놀로지 | 2000 | 반도체용 화학제품(신나) 제조, 도소매, 오파, 무역 |

| 14 | 화학공학과 | 오창석 | 군장에너지 | 2001 | 열병합발전/증기, 온수 생산, 공급/열병합발전, 전기 생산, 공급/경미한 공사 (토목, 건축, 엔지니어링) |
| 15 | 화학생물공학부 | 허민 | 네오플 | 2001 | 벨트스크롤 액션 MMORPG 게임 |
| 16 | 화학공학과 | 전세화 | 테고사이언스 | 2001 | 생물학적 제제 제조업 (피부세포 치료제 제조 개발) |
| 17 | 화학공학과 | 박상범 | 세무사박상범사무소 | 2002 | 세무 컨설팅 |
| 18 | 화학생물공학부 | 김주형 | 벨로이 | 2004 | 디지털 프린팅 토털 솔루션 |
| 19 | 화학공학과 | 이선익 | 써니켐 | 2004 | 화학제품 Global Trading |
| 20 | 공업화학 | 김영재 | 대덕전자 | 2004 (회장 취임) | 인쇄회로기판 |
| 21 | 화학생물공학부 | 김종윤 | 야놀자 | 2007 | 온라인 정보 제공, 직업 정보 제공 |
| 22 | 화학공학과 | 신진호 | 케이티비네트워크 | 2008 | 신기술 사업 창업 투자, 여신 |
| 23 | 화학공학과 | 김준헌 | 엑심베이(前 KRPartners) | 2010 | 해외 결제대행 전문기업 |
| 24 | 화학공학과 | 김창세 | 제일특허법인 | 2010 | 전문, 과학기술 서비스업 변리사업 |
| 25 | 응용화학부 | 김문수 | 스마투스 | 2011 | 소프트웨어 개발, 공급, 원격 평생교육, 출판 |
| 26 | 화학생물공학부 | 성용준 | 인진 | 2012 | 파력발전 상용화를 통한 사회적 가치 추구를 목표로 하는 친환경 소셜 벤처 |
| 27 | 화학생물공학부 | 이승재 | 버킷플레이스 | 2013 | 인테리어 콘텐츠 커머스 플랫폼(오늘의집) |
| 28 | 화학생물공학부 | 김지수 | 설로인 | 2017 | Bio-chemistry, 푸드테크 기반의 육류 커머스 기업 |
| 29 | 화학공학과 | 양승찬 | 스타스테크 | 2017 | 불가사리 추출물을 원료로 한 제설제 |
| 30 | 화학공학과 | 김유식 | 태그앤롤 | 2017 | 멀티 트래킹 기술을 활용한 OTT 서비스 플랫폼 개발 |
| 31 | 화학공학과 | 홍주한 | 디이앤씨 | 2018 | 에너지 플랫폼 서비스 개발 |
| 32 | 화학생물공학부 | 임형철 | 블로코어 | 2018 | 블록체인 투자 전문 엑셀러레이터 |
| 33 | 화학생물공학부 | 임정건 | 엘리시아 | 2018 | 블록체인 기술기반의 부동산 공동투자 플랫폼 |
| 34 | 화학공학과 | 김태선 | 인트로매그나 | 2018 | 특허 상표, 지식재산권 컨설팅 |
| 35 | 화학생물공학부 | 김경훈 | 킨키 | 2018 | 바이오 소재 개발 |
| 36 | 화학생물공학부 | 최민규 | 튜링 | 2018 | AI 기반 온라인 수학 교육 서비스 |
| 37 | 화학공학과 | 김보민 | 에이아이바 | 2019 | 신체 사이즈 측정 솔루션 |
| 38 | 응용화학부 | 조승우 | 세라트젠 | 2020 | 오가노이드 및 첨단 바이오 소재 기술 재생의료 플랫폼 개발 |
| 39 | 화학공학과 | 유권일 | 그리너리 | 2021 | 탄소감축 크레딧 거래 플랫폼 |
| 40 | 화학생물공학부 | 이주봉 | 더데이원랩 | 2021 | 차세대 플라스틱 접착처리 제품 제조업 |
| 41 | 화학공학과 | 황인석 | 옵티플 | 2021 | 투과도가변 액정 필름셀(제조업) |
| 42 | 화학생물공학부 | 김병기 | 이지씨 테라퓨틱스 | 2021 | 조직수복용 의료기기 개발, 제조, 판매, 세포치료제 캡슐화 사업 등 |
| 43 | 화학생물공학부 | 배민혁 | 에이크럭스 | 2022 | NFT 스타트업 |

# Stay hungry, stay foolish

　우리 서울대학교 공과대학은 기술기반 창업자들의 길잡이 역할에 책임감을 느끼며, 지난 2022년 3월에 한 가지 중대한 프로젝트를 시작했습니다. 그것은 바로 산재해 있는 공대 동문 창업자들의 발자취를 모으고, 그들의 현재를 짚어보는 작업이었습니다. 이는 흩어진 역사의 조각들을 맞추는 과정으로, 약 14개월에 걸쳐 철저한 조사와 정리를 통해 2023년 5월에 「서울대학교 공과대학 스타트업 백서 출간을 위한 서울공대 스타트업 역사 및 현황 조사 연구보고서」를 완성하게 되었습니다. 당시 과제의 연구 책임을 맡으신 송준호 전 부학장님, 그리고 연구과제가 원활히 진행되도록 다방면으로 지원해주신 장호원 부학장님의 노고에 감사드립니다.

　개인정보 보호라는 시대적 요구를 고려하여, 우리는 언론에 보도된 정보들을 중심으로 첫 단추를 끼웠습니다. 신문과 방송 등 미디어에 공개된 자료들을 수집하고, 그 정보를 바탕으로 서울공대 출신 창업자들의 명단을 세심하게 정리하기 시작했습니다. 이 명단은 동문회와 각 학과 교수님들의 협조를 통해 가능한 한 철저히 검증되었습니다. 그럼에도 불가피하게 발생할 수 있는 오류와 누락된 데이터에 대비하여, 우리는 지속적인 오류 수정과 데이터 보완을 위해 소통 채널을 열어둘 예정입니다. 이는 우리의 연구가 살아 있는 정보로서, 지속적으로 개선되고 발전해나가야 함을 의미합니다.

이 광범위한 연구를 통해 우리는 총 12개 학부(학과)에 걸쳐 740명의 창업자 명단을 확보했습니다. 그리고 각 학부(학과)에서 추천해준 현재 활발하게 사업을 성장시키고 있는 우수 창업 인재 21여 명과의 깊이 있는 인터뷰도 진행하였습니다. 이 인터뷰들은 그들의 성공적인 경로를 이해하고, 창업에 대한 실질적인 조언과 영감을 제공하는 소중한 자료로 활용되었습니다.

이 보고서는 선구적인 정신으로 무장한 우리 공대 동문들의 이야기를 담아내고자 했습니다. 이것은 서울대학교 공과대학이 창업 문화를 어떻게 이끌고, 그 영향력을 어떻게 확장해왔는지를 보여주는 생생한 기록입니다. 그리고 이 모든 이야기는 앞으로 이어질 수많은 성공 이야기들의 출발점이 될 것입니다.

이번에 출판되는 『테크 스타트업 챔피언』은, 이 연구보고서에 기반을 두고 있으며, 이를 더욱 대중적이고 이해하기 쉬운 형태로 재구성된 도서입니다. 이 책은 서울공대가 기술창업 지원에 있어 과거에 부족했던 점을 반성하고, 앞으로 서울공대 출신의 창업자라는 사실을 자랑스럽게 여길 수 있도록 더욱 체계적인 지원을 약속하겠다는 다짐을 담고 있습니다.

책의 앞부분에서는 젊은 세대의 창업 도전정신에 주목하고 있으며, 이는 선배 창업자들의 경험과 통찰이 후속 세대에게 전달되어 더욱 거대한 물결을 이루어나가는 과정을 기대하게 합니다. 인터뷰한 21명의 창업자들은 그들의 뜨거운 열정과 혁신적인 비전, 그리고 성공을 위한 헌신에 대한 깊이 있는 조언들을 공유하고 있습니다. 이는 창업을 꿈꾸는 많은 이들에게 소중한 영감과 지침이 될 것입니다.

또한 이 책에는 서울대학교 공과대학이 기술창업 인재를 육성하기 위해 어떤 노력을 하고 있는지, 그 철학과 노하우를 엿볼 수 있는 서울공대 창업 가이드 부분도 포함되어 있습니다. 창업을 통해 혁신을 꿈꾸는 20대, 30대 청년들에게 희망과 도움을 주고자 하였습니다.

마지막으로, 이 책의 부록에는 우리가 조사한 740명의 창업 인재 명단과 각 학부(학과)의 창업 역사를 간략히 요약한 내용이 포함되어 있습니다. 이 명단과 역사는 창업 문화의 풍부한 다양성과 깊이를 보여줍니다. 다만 개인의 사생활 보호를 위해 미디어에 노출된

정보에 한계를 두었음을 이해해주시기 바랍니다. 자료 수집과 검증 과정에 큰 도움을 주시고, 인터뷰 대상 동문 창업자를 추천해주신 서울공대 모든 학부, 학과장님들과 관계자분들께 진심으로 감사드립니다.

이 책을 통해 서울공대와 대한민국의 창업 역사를 되돌아보고, 미래의 창업가들에게 지식과 영감을 제공하는 계기가 되기를 바랍니다. 이 백서가 그들의 여정에 있어 불씨가 되어, 더욱 밝고 강력한 빛을 내는 성공의 이야기들로 이어지길 소망합니다.

감사합니다.

서울대학교 공과대학 연구부학장 고승환

SNU공학컨설팅센터 산학협력중점교수 이종수, 연구교수 김장길

# 테크 스타트업 챔피언

지은이 | 서울대학교 공과대학

1판 1쇄 인쇄 | 2024년 2월 22일
1판 1쇄 발행 | 2024년 2월 29일

펴낸곳 | (주)지식노마드
펴낸이 | 노창현
등록번호 | 제313-2007-000148호
등록일자 | 2007. 7. 10

주소 | (04032) 서울특별시 마포구 양화로 133, 1202호(서교동, 서교타워)
전화 | 02) 323-1410
팩스 | 02) 6499-1411
홈페이지 | knomad.co.kr
이메일 | knomad@knomad.co.kr

값 20,000원
ISBN 979-11-92248-19-6  13320